明心书坊

青少年心理危机干预

边玉芳 钟惊雷 周 燕 蒋 赟 ◎著

华东师范大学出版社

·上海·

图书在版编目(CIP)数据

青少年心理危机干预/边玉芳等著.—上海:华东师范大
学出版社,2010.6
(明心书坊)
ISBN 978 - 7 - 5617 - 7837 - 1

Ⅰ.①青… Ⅱ.①边… Ⅲ.①青少年-心理卫生-研究
Ⅳ.①B844.2

中国版本图书馆 CIP 数据核字(2010)第 106511 号

全国教育科学"十五"规划重点课题研究成果
课题名称:青春期心理危机及其干预研究
课题类别:青年基金
课题批准号:CBA030046

明心书坊

青少年心理危机干预

著　　者	边玉芳　钟惊雷　周　燕　蒋　赟
责任编辑	彭呈军
审读编辑	赵成亮
责任校对	邱红穗
装帧设计	卢晓红

出版发行　华东师范大学出版社
社　　址　上海市中山北路 3663 号　邮编 200062
网　　址　www.ecnupress.com.cn
电　　话　021 - 60821666　行政传真 021 - 62572105
客服电话　021 - 62865537　门市(邮购)电话 021 - 62869887
地　　址　上海市中山北路 3663 号华东师范大学校内先锋路口
网　　店　http://ecnup.taobao.com/
印 刷 者　浙江临安曙光印务有限公司
开　　本　787 毫米×1092 毫米　1/16
印　　张　15
字　　数　260 千字
版　　次　2010 年 11 月第 1 版
印　　次　2024 年 11 月第 19 次
书　　号　ISBN 978-7-5617-7837-1/B·572
定　　价　29.80 元

出 版 人　王　焰

(如发现本版图书有印订质量问题,请寄回本社客服中心调换或电话 021-62865537 联系)

目录

第九章
守卫青春：学校心理危机预防与干预系统　193

第十章

快乐青春：社会和政府在心理危机干预中的作用 213

序①

  青少年期是个体由儿童向成人转变的过渡时期。伴随着青春期生理的巨大变化，青少年的心理也同时发生了相应急剧的变化。此时的少男少女们朝气蓬勃、思维活跃、对未来充满了美好的憧憬，但也容易与外部环境发生矛盾冲突，内心世界经常面临许多疑问和困惑。由于种种原因，近年来我国青少年的心理问题不容乐观，焦虑、抑郁、网络成瘾倾向的青少年不断增加，自杀等现象也常见于报端，引发了全社会的广泛关注。青少年心理健康问题关系到我国未来国民的素质，关系到家庭和个体一生的幸福，关系到社会的和谐与稳定。培养青少年良好心理素质、塑造健全人格是我国社会迫切需要研究的重要课题。

  要帮助青少年摆脱心理健康问题的困扰、顺利渡过青少年期，正确预防和干预青少年期的各种心理危机是非常重要的。青少年心理危机普遍存在，当青少年面临某一突发事件或境遇时，先前处理问题的方式及其惯常的支持系统不足以应对眼前的处境时，就会产生暂时性的心理失衡。这种失衡状态对青少年的成长来说既是危险也是发展机遇。如果个体长期处于心理失衡状态且得不到调整，那么就会严重影响青少年的心理健康水平，带来持久的心理创伤和不良的社会适应，从而对青少年一生的发展造成重大消极影响；而安然渡过心理危机的青少年则不仅能重新获得稳定的心态，而且能从危机经历中学会处理危机的方法策略，甚至能够比没有经历心理危机的青少年心理更健康，各方面发展更好。采用预防和干预手段帮助每个青少年顺利渡过心理危机

---

① 作者为北京师范大学常务副校长，教授、博士生导师，中国心理学会副理事长。

是提高我国青少年心理健康水平的重要途径。

然而,纵观我国青少年心理危机干预的现状,应该说还远不如人意。虽然我国近些年来出版了不少青少年心理健康方面的书籍,但专门介绍青少年心理危机的专业书籍却比较少见,这与我国当前缺乏对青少年心理危机及其干预的系统研究不无关系。边玉芳教授在"十五"期间主持了全国教育科学"十五"规划重点课题"青少年心理危机及其干预"研究,对青少年心理危机的现状和成因进行了深入调查与分析,提出了干预青少年心理危机的系统方法与策略。本书正是边玉芳教授在多年课题研究的基础上总结提炼而成的,是我国第一本深入分析和阐述青少年心理危机的表现、成因、干预方法及相关干预体系的专著。

本书有两大特色:第一大特色是系统性和针对性有机统一。整本专著从青少年心理危机的解读、青少年心理危机干预方法的详细阐述、心理危机干预体系的建立等三个方面进行了系统、全面的整理分析,将青少年心理危机和危机干预有机地结合在一起,结构全面、内容翔实。在保证全书系统性的同时,本书聚焦在各种青少年心理危机干预方法的详细阐述,使得全书重点突出、亮点鲜明。第二大特色是理论性和实践性的结合。作为一本专著,本书具有扎实的理论基础。全书观点和论述都是以前人和作者自己的研究为基础,让人不仅知其然,也知其所以然。同时,本书高度注重实践性、操作性和应用性。全书引用了大量的事例和个案,对各种青少年心理危机干预如性侵犯、居丧、网络成瘾、灾后心理危机、自杀等的干预都有具体的操作步骤,在家长、教师、学校、政府和社会各个层次心理危机干预体系的建立方面都有具体案例,方便广大读者进行实践和应用。

本书适合中小学生家长、班主任、心理辅导教师、儿童青少年教育工作者、心理研究者甚至青少年自身阅读。我希望该书的出版能让更多的人乃至全社会共同关注青少年的心理危机,能有更多的研究者和教育工作者参与心理危机的研究与实践,能帮助广大家长、教师、青少年自身掌握判断和处理青少年心理危机的科学方法,共同促进中国青少年的心理健康和快乐成长。

董奇

2010 年 5 月于北京师范大学

第一章
动荡青春:青少年心理危机干预
——一个不得不提的重要课题

2008 年 5 月 12 日,一个所有中国人都不会忘记的日子。这一天,汶川 8 级大地震的爆发,让所有人为之震颤。地动山摇,洪流溃堤,村庄被夷为平地,高楼深陷地下,校舍瞬间垮塌,琅琅书声戛然而止。前一秒周围还是那么祥和和幸福,后一秒却沧桑巨变,满目凄凉,生命、财产像被一个恶魔无情地吞噬。至亲的丧失、同窗好友的永别、自己在死亡边缘的挣扎,这样的遭遇对任何一个人来说,都是心灵的一道重创,更何况是那些儿童和青少年呢。然而,生活有时就是这么不可预料!地震、海啸、瘟疫疾病、大火、恐怖袭击等等,种种天灾人祸,会时不时地在孩子的心口划上一道很深的伤口,给他们的生活布下重重阴影。这些阴影严重影响了他们的生活、学习甚至使他们出现心理危机。为了帮助青少年健康快乐地学习生活,让他们更好地成长,我们必须对处于这些困境中的青少年进行心理危机干预,帮助他们尽快回到正常的生活中。

除了种种天灾人祸之外,在平常生活中,有许多青少年同样会面临一些困难和挫折,如被人欺负、父母离异、高考失败、遭遇性侵犯等,这时候如果得不到正确的疏导,也会出现各种心理危机,甚至自杀或者伤人。

2008 年 4 月 13 日,新乡县大召营镇大召营中学年仅 13 岁的少年崔鑫在校期间长期遭到同学高洋(化名)等的殴打、侮辱、恐吓,并长期被逼迫替写作业,一旦不从,高洋便对其拳脚相加,而大召营中学也未对高洋等人的行为进行制止。崔鑫最终因不愿再忍受在学校受到的长期非人折磨,在家自缢身亡。①

　　2006年5月4日晚上,在游戏中叫做"崽子"、"小眼"和"残影少爷"的三人在一款网络游戏中组队打怪,很快三人在游戏中将一个怪物打死后,从怪物身上掉下一件武器,而这件武器被"残影少爷"捡走了。随后,"崽子"、"小眼"与在另一网吧的"残影少爷"在网上打怪,商量用一个装备换这件武器,但遭到"残影少爷"的拒绝。这时,和"残影少爷"在同一网吧的网名叫"见人就杀"的插了进来,并在网上说了一些脏话。随后,双方在网上争吵起来,并且越骂越狠。当晚10点多钟,近20个年轻人手里拎着各种"家伙",直奔"见人就杀"所在网吧。看到这情形,网吧的一名工作人员准备将网吧门关上,却被这些人一脚端开,随后他们气势汹汹地冲进网吧,并且大喊:"谁是'见人就杀',有种的给我站出来。"但是网吧内无人吱声。见无人应声,这些年轻人竟然开始殴打网吧内的上网者,有反抗的,他们就刀棍相加。几分钟内,网吧内五名人员被砍伤。②

　　2005年9月26日,15岁的少年军军面孔扭曲地躺在病床上,剧毒百草枯已经让平日里虎头虎脑的他除了痛苦地呻吟外,手脚也渐渐开始僵硬。其实,希望父母和好的话,一个月内,他已经说了很多次了,但最后,父母还是分居了。眼看一个家就要一分为二,年少的军军走了极端。③

　　2005年7月19日,家住陕西省铜川矿务局玉华煤矿的20岁的女学生小文(化名),因为连续两年高考录取学校不理想,在某次和父亲言语不投机的情况下,跳进该矿附近的一水坑自杀身亡。随后赶来的18岁的妹妹小青(化名)为了救姐姐也掉入水坑,不幸身亡。含辛茹苦将女儿养大的父母见到姐妹两人的尸体,悲痛欲绝。④

---

① 资料来源:http://edu.people.com.cn/GB/7498358.html。
② 资料来源:http://health.sohu.com/20060118/n241499243.shtml。
③ 资料来源:http://www.southcn.com/news/community/shzt/suicide/case/200509270113.htm。
④ 资料来源:http://www.southcn.com/news/community/shzt/suicide/case/200507220316.htm。

2004 年 10 月 29 日,古浪县某中学杨某和高二(8)班的刘某等学生到校门前一家茶屋喝啤酒。在猜拳过程中,杨某和刘某因故发生争吵引起肢体冲突,此时,恰好路过的该校高二(8)班学生蔡某看见学友打架遂上前劝架,不料竟然招致杀身之祸——杨某用刀子将蔡某及其同学常某刺伤后潜逃,蔡某被送往医院,经抢救无效死亡。①

2004 年 4 月 13 日至 4 月 25 日,在不到两周的时间内,浙江绍兴市的柯桥中学、轻纺城高级中学、鲁迅中学三名高一学生,以及绍兴外国语职业学院的一名女生,相继跳楼身亡。四位自杀者中三位为高一学生,一位为 2003 级的高职女生,年龄皆在十六七岁之间。正在对自杀事件进行调查的当地警方没有透露相关细节。不过根据记者调查,最后一位自杀者明显是对第一位、第二位自杀者的模仿;第二位自杀者与第一位自杀者之间有一定关系;第三位自杀者与整个自杀链有无关系目前尚无法求证。②

2001 年 3 月 5 日凌晨 1 时许,广东省化州市四名初三女学生集体吞服了总数为 500 片的安眠药。她们当中的两位在一年前曾遭歹徒强暴,担心在中考体检时被查出不是处女。另两位则甘愿陪死。③

上述例子决不是我们刻意搜寻而来,在我们每个人的身边,或许就已经存在这样的例子。年少的他们,对生命不知珍惜,遇到一点点困难或不顺心,就自寻短见或对他人大打出手。每当我们看到这样一个个风华正茂的少年慢慢地滑向问题边缘的时候,我们无一不心痛万分,感慨万分。

2003 年,中国心理学会对全国 22 个省市青少年心理健康的调查结果显示,我国儿童、青少年的心理健康状况令人担忧,17 岁以下的儿童和青少年中,至少有 3000 万人受到情绪障碍和行为障碍的困扰;其中约 13％的青少年存在明显的心理和行为问题,部分人的情绪问题、人际关系紧张现象十分突出;与此同时,16％的青少年不同程

---

① 资料来源:http://gs. cnr. cn/jy/xw/200902/t20090216_505233660. html.
② 资料来源:http://news. sina. com. cn/c/2004 - 05 - 18/15193264198. shtml.
③ 资料来源:http://www. people. com. cn/GB/paper447/2959/403786. html.

度地表现出焦虑、强迫、抑郁等症状。① 第二届中美精神病学术会议的一份资料显示，自杀已经成为我国未成年人死亡的主要原因之一。据某省教育厅透露，该省近年来意外死亡的学生人数急剧增加，到 2003 年他们不得不将自杀人数单独统计。一些教育工作者沉痛地指出，青少年正处于人格重建和心理极易扭曲的危险期，心理扭曲如不及时矫治就会导致心理障碍，形成各种程度不等的心理疾病，这些病态心理，轻则影响了健康人格的形成，重则助长了青少年犯罪。

从心理学的角度上来讲，青春，又称青少年期，或者青春发育期，处于由童年向成年的过渡阶段，具体是指在人的成长过程中，以第二性征出现为起点，身心各方面发生重大变化的时期。在生理上以性发育为主要标志，在心理上以意识到自己不再是孩子为主要标志，这两者刚好是同时出现的。20 世纪初，我们把青春期的时限定为 13—18 岁之间。然而，随着社会的发展，当代青少年的青春期时限已比 20 世纪初有所延长，是在 11—21 岁之间。

青少年期是个体的生理和心理发生急剧变化、发展的特殊时期，是从幼稚走向成熟、从家庭步入社会的重要转折时期。早在 20 世纪初心理学家霍尔就把这一时期称为"疾风骤雨"时期，类似的名称还有"第二否定期"、"心理断乳期"等等，可见这一时期对个体的重要性。美国哈佛大学心理学教授 Erikson 在他的人生八段理论中也认为青春期是各个发展阶段关键中的关键，并提出了自我统合、统合形成、统合危机等系统的青春期心理理论。青少年正处在一个蓬勃的发育生长期，他们在生理和心理上发生的巨大变化，常常会使人们感到惊讶和不解。他们从以前单薄的小孩一下变成一个高大健壮的少年，以前听话乖巧、爱说爱笑，现在却常常显得郁郁寡欢、心事重重。前些日子还把老师和父母挂在嘴边，当作偶像崇拜的"朝圣者"，今天却变成一个语言尖锐、率真，甚至有些偏激的"批评家"。尤其使老师和家长困惑的是：过去行之有效的教育方法，今天却都不管用了。

青少年期是个体身体发育的鼎盛时期及性成熟时期，在这段生长发育的过程中，他们在生理和心理上都会发生巨大的变化。生理上的成熟使他们在心理上产生成人感，他们希望能获得成人的某些权利，找到新的行为标准并渴望变换社会角色。然而，由于他们的心理发展水平有限，在认知发展、情绪调控、社会经验等方面还不成熟，而且身心发展不平衡的矛盾、沉重的升学压力、自我追寻中的困惑等一系列问题也会使

---

① 秦文：《关注青少年心理健康》，载《华兴时报》，2008‑1‑23。

他们有许多期望不能实现,从而产生挫折感。如果这些身心发展的不平衡性没有得到很好的处理,那么他们就有可能会面临种种心理危机。青少年心理危机既是青少年成长发展的一种状态,同时也是发展的一种机遇。青少年经历了心理危机之后如果处理好了,可能会比没有经历心理危机发展得更好。

然而,纵观我国青少年心理危机干预的现状,却不尽如人意。首先,家长对青少年心理危机干预的意识淡薄,即使孩子的心理问题已经非常明显,也不知道孩子正处在心理危机中,也不知道如何去帮助处在心理危机中的孩子,甚至有些父母的一些不恰当的做法正是导致孩子出现心理危机的原因。其次,当青少年出现心理危机时,有些学校都不会采取干预措施。即使有些学校会有一些帮助行动,也往往是在学生心理危机发生以后才忙于干预、处理事务,而很少关注危机发生前的预防性干预。而且,有的学校即使是事后干预也只是以学校领导、班主任、当事人的家长等为主体,侧重于行政处理或道德说教,而甚少关注对危机当事人或危机目击者的心理干预或疏导。总之,学校对青少年心理危机干预不够重视。再次,就整个社会而言,我国的心理危机干预还处于萌芽阶段:群众的心理卫生意识基本上没有,心理咨询机构零零星星,没有全国性的精神卫生立法。虽然社会已经开始认识到青少年心理危机干预的重要性,但是整个社会对青少年心理危机干预资源的整合度仍然不够。由此可见,青少年心理危机干预是一个不得不提的重要课题。

第二章
理解青春：青少年心理危机的成因、表现和特征

第一节　何谓青少年心理危机

一、心理危机的含义

目前关于心理危机的定义比较权威的是 Caplan 的理论。1954 年, Caplan 开创性地对心理危机进行系统的理论研究,并于 1964 年首次发表心理危机干预理论,因而大家一致认为他是心理危机干预理论的鼻祖。迄今为止,几乎每一篇有关心理危机干预的理论文献都会引用他的理论。Caplan 认为当一个人面对困难情境,他先前处理问题的方式及惯常的支持系统不足以应对眼前的处境,即他必须面对的困难情境超过了他的应对能力时,这个人就会产生暂时的心理困扰,这种暂时性的心理失调状态就是心理危机。

Caplan 认为个体与环境之间在一般情况下是处于一种动态平衡状态,当面临生活逆境或不能应对解决的问题时,往往会产生紧张、焦虑、抑郁和悲观失望等情绪问题,导致心理失衡。而这种平衡能否维持,与个体对逆境或应激事件的认识水平、环境或社会支持以及应对技巧这三方面关系密切。他认为,心理危机是一个过程,且处于危机中的个体必须经历以下四个阶段。[①]

阶段一:当一个人感受到生活突然发生变化或即将出现变化时,其内心失衡,表现

_____

① 张凤华、方来坛、高鹏：《心理危机及其干预的研究》,载《世界科技研究与发展》,2008(4)。

为警觉性提高,开始感到紧张。为了重新获得平衡,个体试图用其惯常的方式作出反应。此阶段的个体一般不会向他人求助。

阶段二:经过一段时间的努力,个体发现惯常的方式未能解决问题,于是焦虑程度开始上升,同时也开始尝试各种解决问题的办法。但高度紧张的情绪会影响当事人的冷静思考,从而影响其采取行动的有效性。

阶段三:如果经过尝试各种方法,未能有效解决问题,当事人内心的紧张程度就会持续增加,并想方设法寻求和尝试新的解决方法。此阶段,当事人求助动机最强,常常不顾一切地发出求助信号,甚至尝试自己曾认为荒唐的方式。此时,当事人最容易受他人的暗示和影响。

阶段四:如果当事人经过前三个阶段仍未能有效解决问题,他就很容易产生习惯性无助。他会对自己失去信心和希望,甚至把问题泛化,对自己整个生命意义发生怀疑和动摇。很多人正是在这个阶段中企图自杀。同时,强大的心理压力有可能触发以前未能完全解决的、被各种方式掩盖的内心深层冲突,有的人由此而走向精神崩溃和人格解体。此阶段的当事人特别需要通过外援性的帮助,才可能渡过心理危机。

"危机",既包括"危",也包括"机"。Caplan 只认为心理危机是一种由困难情境导致的心理困扰,强调了心理危机的危险性,却忽视了心理危机也是一种机遇。Mitchell 和 Resnik 认为①危机是情感上的重大事件,该事件可作为人生变好或变坏的转折点,心理危机就是一种情感紊乱状态。胡泽卿、邢学毅认为②心理危机是由于突然发生的重大生活事件引起的暂时的心理失衡状态,它是一把双刃剑,既可引起焦虑、悲伤、愤懑等不良情绪,又可使人更加成熟。正常人都处于身心平衡状态,也就是他们的日常生活是思维、意志、情感和生理需要处于某种程度的和谐状态,在不适当的应激发生时,人的平衡状态可能会受影响,可能出现情感和思维失控,以致经历一种极端的情感紊乱,这时人就处于危机期。③

此后,心理危机的理论得以迅速发展,出现了许多关于心理危机的定义。美国加州大学的心理学教授 Kristi 认为,不管哪种方式的定义,心理危机实质上都包括三个基本的部分,即:(1)危机事件的发生;(2)对危机事件的感知导致当事人的主观痛苦;

---

① Mitchell J. T., Resnik H. L., *Emergency response to crisis*. Maryland: R. J. Brady Co., 1981。

② 胡泽卿、邢学毅:《危机干预》,载《华西医学》,2000(1)。

③ 胡泽卿、邢学毅:《危机干预》,载《华西医学》,2000(1)。

(3)惯常的应付方式失败,导致当事人的心理、情感和行为等方面的功能水平较突发事件发生前降低。Gililand 和 James 认为心理危机是一种认识,当事人认为某一事件或境遇是个人的资源和应付机制所无法解决的困难。以上两个定义都认为危机是当事人的一种主观认识,认为心理危机是一种强烈的心理应激状态,并能使人处于心理紧张的状态。同时,这两个定义也比较全面准确地概括了心理危机的过程和实质,因而许多研究者和临床工作者都认同这两个定义。

由生活变故产生的强烈的情绪失衡状态并不是持续终生的。绝大多数学者认为,人的心理危机状态大约要持续4—6周。在这4—6周中,由于处理危机的手段不同、个体先前经历危机的体验不同、个体人格特质的不同,当事人的结局也不相同。一般来说,心理危机会产生四种结局:①

第一种,当事人不仅顺利地度过危机,而且通过这次生活的变故学会了处理困境的新方法,整个心理健康水平得到了提高。在这个结局中,危机对于当事人不仅是经历了一次威胁,而且也得到了一次生命成长的机会。这是危机干预追求的最佳结局。

第二种,危机虽然渡过,但当事人却在心理上留下一块"瘫痕"(psychi scar),形成偏见,留下痛点,限制其今后的社会适应。比如一位姑娘经历了失恋,就可能认为男人都是在逢场作戏,玩弄感情,回避再谈感情。

第三种,自杀。当事人经不住强大的心理压力,对未来绝望,以死解脱。

第四种,未能渡过危机,陷于神经症或精神病。从此,当事人经历的任何生活变故都会诱发心理危机。当事人的心理适应水平明显降低。

综上所述,我们将心理危机的定义为:每个人都在努力保持一种内心的稳定状态,保持自身与环境的平衡和协调,当重大问题或变化发生使个体感到难以解决、难以把握,个体先前处理问题的方式及其惯常的支持系统不足以应对眼前的处境,即超过了个体的应对能力时,平衡就会打破,正常的生活受到干扰,内心的紧张不断积蓄,继而出现无所适从甚至思维和行为的紊乱,进入一种失衡状态,就会出现暂时的心理困扰。这种暂时性的心理失衡状态就是心理危机。

一般而言,使个体出现心理危机的原因称为危机事件。危机事件有两个含义②:一是指突发性的公共危机事件,出乎人们意料发生的,如瘟疫、地震、水灾、空难、恐怖

---

① 龙迪:《心理危机的概念、类别、演变和结局》,载《青年研究》,1998(12)。
② 樊富珉:《"非典"危机反应与危机心理干预》,载《清华大学学报(哲社版)》,2003(4)。

袭击、战争等;二是指个人内在的冲突,如失恋、失业、生意破产、丧失亲人、人际关系紧张、高考失败、遭遇性侵犯等。心理危机出现是因为个体意识到某一事件和情景超过了自己的应付能力,而不是个体经历的事件本身。如一个青少年看到自己的同伴好友自杀了,从此以后,他们再也不能一起学习聊天玩游戏,他的生活像是被谁狠狠地抽去了一部分,从此变得不再完整。因此,他会时常想念已经过世的好友,怀恋他们在一起高兴快乐的时光,并由此可能会出现好友并没有去世的错觉,还时常听到好友呼唤自己的名字。由此,我们可以判定该青少年已经出现了心理危机。当一个人出现心理危机时,当事人可能及时察觉,也有可能"不知不觉"。一个自以为遵守某种习惯了的行为模式的人,也有可能潜在着心理危机。如染有严重不良瘾癖的人,常常潜伏着心理危机。当去戒除瘾癖时,心理危机便会暴露无遗。

二、青少年心理危机的含义

综合考虑以上学者对心理危机概念及分类的看法,结合青春期这一特殊的人生阶段,我们认为青少年心理危机可以定义为:处于这一时期的青少年在其学习和生活中由于生理、心理、社会各方面的原因,如处于性成熟过程与"生长爆发"阶段的发育冲突、自我意识与人际关系的模糊性(同一性迷惘)、突发事件与应急能力不足(重大灾难、亲人亡故、身患重症、性侵犯、高考落榜、恋爱失败等等),青少年自身已有的资源和应激机制无法承受这些危机事件对其心理的冲击,从而使内心的平衡被打破并由此产生了痛苦的体验。从临床心理学角度看,青少年心理危机是青少年期其他心理问题中的一组症状或前驱表现,若不加以及时的干预和调节,可能造成更严重的后果,如自杀、杀人或严重的心理疾病。

青少年心理危机可以分为发展性心理危机、境遇性心理危机和存在性心理危机三种。发展性心理危机指在正常成长过程中,急剧的变化所导致的异常反应。青少年在成长过程中,要经历一系列阶段,处理一系列人生主题,逐渐走向成熟。在这一过程中,个人如果缺乏有关知识和技能,缺少社会支持系统,或缺少一定的物质条件和机遇,就往往不能渡过一个个人生转折,从而产生发展性心理危机。境遇性心理危机是指个人面临着无法预测和控制的超常事件时出现的心理危机。这些事件通常是随机的、突然的,具有灾难性和震撼性的。例如,各种自然灾害或人为灾难,遭强暴、受性虐待,失业、失学,亲人死亡,身患不治之症等。存在性心理危机指伴随着重要的人生问题,如关于人生目的、人生价值、责任、独立性、自由与承诺等问题上的困惑而出现的内部的冲突与焦虑。这种危机可能是基于现实的,也可能是基于个人主观感觉的。此外,一些严重的精神疾患也会带来危机。危机的一种类型是在重大创伤后,相对长的一段时间内反复出现的痛苦折磨、心理功能紊乱,称为创伤后应急障碍。青少年的心理危机来源同样是多种多样的。首先是发展性心理危机;其次是由亲人去世、父母离异、交通事故致伤致残、升学无望、遭受暴力伤害、受到严重羞辱、身患重病、恋爱受挫等带来的境遇性心理危机;此外,也有人生意义迷失造成的存在性心理危机。

青少年期是个体成长过程中的关键时期,成长中的心理危机对个体而言,既意味着危险也意味着机会,危机包含着成长的契机和改变的能量,青春期心理危机中包含着向相反方向发展的可能性。因此,青春期心理危机若能及时化解,顺利解决,个体即获得一次心灵的成长,有助于后期的良好发展;若不能有效地解决,青春期的心理危机将持续存在,反复出现,并可能趋向恶化,势必影响个体的正常发展。因此,为了青少年的健康成长,必须在其处在危机时给予及时、有效的干预,帮助他们有效应对危机,战胜危机,向健全的人格逐步发展,从而能够更好地应对成年期的种种人生课题。

第二节　青少年面临心理危机的原因

美国自杀协会主席希尼亚帕佛认为,防止自杀最好的办法不是注意自杀本身,而是应当更广泛地注意是什么原因导致了自杀的发生。同样,防止青少年心理危机最重要的不是注意危机本身,而是应该更多地关注青少年心理危机发生的原因,这样方能做到防患于未然。

一、青少年心理危机源的理论研究

青少年心理危机的发生不是孤立的,它和青少年生活的社会背景有关,具有鲜明的时代特点,社会的变革、家庭的变故、个人的发展,都会引发心理危机。

万俊从心理基础和外部诱因两方面对青少年面临心理危机的原因进行了探析,他认为造成青少年心理危机的主要原因有:(1)青春期内心矛盾冲突导致的挫折耐受力降低;(2)过重的学业压力造成的心理机能的病态改变;(3)负性生活事件带来的重大精神刺激。[①]

———————————

① 万俊:《中学生心理危机的成因及干预策略》,载《教育教学研究》,2007(11)。

任何一种心理危机都是一种由心理应激事件引起的心理反应,它受应激事件、个体对该事件的认知和应对方式及其个体的人格特点等因素的影响。当环境发生变化时,个体必须作出努力去适应这种变化。通常我们把能造成心理应激并可能导致躯体和心理健康变坏的环境变化称为危机源。根据 Hoff 的观点,心理危机源可以分成三种类型:境遇性危机源、阶段转换危机源和文化/社会结构危机源。具体分类见表1[①]:

表 1　危机源类型表

危机源	
危机源类型	举　例
境遇性危机源:	
物理环境危机源	火灾、自然灾害
个人的、身体性的危机源	致命的疾病、身体伤残
人际的、社会的危机源	纠纷、重要亲友的死亡、被强暴
阶段转换危机源:	
普遍性阶段转换危机源	青春期特殊的生命阶段
非普遍性阶段转换危机源	社会地位的变化
文化/社会结构危机源:	
社会/文化环境危机源	歧视、偏见、网瘾
违反社会准则危机源	抢劫、攻击

此外,关于心理危机的环境压力理论认为,生活事件也是重要的危机源。许多研究表明,生活事件能促使健康恶化和心理机能失调。Kanner、Schaeffer 和 Lazarus 在生活事件中又区分出日常琐事(daily hassles)。他们把日常琐事定义为:令人激恼的、使人有挫折感的要求,这些要求在某种程度上每天都与环境有着交互作用。日常琐事与主要生活事件有明显的区别,日常琐事没有改变生活条件,不像主要生活事件对生活条件造成了影响。日常琐事的应激性虽不如创伤性事件如自然灾害、交通事故、家庭暴力、儿童(成人)性虐待、暴力攻击等那样影响强烈,却有持久性,像肉中之刺,如经常被老师批评、没有足够的闲暇时间、没赶上班车、在最匆忙的时候自行车没气了等。这些事件累积到一定的程度,就会对个体的身心健康造成有害的影响。

---

① 张凤华、方来坛、高鹏:《心理危机及其干预的研究》,载《世界科技研究与发展》,2008(4)。

从危机源的具体内容上看,境遇性危机源、阶段性危机源以及文化/社会结构危机源都可以归结为生活事件的范畴。所不同的是,生活事件不仅包括上述三个方面的内容,还包括日常琐事,因而对心理危机源的概括更为全面。

二、青少年心理危机源的实证研究

基于青少年心理危机研究的缺乏,我们承担了全国教育科学"十五"规划重点课题《青春期心理危机及干预研究》①,旨在了解青少年心理危机的现状、探索青少年心理危机的干预方法。青少年心理危机源是该课题研究的一部分。蒋赟、边玉芳②结合Hoff的观点和环境压力理论,以浙江省为例,通过查找报刊资料的方法来搜寻青少年危机事例。这些事例既有由生活事件引发的(如车祸、溺水、非典等),也有由日常生活琐事所引发的(如作业负担过重、考试压力过大等)。我们选取了口碑较好且对该类事件报道较多的三份报纸:《钱江晚报》、《今日早报》和《青年时报》作为我们的查阅对象,共查找到危机事件125起。《钱江晚报》的查阅时段范围为1999年1月1日~2004年12月31日,共查找到危机事件46起;《今日早报》的查阅时段范围为2000年10月1日(创刊之日)~2004年12月31日,共查找到危机事件63起;《青年时报》查阅范围为2001年10月1日(创刊之日)~2004年12月30日,共查找到危机案例16起;其中有8起《钱江晚报》和《今日早报》两份报纸都进行了报道。我们将查阅到的125起危机事件加以仔细的阅读,从中概括分析出了青少年心理危机产生的原因主要有以下七个方面,具体见表2。

表2 青少年心理危机产生的主要原因

原　　因	举　　例	数量	百分比
人际关系 (与父母、老师和同伴之间)	与父母、老师、同伴产生纠纷	33	26.40%
意外突发事故 (非人有意为之)	车祸、溺水、猝死、坠楼、非典等	27	21.60%

① 课题类别为青年基金课题,课题批准号:CBA030046。
② 蒋赟、边玉芳:《青春期心理危机类型、表现、特征及干预现状剖析》,浙江大学硕士论文,2004。

原　　因	举　　例	数量	百分比
学习压力	作业负担重、考试压力、升学压力	14	11.20%
暴力伤害	被杀、被抢劫、殴打、敲诈等	11	8.80%
情感挫折	早恋、情感问题	8	6.40%
网络成瘾	网络不健康文化、网络游戏、聊天	6	4.80%
性侵犯	性骚扰、强暴	6	4.80%

　　从表2可以看出,青少年心理危机产生的三个最主要原因是人际关系(26.4%)、意外突发事故(21.6%)和学习压力(11.2%)。人际关系这一原因的范畴很广,包括与老师、父母、同伴之间的关系。其中,报道最多的则是与教师发生纠纷、误解导致的危机事件。如某校一女生就由于被班主任误认为偷了同学的钱并不顾该女生的请求告知了其家长后羞愤难当,觉得班主任"杀掉了我的自尊、我的骄傲以及对生活的勇气",留下遗书后服毒自尽。此外,跟父母沟通不善、管教过严、期望过高,也是促使青少年陷入人际关系危机的重要原因。与同伴之间的误会或纠纷,是由于人际关系导致青少年产生危机的第三大原因。在意外突发事故这一项中,城市青少年最经常遭遇的是交通事故,占意外事故总数的25.9%;而乡村青少年则多为溺水,占整个意外事故的37%。正处于最紧张学习阶段的青少年,学习压力也是导致危机产生的重要原因。令人欣喜的是,1999、2000、2001年三年共报道此类危机事件10件,占此类事件总数的71.4%,2002年、2003年和2004年报道4件,占总数的28.6%,后三年此类事件报道率与前三年相比已有所下降。其原因或许是随着高校的扩招和择校自主权扩大,中学生可选择的道路增多,故因中考、高考失败而采取出走、自杀等极端行为的现象也有所减少。

　　通过查阅并分析报刊资料,我们认为导致青春期心理危机产生的原因主要有意外突发事故、暴力、网络成瘾、性侵犯、人际关系、情感挫折、学习压力七个方面。在此基础上,我们还编制了一份针对在校青少年青春期心理危机的问卷,该问卷包括青春期心理危机产生的原因和表现两个部分,此处先介绍原因部分。

　　根据青少年生活事件量表(ASLEC)和生活事件量表(LES)的相关测题和量表形式,并结合报刊资料分析所获得的初步结论,我们自编了青春期心理危机学生问卷,共

25 个项目,在浙江省 11 个地区各抽取 1—2 所中学进行调查,共发放问卷 1500 份,收回有效问卷 1154 份,有效回收率为 76.93%。其中包括初中 6 所,共调查初中生 440 人;普通高中 8 所,职业高中 2 所,共调查高中生 710 人。问卷统计后共收集到青少年心理危机事例 575 件。我们将这些事件按之前的七个方面原因加以归类,发现这七种不足以涵盖所有的危机事件,因此,我们又增加了亲友去世、家庭纠纷、财物失窃三项,将青少年心理危机的原因分为十个主要方面。如表 3 所示。

表 3 青少年心理危机产生的主要原因

原因	举　例	发生次数	所占比例
人际关系	与父母、老师、同伴发生纠纷	177	30.8%
学习压力	考试失败、作业繁多、成绩退步	126	21.9%
丧失亲友	父母、祖父母等亲人及好友重病或去世	69	12.0%
家庭纠纷	父母争吵、离异、父母有外遇	47	8.2%
暴力伤害	抢劫、勒索、恐吓、打架斗殴	28	4.9%
财物失窃	钱包等物丢失或被偷	27	4.7%
情感挫折	早恋、失恋	26	4.5%
网络成瘾	沉迷网络游戏、聊天等	22	3.8%
意外事故	车祸、非典等	13	2.3%
性侵犯	性骚扰、强暴等	8	1.4%

由表 3 可知,青少年在日常生活中遇到的引发心理危机的最普遍的原因为人际关系、学习压力、亲友丧失、家庭纠纷四项,特别是前两项几乎是每个青少年都会遇到的问题。王成果认为[①]:青少年产生心理危机的最主要的几种诱因为:①重大生活事件影响,如考试失利、升学受阻、恋爱受挫、家庭变故等等;②人际交往发生障碍,如受到歧视冷落、遭到误解、工作开展不利等等;③学习生活环境和条件发生变化,如理想和现实相距甚远时,适应能力明显较差等等。这一理论研究成果与我们的实际调查结果不谋而合。

---

① 王成果:《青少年心理危机和危机干预》,载《中国青年研究》,2003(1)。

第三节 青少年心理危机的表现

一、青少年心理危机表现的理论研究

林崇德认为,一个心理健康者"敬业,乐群,自我适应良好"。反之,出现心理危机者,往往也是在这三方面上产生严重的心理不平衡和冲突。[1]

清华大学教育研究所心理学教授樊富珉认为[2],当个体面对危机时会产生一系列身心反应,一般危机反应会维持4—8周。危机反应主要表现在生理上、情绪上、认知上和行为上。

1. 生理方面

心跳加快、血压升高、肠胃不适、腹泻、食欲下降、出汗或寒战、肌肉抽搐、头痛、耳朵发闷、疲乏、过敏、失眠、做恶梦、容易惊吓、头昏眼花或晕眩、感觉呼吸困难或窒息、梗塞感、胸痛或不适、肌肉紧张等。

2. 情绪方面

个体在应激中情绪的变化同样与个体对应激结果的预测和评价有密切的关系。成功地应对应激源常常给个体带来愉快和高兴的情绪体验。如果应对不成功,则会产生各种负面的情绪,如焦虑、抑郁、愤怒、害怕、恐惧、怀疑、不信任、沮丧、悲伤、易怒、绝望、无助、麻木、否认、孤独、紧张、不安、烦躁、自责、过分敏感或警觉、无法放松、持续担忧、害怕即将死去等不良反应。

焦虑是应激反应中最常出现的情绪反应,这种情绪指向于未来,有不确定感,是人预期将要发生危险或不良后果的事物时所表现的紧张、恐惧和担心等情绪状态。焦虑水平低时影响个体应对环境的行为,反应常常迟钝,作业的效率不高;适度的焦虑可提高人的警觉水平,提高人对环境的适应和应对能力;焦虑过度或不适当,则使个体应对环境变化的能力下降,且这种焦虑有泛化的危险,可能影响个体在面临环境变化时的有效应对。恐惧则是极度的焦虑反应,此时个体的意识、认知和行为均会发生改变,同时伴随着强烈的植物神经功能紊乱,行为的有效性几乎丧失。部分病人会出现焦虑性障碍。

抑郁常常是个体面临无法应对的困境和严重后果的情绪反应,抑郁的情绪常常使

---

① 转引自赵萍:《中学生心理危机及其干预研究》,载《教学与管理》,2008(30)。
② 樊富珉:《"非典"危机反应与危机心理干预》,载《清华大学学报(哲社版)》,2003(4)。

人产生无助和无望感,进一步影响个体对环境和自身的认知评价,消极的评价可反过来加重抑郁。一些病人的抑郁症与应激有明确关系。

愤怒是与挫折和威胁相关的情绪状态,并多伴有攻击性行为。由于目标受到阻碍,自尊心受到打击,为排除阻碍或恢复自尊,常会激起愤怒。

3. 认知方面

当环境发生变化,个体对环境的变化和自身的资源进行认知评价,随即出现应激反应,同时个体对反应的结果也进行认知评价。若反应结果对自身有利,则会增强个体的自信和自尊,对自己的评价会趋于正性,对环境变化也趋于正性评价,会增进自己在未来生活中减少应激的信心;若结果不利,则会出现对自己和环境均趋于负性评价,会降低自信和自尊,会降低个体在环境中克服困难的动机。这常表现为记忆困难或混淆、注意力不集中、犹豫不决、缺乏自信、无法作决定、健忘、效能降低、计算和思考理解都出现困难,不能把思想从危机事件上转移等。

4. 行为方面

呈现社交退缩、沉默、情绪失控、典型行为习惯改变、过度活动、没有食欲或暴饮暴食、逃避与疏离等行为、容易自责或怪罪他人、不易信任他人、与人易生冲突等,严重的会出现自杀倾向。

此外,其他学者也对危机的表现提出了相似的看法。如蔡哲、赵冬梅认为[①]大学生的危机评定表现为:①情绪反应:当事人表现高度的焦虑、紧张、丧失感、空虚感,且可伴随恐惧、愤怒、罪恶、烦恼、羞惭等。②认知方面:身心沉浸于悲痛中,导致记忆和知觉改变。难以区分事物的异同,体验到的事物间关系含糊不清,作决定和解决问题的能力受影响,有时害怕自己发狂,一旦危机解决可迅速恢复知觉。③行为改变:不能专心学习工作或劳动;回避他人或以特殊方式使自己不孤单;令人生厌;与社会联系破坏,可发生对自己或周围的破坏性行为;拒绝帮助,认为接受帮助是软弱无力的表现;行为和思维情感不一致;出现过去没有的非典型行为。④躯体方面:有失眠、头晕、食欲不振、胃部不适等。

二、青少年心理危机表现的实证研究

在我们承担的《青春期心理危机及干预研究》课题中,青少年心理危机表现也是该

---

① 蔡哲、赵冬梅:《大学生心理危机的干预与调解》,载《河南师范大学学报(哲社版)》,2001(4)。

课题研究的重要内容。我们综合了国内外学者关于危机表现的理论,结合报刊资料分析得到的青少年心理危机的一些表现,并参照贝克抑郁问卷、抑郁体验问卷的部分测题,拟订了25个试题。这25个试题为青春期心理危机的表现问卷,采用因子分析的方法来进行数据分析,从25个项目中提取出合适的因子,并对这些因子的具体含义作出解释,以浙江省为例,看处于心理危机中的青少年在生理、认知、情绪、行为各方面具体有哪些表现。因素分析结果显示,这一部分可以抽取到5个因素,其累积方差贡献率为53.925%,具体结果见表4。

表4　前5个特征根(特征根大于1)排序表

因素	特征值	方差贡献率(%)	累积方差贡献率(%)
1	7.951	31.802	31.802
2	1.931	7.724	39.526
3	1.390	5.559	45.085
4	1.160	4.638	49.723
5	1.050	4.202	53.925

表5　各公共因素的高负荷变量

公共因素	高负荷变量(或项目)			
1	X1(0.566)	X2(0.725)	X3(0.683)	X5(0.724)	
2	X7(0.550)	X8(0.675)	X9(0.553)	X12(0.483)	X24(0.503)
3	X15(0.591)	X20(0.644)	X21(0.520)	X22(0.699)	X23(0.594)
4	X10(0.683)	X13(0.541)	X17(0.490)	X18(0.657)	X19(0.676)
5	X4(0.629)	X6(0.516)	X14(0.578)	X25(0.436)	

根据表5,对照各个项目变量的测试目标,上述5个公共因子可以分别识别如下:

因子1所决定的变量主要反映个体的失败无望感,这一因子由这样一些测题组成:我整天感到忧愁,而且不能改变这种情绪;我觉得我是一个彻底失败的人;我讨厌自己;我感到未来毫无希望。

因子 2 主要反映的是个体的厌恶不满感。如我现在经常哭泣;我现在很容易发火;我无法集中精力学习;我对任何人或事都丧失了兴趣;我讨厌那个人,恨不得杀了他。

因子 3 所涉及的主要是个体的恐慌无助感。主要包括我极度恐慌,好像要发疯;我极度紧张,总觉得有什么祸事要发生;我没人可以信赖,没人可以倾诉;我感到被这个世界遗弃了,没人来关心我;我在这儿呆不下去了,一定要离开这个地方。

因子 4 反映的是一组躯体性障碍。题目有:我觉得身心非常疲惫;我最近经常失眠,难以入睡;我最近经常头痛或头昏;我常常觉得呼吸困难,喘不过气来;我夜里经常做恶梦。

因子 5 反映了一种自杀意向。测题有我很想自杀,反正我活着也没什么意思;我尝试自杀过;我感到生活极度空虚。

该结论与一些学者在青少年心理危机上的理论研究结果基本一致。如王成果认为[①]青少年心理危机的表现形式主要是:一是缺乏自信,自卑,有的甚至悲观、绝望;二是逃学,离家出走;三是极度的抑郁、孤僻和焦虑,怕与人交往;四是对社会、对他人、对一切的冷漠、消极逆反或攻击;五是严重者一遇某些想不开的事情,便会采取自杀等逃避手段。因此,综上所述,青少年在遭遇危机时主要表现为失败无望、厌恶不满、恐慌无助。此外,心理危机也会导致个体产生躯体化障碍,严重时则会表现出一种自杀意向。

第四节　青少年心理危机的特征

在我们承担的课题《青春期心理危机及干预研究》中,对青少年心理危机的特征也做了很详细的研究。我们主要以分析报刊资料所得的结论为主要依据,部分结合青少年心理危机的调查结果,对青少年心理危机特征进行概括,最后发现青少年心理危机存在着性别差异、年级差异、家庭差异、城乡差异、地区差异。

一、性别差异

由问卷调查到的 575 例危机事件中,我们发现当事人为男生有 353 起,女生有 222 起,且在危机事件原因上也存在着性别差异。如下图所示:

---

① 王成果:《青少年心理危机和危机干预》,载《中国青年研究》,2003(1)。

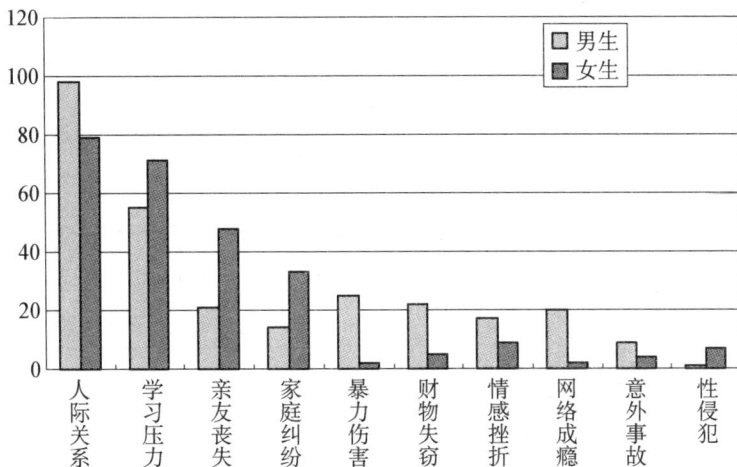

图 1　各类危机事件的性别差异

由上图我们可以发现,青少年心理危机的类型存在显著的性别差异。男生发生暴力伤害、财物失窃、网络成瘾这几类危机事件的频率远远高于女生,差异十分显著,而女生则容易因亲友丧失、家庭纠纷、性侵犯等原因陷入心理危机。在人际关系和学习压力两项,男女之间的差异不明显。这一结果应该说与男女生的先天特征和后天的教育有关。男生好动、易冲动的天性使他们喜好通过打架、斗殴等方式来解决人际纠纷,而因此类事件造成的身体上的伤害和纪律上的处分又使他们对自己的冲动行为后悔不已。同时,男生因保管自己的财物时比较粗心,容易导致钱包、随身听、CD机等贵重物品的失窃,这也会对他们的心理产生一定的影响。男生好玩的天性使他们在网络游戏世界中能感受到自己的价值。这样不但能发泄现实中的不满,更能体验到一种现实中不可能感受到的满足,比如战争游戏中的征服、侠客游戏中的桃花运等等。久而久之,他们就会难以忍受没有网络游戏的日子,一回到现实世界中就会产生一种孤独感。而女生较为感性,对父母亲人更为依赖,一旦家庭发生变故,如祖父母去世、父母离异或有外遇、父母一方去世等,情感上会产生巨大的失落,导致心理危机。因此,我们建议学校老师和家长针对男女生危机类型的差异,分别进行针对性的预防和干预。一旦得知此类诱因事件发生,宜及早给予当事人心理援助、专业干预,以免造成不必要的损失,乃至酿成悲剧。

二、年级差异

我们将查找到的危机事例分为初中和高中两个阶段,经统计发现,初中阶段共发生危机事例 403 件,占总数的 70.1%,高中阶段共发生危机 172 件,占总数的 29.9%,说明初中生比高中生更容易陷入心理危机。同时,统计也发现,在危机原因上也存在着一些差异,如下图 2 所示。

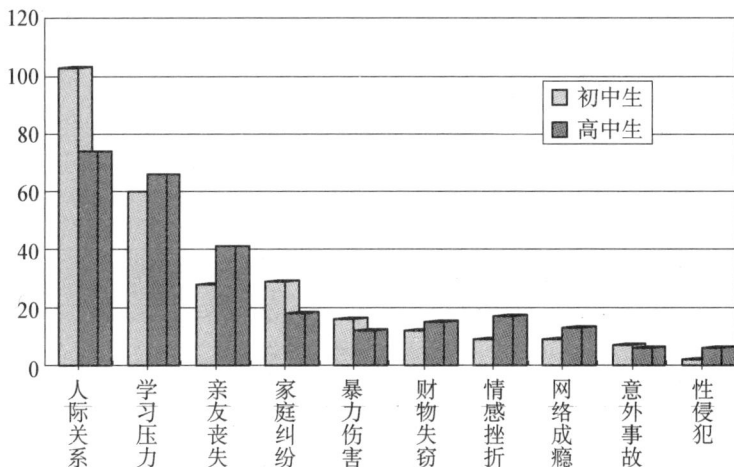

图 2 各类危机事件的年级差异

由图 2 可以发现,在初中阶段的青少年,容易因人际关系、家庭纠纷、暴力伤害等产生心理危机。初中阶段是个体身体发育的鼎盛时期及性成熟时期,生理上的成熟使初中生在心理上产生成人感,他们希望能获得成人的某些权利,找到新的行为标准并渴望变换社会角色。然而,由于他们的心理发展水平有限,有许多期望不能实现,容易产生挫折感。由于此阶段身心发展不平衡,初中生面临种种心理危机,并出现一些心理及行为问题。初中生的人际交往能力还十分薄弱,一旦与同学、好友或父母发生纠纷,往往不能用恰当的方法去解决,而是表现出气愤、怨恨等负性情绪,甚至采用斗殴、出走、自杀等极端行为来解决争端。而到了高中阶段的青少年,多因学习压力、亲友丧失、情感挫折和网络成瘾等事件而导致心理危机。进入高中以后,学习压力更为沉重,繁重的学习任务让青少年希望从异性朋友和网络世界中寻求慰藉,容易遭受情感挫折和沉迷网络的困扰。

因此,学校老师在进行心理健康教育时,应针对初、高中学生危机类型差异,选择不同的着重点。在初中阶段,最主要的是培养初中生的人际交往能力,让他们学会用适当的方法去解决人际纠纷。而到了高中阶段,应着重培养学生正确应对学习压力,鼓励他们通过与同学、老师和父母进行良好的沟通来减压。运用对症下药的预防性干预尽可能将危机发生率降到最低。

三、家庭差异

从新闻媒体报道的青少年心理危机的事件来看,青少年出现心理危机与父母亲的职业和受教育程度也有很大的相关。由于报刊资料报道的背景资料有限,在我们查找到的125起危机事件中,只有37起对当事人父母的职业和教育程度有所提及。通过对这37起危机事件的分析,发现青少年出现诸如人际关系、学习压力或网络成瘾之类的心理危机,其父母亲的文化程度普遍低于高中学历,且职业多为商人、务农者、普通工人,占37起事件的62.1%。这些青少年的父母一个共同点就是平时都为生计而忙碌,除了提供子女经济和生活上的支持和照顾之外,无暇顾及子女的所思所想,与子女缺少沟通。此外,这类父母由于自身的职业都比较辛苦,十分希望自己的子女以后能比自己过得好,对他们来说,子女若要有"出息",唯一的途径就是好好读书,考上大学。于是,他们对子女在学习上寄予了很高的期望,若子女达不到他们的要求,则用打骂等粗暴单一的方法加以教育,往往容易导致子女的极度反感,亲子之间矛盾日益加深,最终酿成一出出的悲剧。据2003年11月4日《青年时报》报道,杭州某中学一学生因沉迷于网络游戏,父母多次对其劝说无效后,休学在家,但作为双职工家庭,父母对其寄予厚望,经常在家不停说教,该生禁不住唠叨,拿走家里的1000元钱离家出走,在一家网吧里夜以继日地玩游戏,丝毫不顾父母的焦急与绝望,一呆就是14天。

另外,从危机案例报道的背景描述中,我们还发现有几种类型的家庭要特别引起注意,大部分发生心理危机的青少年家庭都属下述家庭类型中的一种。

父母离异或一方去世。离异或去世后单亲对子女管教不力,监护人一方无稳定职业,经济困难,连子女的温饱都无从保证,更遑论关心子女的喜怒哀乐。或是监护人一方忙于自己的事业或新的感情,除了给孩子提供生活保障之外,无暇顾及他们的所思所想,这些孩子在学校里往往学习成绩不佳,也不大遵守纪律,是老师们头痛的对象,也不受同伴的喜欢。他们在学校和家庭都感受不到温暖和关爱,但内心却十分渴望得到。因此,他们很容易被社会上一些不良少年引诱或是在网上的虚拟世界里得到慰藉,这些孩子的心理危机往往表现为逃学、出走、打架斗殴,且这些行为具有反复性。

据2003年5月27日《今日早报》报道:在某地区警方破获的20多起流氓犯罪团伙案件中,涉案人员均是些平均年龄在16—18岁之间的花季少年。

这些孩子年纪轻轻,作案的手段却都已十分老练,斗殴、寻衅、敲诈勒索,几乎无恶不作。其中一少年,年仅14岁,父母离异,随父亲生活,一年前辍学在家,整天和社会上一帮不三不四的人混在一起,曾参与打架斗殴4次;另一少年,17岁,其父为某建筑工地的民工,其母在菜场卖菜,初中毕业后无所事事,被"收编"到流氓团伙中,曾多次参与打架斗殴。由此可知,家庭不良环境对青少年品行塑造的负面影响十分巨大。同时,外来务工人员的子女教育问题也应引起社会的广泛关注。外来务工人员承担着最苦、最累、最脏、最危险的工作,整天被繁重的体力劳动所累,还要遭受当地人的冷遇。他们子女的教育问题得不到关注,除了学校教育之外,基本处于放任自流的境地。

家庭比较贫困,艰难地供子女上学。这些家庭的孩子一般学习上都很争气,在外人眼里称得上"品学兼优",但事实上这些孩子一般都较为内向,有一种自卑感,为自己较为贫困的家境,为自己是农民孩子的身份等而自卑。平时他们虽跟同学相处得还可以,却很少有知心的朋友,一旦碰到伤及他们自尊的事,比如被老师或同学怀疑偷同学的财物,或一旦他们引以为傲的学习成绩也出现问题,他们的内心世界就可能失衡,往往容易走上绝路。

据2003年4月12日《青年时报》报道,某高中一女生趁同学都不在寝室的时候,从寝室六楼跳下,匆匆结束了正值花季的生命。这位学生平时品学兼优,在学校表现一直很好,平时性格开朗,身兼副班长和学校学生会干部,是同学和老师眼中的好学生。她的老师也反映她在班级里的表现一直很好,只是有时候成绩不大稳定。这次期中考试该同学考得不大好,她曾流露过对考试成绩的担忧。在她的遗书中学校老师发现其家庭条件不是很好,父母常年在外地林场打工,家中还有一弟一妹。父母平时基本没有多余的精力照顾她的生活和学习。不难看出,正是由于父母平时对其疏于照管,亲子之间缺乏沟通,家境的清贫又让这个敏感的女孩子担忧不已,加上这次期中考试失败的打击,这个处于花季的女孩子最终作出了令人遗憾万分的选择。

家境较好,但父母忙于事业,无暇顾及孩子。这些家庭的孩子在经济上的要求父母往往能无条件满足,他们往往花钱大手大脚,在别的同学眼里,他们日子过得很潇洒、很神气,但其实内心是孤独的,他们中有些人整天吵闹、打架,喜结交朋友,是为了从中得到一些温暖和安慰,这些青少年也是心理危机的高发人群,主要表现如逃学、抢劫、打架甚至杀人。

据 2001 年 8 月 5 日《今日早报》报道,一不满 15 周岁的男孩子因涉及斗殴、敲诈,被刑事拘留。被他敲诈的都是些比他小几岁的学生,共敲诈了六七次,金额从十几元到上百元不等。该男生的父母平时忙于事业,他的童年是在奶奶家度过的。11 岁时,父母又离了婚,父亲长年在外做生意,母亲则去了广州。虽然在生活上,父母给予他无条件的满足,父亲甚至花了 10 万元把他送进了一所私立的外国语学校。但他在外语学校中因为听不懂外语,开始觉得上学没劲,在学校里经常为一些小事和同学打架。在初一那年,又因打架被送进了工读学校。记者在看守所对其访谈后发现,父母除了提供经济来源外,基本不管他,甚至当他进了看守所父母都没来看过他。平时父亲发现他犯错时,也是非打即骂。粗暴的教育方式让原本就缺少关爱的他更快地走向歧途,等到悔悟,为时已晚。

四、城乡差异

青少年心理危机的原因和表现也存在着城乡差别。经统计发现,发生在城市(包括区级市和县级市)的危机事件共 49 起,占总数的 39.2%;发生在乡镇的危机事件共 37 起,占总数的 29.6%。其他有些危机事件的地点报道中没有明确提及,不计入其中。

从类型上来看,小镇、乡村和县城的一些中学的学生多表现为一些暴力事件,在 37 件危机事件中,此类事件有 12 件,占总数的 32.4%。这些地区的父母一般与孩子缺乏沟通,只注意提供生活上的关心和爱护,对孩子的心理健康缺少关注,导致一些学生不愿与父母进行良好的沟通,宁愿与自己的同伴交往,最终出现行为偏差。如据 2002 年 10 月 22 日的《钱江晚报》报道:某地区公安机关抓获的一个 12 人的抢劫团伙中有大部分是在校中学生。据刑警侦察发现,这些团伙成员有一个共同爱好,就是喜欢打电子游戏,他们都在电子游戏厅里结识,玩到钱不够时便想到了抢。开始的时候,还只是借着夜色,在偏僻的小巷里抢劫。到了后来,胆子越来越大,什么时间、地点都敢下手。作案时,他们时分时合,分工十分明确:有的望风、有的行凶、有的搜身,均以自己朋友曾被对方打为由,强行要对方出钱了事。据了解,这个团伙的大部分成员家庭经济条件都不错,但这些父母平时都忙于"抓票子",无暇教育孩子。12 岁的小 B 就是其中的一例,其父母兄弟都在国外做生意,家中只有奶奶和姐姐,小 B 与家中亲人缺乏沟通,自述"呆家里太无聊,所以出来玩玩"。其奶奶得知小 B 抢劫的消息,简直不敢相信自己的耳朵:"要什么有什么,怎么还会去抢劫?"

大城市中的中学生心理危机则较多由学习压力过重引起,如学习压力过重导致学生沉迷网络、离家出走甚至自杀等,这类事件占到 49 起中的 44.9%。城市中的父母更认识到子女受教育的重要性,对孩子抱有很高的期望,但往往没能用合适的方法加以引导,只知一味地对孩子提出要求,亲子之间的沟通不足,最终导致一幕幕悲剧的发生。据 2002 年 6 月 1 日的《今日早报》报道,某中学一学生因为逃课去玩游戏机,老师发现后打电话告知了其家长。其父得知后十分生气,当场就狠狠打了孩子一顿,还要他写下保证书。第二天,这位学生就离家出走了。孩子逃课玩游戏,父母当然应该对其加以教育,但在教育方法上,不应采取粗暴的体罚,否则,很容易导致处于青春叛逆期的孩子采取极端的反抗手段,如出走、自杀等。

五、地区差异

青少年心理危机事件的发生率存在显著的地区差异,与各地区的经济和教育发达程度密切相关。从对三份报纸报道的各地区的危机事件发生率来看,发生率最高的是 H 市,依次为 J 市、S 市、W 市和 T 市,具体情况参见表 6:

表 6　浙江省青春期心理危机发生率最高的五个地区

地区	发生次数	在浙江省所占比例
H 市	33	26.4%
J 市	18	14.4%
S 市	17	13.6%
W 市	11	8.8%
T 市	8	6.4%

在这五个地区中,H市、W市、S市和T市的经济都较为发达,危机事件的发生率都较高,且一般多发生于这些地区的城镇,危机类型多为网络成瘾、暴力、学习压力,分别占到这五个地区报道危机事件总数的24.1%、18.4%、14.9%。究其原因,或许是由青春期心理特征和这些城镇所能提供的条件决定的。青少年的心智和人格特征还未完全定型,他们渴望成熟,渴望了解成人的世界,对学校外面的世界有着强烈的好奇心,而紧张的学习生活又限制了他们与外面的世界交流的时间和机会,他们只能通过网络、电视等途径来了解成人的世界。在这些经济发达地区的城镇,他们能随时接触到网吧、游戏厅等各种娱乐场所,青少年爱玩的天性使他们很容易沉迷于其中而难以自拔。此外,这些媒体中充斥的不健康文化、暴力镜头使某些青少年争相模仿,他们或与校外一些不良青年联合,或在校内拉帮结派,动辄以打架来解决问题,经常对同学勒索、抢劫,认为这样才够讲义气,才够威风。同为经济较为发达的地区,危机事件的类型又因这些地区教育发达的程度有所不同。H市等教育较发达的地区发生的危机多为意外事故或因学习压力过重、网络成瘾而导致的离家出走、自杀等,而在W市的一些偏远地区,如C镇等地经济状况虽也较好,但教育较为落后的地方,所发生的事件多为暴力事件,包括抢劫、杀人、偷窃、敲诈等,占该市危机事件报道总数的45.5%。

第三章
解读青春：青少年心理危机干预中的 who、when 和 who

第一节　何人需要心理危机干预

何人需要心理危机干预？对这一问题的回答取决于我们对"干预"一词的理解。狭义上，心理危机干预一般指对遭遇了危机事件的个体开展的干预。广义上，心理危机干预还包括对一些容易引发心理危机的特殊人群进行的事前干预以及对一般个体进行的各种预防性干预。本节我们主要在狭义上讨论"何人需要心理危机干预"这一问题。

危机事件有两个含义，一是指突发性的公共危机事件，如地震、水灾、空难、疾病爆发、恐怖袭击、战争等；二是指人所处的紧急状态，如亲人去世、遭遇性侵犯、交通事故等。研究表明[①]，不同事件对个体影响不同，个体在危机事件发生后将产生非特异性情绪反应，如喊叫反应、否认、侵入等，持续的强度和时间与个体的应变能力有关。但即使最有应对能力的人，在危机事件发生时也会经历一段情绪低潮期和心理障碍期。因此，当危机事件发生后，卷入危机的个体内心的平衡都会被打破，内心失衡会使个体的认知发生偏差，并产生很强烈的无助感或者叛逆感，需要我们对卷入危机的个体进行心理危机干预，帮助他们重新找回内心的平衡。如果我们忽视对他们的心理危机干预，那么日后可能会产生更加严重的心理危机，从而严重影响个体的

---

① 刘取芝：《大学生心理危机及其干预策略研究》，河海大学硕士论文，2005。

生活。

一、卷入突发性公共危机事件的个体

突发性公共危机主要是指由于各种原因引起的、突然发生在公共领域,整体或者局部危及社会成员生命安全、造成社会秩序混乱的各类重大事件,包括了当今公共领域发生的一切重大问题。[①] 突发性公共危机事件的发生源一般可以分为人为因素、自然因素以及先自然因素后人为因素。

由于突如其来的巨大伤害,在突发性公共事件或其他危机事件后,部分个体会罹患创伤后应激障碍(Post Traumatic Stress Disorder, PTSD)。所谓 PTSD 是指由突发性、威胁性或灾难性生活事件,导致个体延迟出现和长期持续存在的精神或心理障碍,[②]是一种经历严重身心创伤后所产生的焦虑性疾病,属于心理失衡状态。[③] 此时个体的心理边界被打破,身心遭受巨大的挫伤,严重影响他们的学习和生活。

PTSD 是灾难性事件之后最普遍、最严重的心身疾患。刘利敏等研究表明[④],罹患 PTSD 的人多为直接经历创伤事件的受害者、目击者与救援者。据美国精神病协会(American Psychiatry Association, APA)统计[⑤],美国 PTSD 的人群总体患病率为 1%—14%,平均为 8%,个体终生患病危险性为 3%—58%,女性约是男性的 2 倍。德国研究结果为人群总体患病危险性仅为 1.3%,而阿尔及利亚研究结果显示高达 37.4%,同时 PTSD 患者的自杀危险性亦高于普通人群,达 19%[⑥]。

Green 等人报告[⑦],在布法罗河(Buffalo Creek)坝坍塌后 2 年,12—15 岁的青少年

---

① 刘韬:《突发性公共危机政府管理及其应急机制建立研究》,载《湖南工业职业技术学院学报》,2006(3)。

② 中华医学会精神科分会:《中国精神障碍分类与诊断标准(CCMD - 3)》,山东科学技术出版社,2001,第 97—98 页。

③ 秦虹云、季建林:《PTSD 及其危机干预》,载《中国心理卫生杂志》,2003(9)。

④ 刘利敏、吴明霞:《创伤后应激障碍(PTSD)及其心理干预》,载《濮阳职业技术学院学报》,2009(1)。

⑤ *Diagnostic And Statistical Mental Disorder. Fourth Edition* (DSM-Ⅳ). Washington, DC: APA, 1994,393 - 445.

⑥ Davidson J., Recognition and treatment of post-traumatic stress disorder. *JAMA*, 2001,286(5),584 - 588.

⑦ Green B. L., Lindy J. D., Grace M. C., Leonard A., Chronic post-traumatic stress disorder and diagnostic comorbidity in a disaster sample. *Journal of Nervous and Mental Disease*, 1992,180,760 - 766.

PTSD (DSM-Ⅲ-R)的发生率为 59.45％；Pynoos 报告①，亚美尼亚地震后 1.5 年，对 231 名 8—16 岁青少年进行调查研究，发现 PTSD(DSM-Ⅲ-R) 发生率为 69％；赵丞智 等人(2001)②的研究发现，地震后 17 个月，青少年 PTSD (DSM-Ⅳ) 发生率为 9.4％。邱育平等人(2007)对江西省万载县芳林小学爆炸案幸存小学生心理创伤后应激障碍 的调查结果显示③，受伤害重的学生比未受伤害的学生发生 PTSD 的比率高，总的发 生率是 17.2％。虽然创伤事件发生后青少年 PTSD 的发生率相当不一致，而且差异很 大，但是其发生率仍然不低。至于 PTSD 发生率差异很大，这可以从文化背景的差异、创伤事件的性质、研究时间的不同、取样不同以及所使用的 PTSD 诊断工具不同得到 部分解释，其中一个主要原因是创伤事件的性质。Willson④ 认为创伤事件性质除了 自然灾害或人为造成这一方面外，还可进一步从十个维度加以描述：对生命构成威胁 的程度；亲人或其他重要方面丧失的程度；灾害发生的速度；创伤持续时间；是否被迫 离开家人或家乡；创伤事件再次发生的可能性；再次发生时的暴露程度；在多大程度上 目睹了死亡、濒死及毁灭；个人在创伤中的角色；各类组织和机构对事件的反应。

针对突发事件给人们造成的影响，山东省卫生监督所的有关专家分析认为，突发 事件的心理受灾人群大致分为五级⑤，这五级人群都需要进行相应的心理危机干预：

第一级人群为直接卷入灾难的人员，死难者家属及伤员。第二级人群是与第一级 人群有密切联系的个人和家属，可能有严重的悲哀和内疚反应，需要缓解继发的应激 反应。另外还有现场救助的人，以及地震灾难幸存者。专家认为，这一人群为高危人 群，是干预工作的重点，如不进行心理干预，其中部分人员可能发生长期、严重的心理 障碍。第三级人群是从事救援或搜寻的非现场工作人员、帮助进行灾难后重建或康复 工作的人员或志愿者。第四级人群是向受灾者提供物资与援助的灾区以外的社区成 员，以及对灾难可能负有一定责任的组织。第五级人群是在临近灾难场景时心理失控 的个体，这类人群易感性高，可能有心理病态的征象。

---

① Pyncos R. S., Goenjian A., Tashjian M. et al., post-traumatic stress reaction in children after the 1988 American earthquake. *The British Journal of Psychiatry*, 1993,163(2),239-247.
② 赵丞智等：《地震后 17 个月受灾青少年 PTSD 及其相关因素》，载《中国心理卫生杂志》，2001 (3)。
③ 邱育平、张业祥、王艳琴等：《江西省万载县芳林小学爆炸案幸存小学生心理创伤后应激障碍 调查》，载《中国健康心理学杂志》，2007(1).
④ 汪向东、高岚：《灾害后的精神及行为障碍》，载《中华精神科杂志》，1999(3)。
⑤ 资料来源：http://news.xinhuanet.com/mil/2008-05/21/content_8220684.htm。

我们认同对卷入突发性公共危机事件的个体分级进行干预的思想。凡卷入突发性公共危机事件的个体都需要考虑对其进行心理危机干预,从而减少该重大事件对个体心理造成的创伤。以前,人们更多地会将卷入突发性公共危机事件的第一级人群作为危机干预的对象,现在我们应该将卷入突发性公共危机事件的第二级、第三级甚至第四、第五级人群都作为需要干预的对象而进行关注。当然不同级别的个体心理创伤程度会有所不同,同一级别中的不同个体对同一事件感受的创伤也会有个体差异。我们应该从个体遭遇到的危机事件性质和个体自身的心理特点两个方面对不同个体进行不同的危机干预。

二、处于紧急状态下的个体

这里所指的紧急状态是指青少年在其日常生活中遭遇的某些突发或紧急事故,如亲人亡故、身患重症、性侵犯、高考落榜、恋爱失败等等,打破了青少年内心的平衡,他们自身已有的资源和应付机制无法承受这些困难和挫折对自身心理的冲击,这时青少年个体会处于紧急状态,需要外界的帮助,需要心理危机干预才能重新达到心理平衡。

与突发公共事件不同,在平时的生活中,青少年也有可能会面临心理危机,如当个体很重视的一个人去世了、一次很重要的考试失败了、遭人性侵犯等。当个体处于这种紧急状态下的时候,内心的平衡也将会被打破,从而产生强烈的无助感或者叛逆感,使自己处于心理危机当中。因此,不仅仅是卷入了突发事件的青少年需要心理危机干预,在平时的生活中,处于紧急状态的青少年也需要心理危机干预。

在平时的生活中,我们如何去发现那些处于紧急状态下需要心理危机干预的青少年呢?我们对青少年经历种种危机事例后的反应进行了统计、分析和归纳,发现其中出现频率最高的十个词汇分别为:情绪低落、成绩下降、人际关系差、无精打采或精神委靡、上课走神或睡觉、伤心、后悔、紧张、害怕或恐惧、冲动。此外诸如自卑、气愤、激动、头痛头晕、动作缓慢、对学习没信心等出现的频率也较高。这些描述可以分为以下四类:

1. 认知上:主要表现为上课注意力不集中、对学习丧失信心、对自己的能力产生怀疑、对学习的兴趣降低甚至产生厌学情绪、对未来失去希望、讨厌周围的人甚至讨厌自己。

2. 情绪上:主要表现为情绪低落、悲观失望、惊慌失措、紧张焦虑、害怕无助、怀疑、神情麻木、孤僻自闭、过分敏感、乱发脾气、烦躁不安。

3. 行为上：主要表现为行为冲动、人际关系差、怀疑疏远同学和老师、旷课、厌学、网络成瘾、离家出走、行动缓慢、常常无故与他人争吵、对周围事物失去兴趣甚至厌世尝试自杀。

4. 生理上：主要表现为神情疲惫、脸色憔悴、表情呆滞、眼神游离、神色麻木。

我们的研究结论与陈玉君等对有过心理危机的大学生的不良心态及行为所得出的结论相类似。他们发现[①]，有过心理危机的大学生其不良心态及行为主要有以下一些表现：

情绪方面：当大学生的情绪突然发生改变，明显不同于往常，出现不良情绪反应时，如情绪低落、悲观失望、焦虑不安、意识范围变窄、忧郁苦闷、喜怒无常、自我评价丧失、自制力减弱等，就有发生心理危机的可能。恶劣的情绪是个体患有抑郁症的重要临床表现。

认知方面：危机事件中的大学生，难以集中注意力学习；极为敏感和多疑，形成疑病倾向，甚至丧失对人的基本信任；偏听、偏信，难以区分事物的异同，体验到的事物关系含糊不清，作决定和解决问题的能力受到影响，有时害怕自己发狂等，这些都是在应激状态下认知功能受到损害的结果。

行为方面：当个体出现行为异常，不能专心学习或劳动；回避他人或以特殊方式使自己不孤单；令人生厌或黏着性；与社会联系断裂，拒绝帮助；言语行为和思维情感不一致；饮食、睡眠出现反常，个人卫生习惯变坏，不讲究修饰，自制力丧失，不能调控自我，孤僻独行等非常态行为时，就要注意是否出现心理危机了。

躯体方面：其主要特征是躯体方面出现失眠、头晕、食欲不振、胃部不适等症状。

临床实践研究表明，心理危机的发生必须满足下列三个条件：第一，生活中出现了导致心理压力的重大或意外的事件；第二，躯体和意识出现不适感觉，但尚未达到精神病程度，不符合任何精神病诊断要求；第三，遭遇到依靠自身能力无法应付的困境。这三种情况在个体身上同时出现，并伴有上述四个方面中的两个或两个以上方面的表现，我们就认为该生出现了心理危机。

此外，根据 Brockamp 的危机人格理论[②]，心理危机的发生除了客观环境作用外，还涉及面临危机时个体人格特征方面的问题。为什么在相同的危机情境作用下，有的

---

① 陈玉君、杨四海：《大学生心理危机的识别与干预对策研究》，载《教育与职业》，2007(26)。
② 蔡哲：《大学生心理危机及干预策略》，载《陕西师范大学继续教育学报》，2002(3)。

人无所适从,时时感到危机的存在;有的人镇定自若,善于应付,不需进行危机干预。Brockamp对该现象进行研究并提出"危机人格论"。该观点认为,容易陷入危机状态的个体在人格上有一定的特异性:(1)注意力明显缺乏,日常生活中不能审时度势,看问题只看表面,看不到问题的本质,出现问题时应付处理不当。(2)社会倾向性过分内向,这种过分内省的人格特征,使他们遇到危机情况往往瞻前顾后,总联想不良后果。(3)在情绪情感上具有不稳定性,自信心不足,独立处理问题的能力极差,依赖他人的援助。(4)解决问题时缺乏尝试性,行为冲动欠思考,经常出现毫无效果的反应行为。具有以上特征的人,容易出现心理危机,也是危机干预的主要对象。

我们在进行全国教育科学"十五"规划课题(青年基金)"青春期心理危机及其干预"的研究时,通过对调查收集到的几百例危机事件进行分析发现,不少危机事件的当事人平时在老师的眼中都是以"文静的好学生"的形象出现的。他们平时在班级里并不引人注目,但也很少惹是生非。老师布置的各项任务都能按时完成,成绩往往处于中等水平。他们在班级里很少有知心好友,总是独来独往,对他人十分冷漠,但也很少与同学产生纠纷。正是这些平时在老师眼里"省心"的好学生,往往会做出一些让人大跌眼镜的事,比如出走、自杀、杀人。此外,平时比较内向自闭、紧张多虑、多愁善感的学生一旦遇到突发不良事件,也容易陷入心理危机。我们对班主任和学校心理辅导老师对危机当事人在平时表现的描述加以分析归纳后发现,容易陷入心理危机的中学生普遍具有内向自卑、紧张多虑、依赖性强、行事冲动、喜怒无常的人格特征。

日常生活中的突发事件是每个人都无法避免的危机源头,因此对于正经历紧急状况考验的同学,我们应该对其高度重视,根据他们在情感、认知、行为、躯体方面的表现确定他们的心理危机状况,对他们进行有效的干预。同时,由于每个人的人格特质是不一样的,对那些平时比较内向、自卑、不爱与同学交往、注意力不集中的同学,当他们遇到困难时,班主任、老师、家长等应该给予足够的关心,改善他们的心理危机状况。

当然,值得提出的是,即使有些青少年在平时生活中并没有遇到什么特别大的困难和挫折,但我们还是应该多教会他们一些基本的心理危机干预的技巧和技能,这样一方面可以增加他们干预心理危机的意识,另一方面可以帮助他们在遇到困难时进行自我干预以及用来帮助身边的同学和朋友。

本节开头,我们在对心理危机干预这一概念进行了狭义和广义的分析后讲到,本节所阐述的"何人需要心理危机干预"这一问题只是在狭义层次上展开。需要注意的是,对"何人需要心理危机干预"这一问题的回答应考虑以下几点:一是危机发生后需要心理干预的人群一般包括卷入突发性公共危机事件的个体及处于紧急状态下的个体;二是在平时我们要特别对一些前面提到的特殊人群进行针对性预防和定期监控,防止危机事件发生;三是对广大青少年进行一般性的心理健康教育和心理危机干预技能的培训,提高广大青少年应对心理危机的能力。

第二节　何时进行心理危机干预

一、突发性公共危机事件发生时心理危机干预的时机

危机干预经过过去五十年的演变,已经证明确实能有效地减轻人类的痛苦。然而,和任何试图改变人类行为的其他活动一样,危机干预工作也有相应的危险。在进行心理危机干预时,选择合适的时机非常重要。当突发事件发生后,灾民的大部分物质财产都被摧毁了,他们首先最需要的是能够满足生理需求的物质,如食物、衣服、药物等。如果此时我们过早地对其进行心理危机干预,盲目地对他们进行干预,这样不但没有效果,而且还会影响灾民的情绪,因为我们可能会影响他们去找寻亲人、领取食物等。例如,2008年的汶川地震发生后,儿童青少年灾后心理保健手册等纷纷出炉,心理学专家及相关专业的志愿者也纷纷进入重灾区进行心理干预工作,然而由于存在很多问题,如过早和过于积极以及缺乏相应的技术支持等,后来甚至引起一些当地受灾群众的反感。

心理危机干预一般需要等待灾民稍微安定下来,从突发事件中缓过来,意识到这场严重的灾难给他们造成了巨大的伤害,他们内心的平衡被打破,而且他们不能通过自我调节恢复平衡,内心开始出现痛苦的体验甚至功能性障碍的时候。此时,我们可以对他们进行心理危机干预。一般而言,灾难发生后24—72小时是理想的帮助时间,6周后效果将大为减弱。

1981年 Faberow 和 Gordon 建立了一个模型,对于理解危机干预的"时机选择"比较有用,值得我们参考。他们介绍了对灾难反应的四个阶段:

阶段1:英雄主义阶段,这个阶段在灾难发生后即出现,甚至也可能开始于对事件本身所造成的影响的预测阶段。这一阶段的主要工作是保护生命和财产。

阶段2:蜜月阶段,这个阶段的特征是乐观主义和感恩。意识到获救幸存下来是值得感谢的,常见祝贺的行为。

阶段 3:幻想破灭阶段,这个阶段个体会意识到灾害事情已经真的发生。当人们暴露出愤怒、沮丧,甚至采取措施进行指责时,就会有许多的疑惑,常常提出的问题是:"这次灾害为什么会发生?"此时,哀伤阶段才真正开始;开始关注个人和他人的成长和发展。这个阶段可能持续数周、数月甚至数年。有些地方,灾后可能一直处于这个阶段。危机干预的目标就是推动这个幻想破灭阶段转变成最后一个阶段。

阶段 4:重建阶段,在这个最后阶段,成功地达到重建"正常的"常规功能的目的。尽管有关灾难的记忆不会抹去,但生活仍在继续,个人和他人的成长也在继续。

我们认为突发公共危机事件干预不宜过早,因为此时的个体还没有真正认识到灾难给他们带来多大的伤害,他们还沉浸在自己还活着的庆幸之中以及忙着和家人取得联系和获得生活必需品的过程,或者是忙着拯救这些受灾群体并希望能救出更多的人。干预的最佳时期应该是在他们开始意识到灾难给他们带来重大的、无法挽回的损失,内心的天平开始失去平衡的时候,此时是介入心理危机干预的最佳时期,一般在24—72 小时之间。同时,我们也不能盲目地介入心理危机干预,在介入之前,心理危机干预工作者应该认真地准备,争取将个体从幻想破灭阶段转入心理重建阶段,健康快乐地生活。

二、处于紧急状态时心理危机干预的时机

青少年心理危机来源是多种多样的。首先是发展性危机;其次是由亲人去世、父母离异、交通事故致伤致残、升学无望、遭受暴力伤害、受到严重羞辱、身患重病、恋爱受挫等带来的境遇性危机;此外,也有人生意义迷失造成的存在性危机。其中,发展性危机是境遇性危机的背景,境遇性危机是导致发展性危机爆发的导火线。青少年心理危机是个体进入青春期后所遭遇的一种境遇性危机,正是由于个体处于青春期这一易使个体陷入发展性危机的特殊时期,才更容易诱使某些危机的发生,也使某些危机的性质更为严重。

按照 Caplan 的说法,导致危机最本质的因素是压力和问题的重要性,当青少年经历如高考失利、亲友亡故、遭遇性侵犯等重大事件时,这些事件给青少年带来的压力超过了他们平时身心所能承受的范围,他们无法通过常规的问题解决手段去对付面临的困难,使他们陷入惊慌失措的情绪状态,从而失去了导向及自我控制力。这是一种人无法承受的局面,它具有引起人的心理结构颓败的潜在可能,因此必须尽早干预,一般在危机之后的数个小时、数天或数星期。

美国的心理专家通过各危机干预组织的干预实践①，他们认为有效的危机干预不应限于反应性处理，危机干预工作应向着系统的、合作的、积极的、预防的策略方向发展，他们提倡的策略是：不仅要普遍认识到危机干预是有效的，还要认识到危机干预也可以是预防性的。青少年心理危机干预分为预防性的、补救性的和治疗性的三种。预防性干预主要是有目的、有计划地对青少年的心理素质与心理健康进行培养促进，使青少年的心理品质不断优化，预防危机的发生；补救性干预则是针对处于严重适应困难的青少年进行专业矫治及身心复健，以提高学生对环境的再适应能力；治疗性干预则主要是对心理处于不良状态或心理出现问题的青少年进行专门的治疗，使之恢复正常状态。三种不同的心理危机干预对干预时机的要求是不一样的。第三种干预即以治疗为目的的干预一定要及时，就像前面提到的一般在危机发生后就要尽快干预；而第一、二种干预重在预防，一定要长期规划，形成相应的机制，对特殊青少年群体和一般青少年群体都要定期地进行有针对性的干预，使青少年能更好地应对危机，化危机为机遇，形成健全的人格，更好地应付成年后的种种人生课题。

第三节　谁来进行心理危机干预

一、家长：青少年心理危机干预的支持者

家长在心理危机干预系统中承担怎样的角色？许多家长担心，自己文化水平不高，更没有心理学的相关知识，怎么可能在孩子心理危机干预中起到什么作用。其实这是对心理危机干预非常大的误解。我们并不是要家长具备非常专业的心理危机干预知识和技能，但是家长一定要了解自己对孩子心理发展及孩子心理危机产生的巨大影响，同时家长需要具有心理危机干预的意识。

俗话说得好："父母是孩子的第一任教师。"家长，是孩子健康成长的指引者。家长的品德修养、文化水平、教育方法以及家庭环境等，对孩子的成长起着至关重要的作用。国际知名心理学家丹尼什把孩子的成长生动地比喻为一棵树的生长，树根虽然看不见，却关系着一棵树的高大强壮，同样，心理虽然看不见，但关系着一个人的生存发展。丹尼什博士提到这样一个观点：树根的成长期是 5 年到 15 年，15 年后才是树干与

---

① Gilliland B. E., James R. K. 著，肖水源等译：《危机干预策略》，中国轻工业出版社，2000，第785 页。

树叶的成长。孩子心理建设的重要成长期也是在人生的头 15 年,在生命最初的 15 年,如果家长不仅能使孩子健康快乐地成长,让他们体验到被爱的感觉,教会孩子很多做人处事的方法,使他们在困难面前坚强勇敢,克服困难勇往直前,那么孩子出现心理危机的可能将大大减小。

在家庭中,儿童青少年遭遇到最初的经验,这将决定他未来是具有积极的情感,如安全感、自信等,还是消极的情感,如焦虑、憎恨等。例如:在气氛紧张、父母关系不和谐的家庭里,父亲和母亲都处于极大程度的情绪紧张状态,他们常常是烦恼不安、性情暴躁、言语粗鲁,对长辈缺少孝敬甚至有虐待倾向。对于还没有独立生活能力、完全依赖父母的青少年来讲,在这样的环境中,他们容易情绪紧张,为父母关系失调而慌乱、憎恨,为忠实于父亲还是母亲而烦恼和疑惑。紧张的家庭人际关系破坏了和谐的家庭气氛,使孩子由于长期缺少温暖和关爱,处在负性情绪中,而导致孤僻、自私、玩世不恭等不良品质的形成。这种负性情绪若一直积压在孩子的心里得不到解决,就极有可能出现心理危机。

作为合格的家长,父母双方应该彼此相爱,热爱孩子,关心孩子的兴趣、能力和志趣,设法帮助孩子理解父母的喜忧。家庭成员之间能互相尊重爱护、以理相待,为人处世通情达理,使家庭气氛安定和睦、融洽温暖、民主平等、愉快欢乐。一个不和睦的家庭有时候就是孩子的一个心理危机源,如果处理不好,就非常容易使年幼的孩子受到伤害,出现心理危机。然而,如果想要促进孩子心理健康,仅有良好的家庭人际关系还是不够的,还要形成最佳的亲子关系:父母要和孩子一起游戏,一起学习,发展共同的兴趣,和孩子共享经验和成果,增进父母和孩子之间的感情和相互间的了解。父母要把孩子作为平等的人,尊重孩子的爱好,给他一定的自主权来决定与选择事情;有些事情可以和孩子商量,征求孩子的意见,而不是认为"大人的事情小孩子别管"——这是中国家庭中经常能听到的一句话。当孩子遇到困难时,父母要多鼓励和帮助孩子,使他们获得成功体验,增强自信心,发展坚持性从而在很大程度上远离心理危机的困扰。

另外,虽然不要求家长能够进行很专业的心理危机干预,但是家长作为孩子的监护人,至少应该能够识别孩子的某些问题是不是心理危机。家长要密切关注孩子的心理状况,如果孩子的心理出现较大的波动,家长一定要搞清造成孩子心理波动的原因。如果你怀疑孩子出现了心理危机,一定要先调整好自己的心态,及时将孩子送到相关机构进行治疗,而不要因为觉得丢人隐藏孩子的心理危机。特别是对于那些由于遭遇性侵犯而出现心理危机的孩子,家长更应该及时将孩子送去相关机构治疗,否则这种创伤可能会伴随孩子一生,影响孩子一生的幸福。

二、学校:青少年心理危机干预的主力军

学生入学以后,学校在对学生的心理危机干预中应发挥其主导作用。鉴于我国目前的家庭教育现状与学校教育实际,学校在青少年心理辅导中应该发挥更主要的作用。在学校中,心理健康教师和班主任应该成为学校心理危机干预的一线主力军,承担对心理危机当事人的干预工作。校长、任课教师等其他相关人员也都有责任和义务对学生进行心理危机干预。

首先,心理健康教育教师受过一定的专业训练,并且其主要的教育教学工作及职责就是通过心理健康课程、心理健康讲座、心理咨询、心理热线、心理信箱等形式来关注全校学生的心理健康状况,所以应当充分发挥其在心理危机干预工作中的首要作用。

另外一支应承担学生心理健康辅导及心理危机干预工作的重要队伍是班主任。在我国,班主任在学校教育组织系统中是最基层的教育者,承担着教书育人的双重任务。班主任天天直接面对学生,在主持班级日常工作、教书育人等教育教学工作中,与学生有着广泛的、直接的接触,最能够观察到学生的一举一动、言行变化,因此在心理危机干预工作中班主任具有得天独厚的优势。特别是在当前,很多学校的心理辅导教师还比较少、师资严重不足的情况下,班主任除了可以承担学生危机可能发生的发现者,配合专业干预,做干预的有效合作者,还可以通过班队等集体活动或个别面谈等有针对性地对学生进行预防性心理危机干预。当然,班主任要胜任这一工作,也需要经过一定的专业培训,具备一定的专业知识。学校可以通过对班主任进行有关的培训,帮助班主任了解心理危机的成因及表现形式,及时发现学生的病情。通常,引起学生心理危机的原因主要有:急性残废或急性严重疾病、人际关系破裂、突然失去亲人或朋友、重要考试失败等。通常表现为退缩、不愿与人接触,严重者也可能采取自杀行动。由于青少年可塑性大,危机过后大多能重新振作起来。班主任进行心理危机干预的对象主要是存在心理危机倾向与处于心理危机状态的学生。早年创伤被压抑、目前又被类似事件激活的学生,初受处罚而又自尊心过强的学生,生理激变而又毫无准备、适应不良的学生,家庭压力过大而又不善沟通的学生,他们一般表现为情绪剧烈波动或认知、躯体、行为等方面有较大改变,暂时不能应对或无法应对正常的生活模式。做好学生心理危机干预工作应立足教育,重在预防。班主任作为学生的"贴心人",应能及时发现学生的心理危机,并及时预防和干预,将重大心理隐患消除在萌芽阶段。

校长身为一校之长,对学校心理危机的预防和干预机制具有不可推卸的责任。因此,校长不能只停留在心理危机发生后的行政事务处理。学校各科任课教师也应该结合教学,留意观察、捕捉每一个学生的心理状况,发现异常应及时转告班主任和学校心理辅导老师,必要的时候也应协助配合做好学生心理危机干预工作。

但特别值得一提的是,有研究者指出这样一个事实:在现实的学校心理危机干预事件中发现了一个出人意料的现象,即在心理危机事例的处理过程中,很少能看到学校心理辅导教师的身影,他们基本被排除在心理危机干预这一过程之外。大部分学校心理辅导老师对某些重大危机事件的了解仅仅停留在表面,即只了解其中一些信息性的因素,而对事件发生的深层原因,当事人的一些背景资料等要素的了解,反而远没有班主任了解得详细。这表明在大部分学校心理危机事件的处理过程中,原本应扮演最重要角色的心理辅导老师却被搁置在一边,真正全程参与处理的往往是学校领导和当事人的班主任、心理辅导老师的职责被"架空"了,他们并未真正履行对心理危机当事人及时进行心理疏导和干预的职责。这一现象引起了我们的关注与思考。我们认为这种情况的发生,一个原因是学校主要关注行政处理,而班主任主要充当行政角色。学校是否让心理辅导老师参与是是否关注学生个体心理危机的一个判断标准。比如5·12地震,带来我国有史以来第一次大规模心理咨询队伍介入,说明国家已经有这个意识和行动,学校更不能沿袭传统做法只停留在行政事务处理上。

显然,目前在班主任和学校心理辅导老师之间,存在一条"鸿沟":一方面,班主任对自己的学生比较了解,发现问题一般也能及时给予指导和帮助,即使学生在行为和情绪表现上出现细微变化也能引起他们的注意并及时询问其中的原因。另一方面,大部分班主任自己也承认,这些常规的指导和帮助对一些学生的帮助作用不大,或者说只是暂时的,并不能从根本上帮助学生走出心理危机。因此,对于一些处在心理危机中的学生,他们往往觉得无能为力,而对诸如打架斗殴、离家出走、沉迷网络等反常行为则作为违规事件来处理,轻则警告处分,重则开除学籍,却很少认识到这些行为或许正是心理危机的症状;另一方面,有能力帮助这些处在心理危机中的学生进行心理疏导和干预的学校心理辅导老师却不能及时得到有关这些心理危机事例的重要信息,他们在心理咨询室中能接触到的只有那些愿意主动来求助的学生,而很多处于心理危机中的学生往往会呈现社会退缩的倾向而不愿向外界求助。因此,经常要等一些极为严重的心理危机事例(如离家出走、自杀等)闹到全校皆知的地步,心理辅导老师才能得到一些零碎的信息,而此时,心理危机已经发生,早已错过了合适的心理危机干预的时机,导致已经无法挽回的悲剧。

针对这些情况,我们认为学校班主任在发现学生异常时,首先可以和心理辅导老师沟通,建议学生找心理辅导老师面谈。心理辅导老师从专业的角度对学生进行疏导,必要时可以组建心理辅导老师、班主任和学校有关人员(如政教主任、德育分管校长等)以及家长干预小组进行团队干预。如果有必要,也可以转介医院或社会上信誉好的心理咨询中心。但即使学生被转介医院或社会上的心理咨询中心,学校和家庭仍然需要做好配合工作。

我们认为,在实践中可以尝试着将"德育导师"、"结对教师"、"学生心理互助员"等人员纳入心理危机干预工作,并且建立相应的制度,希望此举能加强各相关人员之间的联系,同时将全校能调动起来的人员都纳入青少年心理危机干预链。尽管他们并不等同于专业的心理咨询人员,但是不能低估其在青少年心理危机干预工作中的作用,因为学生产生心理问题的原因是多方面的,与学习、升学、异性交往等生活事件直接相关,另外还有人际关系、环境适应等次要因素,许多学生缺乏应对这些矛盾的经验而产生心理冲突,参与心理危机干预的相关人员可通过自己的经验与知识来帮助学生分析情况,帮助他们合理地应对这些问题,给予他们一些心理疏导,从而起到预防和缓解心理疾病发生的作用,这是目前学校心理危机干预工作的重点以及各学校应该为之努力的方向。

当然,针对这些心理危机干预的参与人员如班主任、德育导师、结对教师、学生,我们还应通过网站、校报、广播、报刊、展板、手册、图片等多种形式,使广大的老师和同学都能识别潜在的危险,形成预防和干预心理危机的意识,并有干预和转介的能力,使学校里的每个人都成为心理危机预防的资源,可以对周围的人进行有效的帮助,把心理危机事件的损害降低到最小程度。我们认为对广大教师进行危机预防的培训是非常重要和必要的,尤其对管理人员、班主任和医务人员的培训,通过学习这些心理学的知识及心理咨询的培训,他们在做心理危机干预时就有专业知识的支撑,能起到更好的效果,使他们在日常教育教学工作中能识别学生异常的行为举止和心理状况,提高他们与学生的沟通能力,改进处理心理危机问题的方法和技巧,令他们在具体的工作过程中能更有效地帮助学生,在处理学生异常行为和心理问题时更有针对性,不只是把学生的行为看成为思想问题或道德问题,而是在和学生的沟通中多倾听、尊重和了解;不是过多的说教、劝解和批评,而是更有耐心地了解学生的真实情况。

三、社会和政府：青少年心理危机的保护伞

突发创伤性事件（无论是自然的灾难，还是人为的灾祸）除了给当事人带来身体上的伤害以外，更重要的是会给当事人心理和精神上带来更大、更严重的伤害，以及由此造成当事人的思维方式、情感表达、价值取向、生活信念，以及对生命价值看法等许多人格上远期的变化。严重的受害者会表现出某些严重的精神卫生问题，如急性应激障碍（ASD）和创伤后应激障碍（PTSD）。对于一些儿童和青少年受害者，创伤性事件的经历使他们噩梦连连，惊恐不安，出现紊乱或激动不安的行为。这会给整个家庭带来意想不到的困扰和麻烦，更严重的是会给受害儿童正常的心理发育带来严重的影响。等他们成年后，这些创伤性的经历会严重影响他们的人际交往、学习和工作效率，使他们感觉到人际是不安全的、生命是非常痛苦的。一旦在将来的生活、工作和人际当中出现类似事件的应激情景，会激发出很强烈的心理病理性应激反应。据 WHO（1996）的统计数据估计，1990 年中国创伤后应激障碍（PTSD）的发生率是 115/10 万人（1 308 000 人），患病率 279/10 万人（3 167 000 人）。而 PTSD 是创伤性事件所导致的最严重的、致残性较高的且目前没有很好治疗办法的一种远期精神障碍。

面对突发创伤性事件，仅仅依靠学校、家庭的作用是远远不够的，必须依靠政府的组织和全社会的支持。以 2008 年的汶川大地震为例，发生这样的事件，面对如此多处于心理危机中的人群，如果没有政府的重视和协调，没有全社会的大力支持，任何个人的作用都是有限的。同时，除了突发性的公共事件外，在儿童青少年意外事件发生时也需要专业人员、专业机构的介入，需要政府和全社会充分重视心理危机干预的重要性，建立各种政府机构和民间组织来专门从事心理危机干预工作。

我国在 1980 年代就开始了突发公共事件的心理危机干预尝试，首次开展这项工作是针对 1994 年的克拉玛依大火事件，以及后来的洛阳大火和石家庄爆炸案等事件。近年来，在一些心理学和公共管理专业人士的呼吁下，突发公共事件心理危机干预越来越受到政府和社会各界的重视，一些省区市也开始了这方面的尝试。如 2004 年 11 月上海成立了首家心理危机干预中心，开展免费心理危机干预工作。2007 年 1 月，广东成立了心理危机干预联盟，旨在打造完备的心理危机干预快速反应机制。2004 年 5 月，浙江省"杭州心理危机研究与干预中心"正式成立，成为全国首家"政府牵头、社会参与、统一规划、全面实施"的政府机构。2007 年《浙江省突发公共事件心理危机干预

行动方案》颁布，这是国内首个较为完善的心理危机干预行动方案。目前有些大城市，如广州、重庆和沈阳等已出现了一些心理危机干预机构，如心理危机干预中心、心理危机干预热线、"献爱心"志愿者协会和心理危机干预进社区等。北京回龙观医院下属的北京市心理危机干预与研究中心在2004年还创办了全国首个心理危机干预网站。这些社会心理危机干预机构的建立，起到了心理危机干预和治疗的作用，收到了较好的社会效果。但就目前而言，其被重视的程度和范围还很有限，普及性仍然很低，只能在一些大城市觅见踪影。

需要特别指出的是，要让青少年更好地渡过心理危机，不应该仅仅停留在危机发生后的干预上，而应该从根本上提高青少年的综合心理素质、提高青少年应对心理危机的能力。这就要求社会和政府不仅要优化广大儿童和青少年的成长环境，而且还要把儿童青少年的心理素质发展状况作为教育的重要结果加以考量，更要把提高青少年心理素质作为教育的重要内容之一，同时也要有各种专业机构来帮助学校和家庭来提升儿童的心理素质。因此，如何从政府和社会的层面整体设计提高儿童青少年的心理健康水平及应对心理危机能力的行动方案并加以具体实施，如何加快政府和社会有关心理危机干预机构在中小城市甚至乡镇的普及速度，建立以家庭、学校、社区为基础，以群团组织、社会团体和新闻媒体为辅助，以医疗单位、专业预防救援机构为保证的社会心理危机干预系统，强化公众对青少年心理的人文关怀意识，改进对青少年心理教育的科学性和针对性，提高对高危人群干预和救助的及时性和有效性，是政府部门和整个社会都应为之努力的方向。

第四章
校正青春：危机发生后的干预方式
——创伤后的生活

第一节　心理危机干预的技能、方法、策略

　　危机发生后的干预主要是指当危机，如亲人去世、网络成瘾、被性侵犯等，发生后我们对处于危机中的青少年进行的干预。危机具有两重性，即危险和机会。如果它严重威胁到青少年的生活或学习，可能导致自杀或精神崩溃，这种危机就是危险。处于危险中的当事人，如果能够得到专业或准专业人员的心理干预，当事人因此走出困境，学会新的应对技巧，使心理平衡恢复到甚至超过危机前的水平，这种危机就会变成个体成长的机会或转折点。但青少年在面对危险时，一般是不太可能自动"化危险为成长的机遇"的。有的表面上看似过去了，实际上，问题转化为隐患潜伏下来了，在遇到诱因的时候又会冒出来兴风作浪——表现为一组症状。所以，心理干预是促进危机转变为成长机遇的必要途径。

　　由于青少年的发展特点，青少年心理危机事后干预的技能、方法与策略和一般人群相比会有一些自身的特点。同时，不同类型的心理危机处理方式也会有所不同，但总体讲心理危机干预的技能、方法与策略还是具有一定的共同性的。这里，我们借鉴一般心理危机干预的技能、方法和策略[1]，也结合青少年的发展特点来阐述青少年心

---

① Gilliland B. E. ，James R. K. 著，肖水源等译：《危机干预策略》，中国轻工业出版社，2000，第67—79页。

理危机事后干预的技能、方法与策略,这些技能、方法、行动策略和建议会有助于心理危机干预人员更加有效地处理心理危机求助。同时,我们在本章和以后几章会对不同类型的心理危机干预方式作进一步的阐述。

需要指出的是,心理危机干预活动一旦进行,应该采取措施确保干预活动得到完整的开展,避免再次创伤。对有不同需要的人群应综合应用干预技术,实施分类干预,针对受助者当前的问题提供个体化帮助。严格保护受助者的个人隐私,不随便向第三者透露受助者的个人信息。

一、干预的技能

在从事青少年心理危机干预工作中,心理危机干预人员需要娴熟的技术,以完成各项任务。心理危机干预的技能主要包括关注、倾听、评估等几个环节:

1. 关注。对求助者进行干预首先要表现出对他们十分关注。可从三个层次表达心理危机干预人员的关注:微观层次、躯体语言层次和人际情感层次。具体说来,通过诸如目光接触、上身前倾、正面相对等基本的微观的技能,可以表达出心理危机干预人员与求助者同在,对其表示接纳与理解的状态;在躯体语言层次,要求心理危机干预人员善于察觉自己的非言语交流方式,尽量以恰切的躯体语言表现出自然自如、轻松自在的会谈方式,让求助者充分放松,畅所欲言;最后要在情感层次做到真诚关注求助者,让求助者明确无误地感觉到,心理危机干预人员的确是在全心全力、设身处地地帮助他[1]。

2. 倾听。倾听在心理危机干预中必不可少。倾听并非仅仅用耳朵听,更需要用心去听,设身处地去感受。倾听技能应包括观察求助者的非言语行为,如姿势、表情、举动、语调等;理解求助者言语所传达的信息;注意叙述的前后连接;与其生活的社会环境相关联等。Cormier认为,心理危机干预人员可以通过澄清、释义、情感反映和归纳总结这四项倾听技术,加深对受害者的了解与认识[2]。"澄清"是求助者发出模棱两可的信息后,心理危机干预人员就有关信息向求助者提问,以鼓励求助者更详细地叙述,检查内容的准确性。"释义"是将受害者信息中与情境、事件、人物和想法有关的内容进行重新编排,实际上是对求助者信息内容的再解释,以帮助求助者注意到自己表达信息的内容,甚至可以促使问题的实质显现出来。"情感反映"是对求助者的感受或

---

① Gerard E. 著,郑维廉译:《高明的心理助人者》,上海教育出版社,1999。
② Cormier S., Comier B. 著,张建新等译:《心理咨询师问诊策略》,中国轻工业出版社,2000。

求助者表达信息中的情感内容重新组织、编排,以鼓励求助者更多地倾诉其内心感受,帮助求助者支配、认识和管理自己的情绪;"归纳总结"是"释义"和"情感反映"两个过程的进一步延伸,将信息的不同内容或多个不同信息加以连接,并重新编排,以帮助求助者连接多个元素、确定共同的主题、回顾整个过程。

3. 评估。在从心理危机爆发到心理危机缓解或解决的整个过程中,对求助者的心理危机状况进行评估是心理危机干预工作的重中之重,主要可以从心理伤害严重程度、情绪状态和自杀性评估等几个方面来考虑[①]。心理危机干预人员首先需要评估求助者心理伤害的严重程度,并且要在十分紧急和有限的资料条件下迅速完成。伤害严重程度的评估一般从求助者的认知、情感和行为三个功能入手。比如,了解求助者对心理危机的认识、解释,把握其某些不合理或模糊的想法;了解求助者是否表现出过度的情绪化表达和情绪性失控,或严重的退缩和孤立,情绪反应与危机环境是否协调一致,是否出现情感否认或情感回避的现象等;同时要更多地注意求助者的所作所为,了解其所采取的行动步骤、行为或其他任何精神活动,把握其某些被动依赖性以及消极应对等特点。评估的第二个重点是检查求助者目前的情绪状态。要了解求助者情绪危机是一次性的,还是复发性的,以及其情绪承受或应付能力。对于一次性的急性或境遇性危机,通过直接的干预,求助者能较快恢复到危机前的平衡状态,通常能够应用正常的应对机制和利用有效资源,并独立地处理问题。对于那些复发性、慢性心理危机的求助者,则往往需要较长时间的干预,重新确立应对策略,并建立新的应对策略,以摆脱目前的心理危机。评估情绪状态还要了解求助者情绪承受和应付能力,如果具有严重无助感和绝望感,则说明求助者心理承受能力处于较低水平,需要引起特别的重视,并采取相应策略和加大干预力度。求助者应付资源及自杀危险性的评估也是危机干预中的重要评估内容。因为每一个求助者都有自杀的可能性,所以对于从事危机干预的心理危机干预人员来说,要经常性地了解这种可能性。绝大多数求助者在准备结束自己生命的时候,往往都会表现出确定的自杀线索,并迫切地寻求帮助,但是一般的亲友常常忽略这些线索。

二、干预的方法

心理危机干预人员一般以心理危机干预六步法来进行干预,我们也可将这种方法

---

① Gilliland B. E. , James R. K. 著,肖水源等译:《危机干预策略》,中国轻工业出版社,2000。

应用到青春期心理危机干预中,可按以下六个步骤进行干预。分别为:(1)确定问题;(2)保证求助者安全;(3)给予支持,主要是倾听而非采取行动;(4)提出并验证可变通的应对方式;(5)制定计划;(6)得到承诺,采用积极的应对方式。

第一步:确定问题

心理危机干预的第一步是,从求助者的角度,确定和理解求助者本人所认识的问题。如果工作人员所认识的危机境遇并非求助者所认同的,那么干预人员所应用的全部策略和付出的努力可能会失去重点,甚至对求助者而言没有任何价值。在整个心理危机干预过程中,干预人员应该围绕所确定的问题来把握倾听和应用有关技术。为了帮助确定心理危机问题,在干预开始时可使用核心倾听技术:同情、理解、真诚、接纳以及尊重。

第二步:保证求助者安全

在心理危机干预过程中,心理危机干预人员将保证求助者安全作为首要目标,这是非常必要的。

第三步:给予支持

心理危机干预第三步是强调与求助者沟通与交流,使助者知道干预人员是能够给予其关心帮助的人。干预人员不要去评价求助者的经历和感受是否值得称赞,或是不是心甘情愿的,而是应该提供这样的一种机会,让求助者相信"这里有一个人确实很关心你"。

在第三步中,提供帮助和支持的人是心理危机干预人员。就是说,心理危机干预人员必须无条件地以积极的方式接纳所有的求助者,不在乎报答。能够在危机中真正给予求助者以支持的干预人员,就能够接纳和肯定那些无人愿意接纳的人,表扬那些无人会表扬的人。

第四步:提出并验证可变通的应对方式

心理危机干预的第四步侧重于求助者与心理危机干预人员常会疏漏的一面——有许多适当的方法或途径可以供求助者选择。多数情况下,求助者处于思维不灵活的状态,不能恰当地判断什么是最佳的选择。有些处于心理危机中的求助者甚至认为无路可走了。

在这一步中,工作人员有效的工作能帮助求助者认识到,有许多可变通的应对方式可供选择,其中有些选择比别的选择更为适宜。应该从多种不同途径思考变通的方式:(1)环境支持,这是提供帮助的最佳资源,求助者知道有哪些人现在或过去能关心自己;(2)应付机制,即求助者可以用来战胜目前危机的行动、行为或资源;(3)积极的、建设性的思维方式,可用来改变自己对问题的看法并减轻应激与焦虑水平。如果能从这三方面客观地评价各种可变通的应对方式,危机干预人员就能够给感到绝望和走投无路的求助者以极大的支持。

虽然心理危机干预人员可以考虑许多可变通的方式来应对求助者的心理危机,但只需与求助者讨论其中的几种。因为处于心理危机之中的求助者不需要太多的选择,他们需要的是能现实处理其境遇的适当选择。

第五步:制订计划

心理危机干预的第五步是制订计划,这是从第四步逻辑地、直接地发展而来的。计划应该是:(1)确定有个人或组织团体和有关机构能够提供及时的支持;(2)提供应付机制——求助者现在能够采用的、积极的应付机制,确定求助者能够理解和把握的行动步骤。根据求助者的应付能力,计划应着重在切实可行和系统地帮助求助者解决问题,可以包括求助者和心理危机干预人员的共同配合——如使用放松技术。

计划的制定应该与求助者合作,让其感到这是他自己的计划,这一点很重要。帮助者决定求助者应该做什么。制定计划的关键在于让求助者感到没有剥夺他们的权利、独立性和自尊。在制定计划的过程中主要问题是求助者的控制性和自主性,让求助者将计划付诸实施的目的是恢复他们的自制能力和保证他们不依赖于支持者,如心理危机干预人员。

第六步:得到承诺

第六步得到承诺紧接在第五步之后,同样,控制性和自主性的问题也存在于得到恰当的保证这一过程中。如果制定计划这一步完成得较好的话,则保证这一步就比较容易。多数情况下,这一步比较简单,让求助者复述一下计划:"现在我们已经了解你计划要做什么,下一步将看你如何向他或她表达自己的愤怒情绪。请跟我讲一下你将采取哪些行动,以保证你不会大发脾气,避免危机的升级。"在这一步中,心理危机干预人员要明确,在实际计划时是否达成同意合作的协议。

在第六步中,心理危机干预人员不要忘记其他的帮助步骤,如评估、保证安全和给予支持的技术。在结束心理危机干预前,工作者应该从求助者那里得到诚实、直接和适当的承诺。然后,在检查、核实求助者的过程中用理解、同情和支持的方式来进行询问。也就是说,核心的倾听技术在这一步骤中也很重要,与确定问题或其他步骤一样。

三、干预的策略

1. 认识求助者个体差异。要认识到每个求助者、每一个危机境遇都是独特的,即使是具有丰富经验的心理危机干预人员,也难以给每个求助者的独特性定一个基调。心理危机干预人员倘若自恃为专家而过于自信,就会在时间紧迫感的影响下,轻率地将问题归类并要求求助者更多地参与,而这并不是短时间内所能做到的。因此,任何一种心理危机方式倘若采用刻板、先入为主和欲解决全部问题的方式,肯定是错误的。

2. 评价你自己。心理危机干预人员进行自我分析是必要的,任何时候心理危机干预人员都必须全面、实际地认识到自己的价值观、不足、情绪状态,确保客观地面对求助者和处理其心理危机。心理危机干预人员要不断地检查和弄清是否已超出自己的能力。如果心理危机干预人员发现自己难以处理危机或帮助求助者,则必须考虑立即予以转诊。

3. 保证求助者的安全。心理危机干预人员所采取的方式、作出的选择和应用的策略必须反映出时时都考虑到求助者和相关的其他人的身心安全。当然,安全性的考虑也包括干预者自身,以及在干预过程中有关伦理、法律和职业等方面的措施是否得当。如果求助者离开心理危机干预人员,在外发生自伤或危害他人,则必须检讨干预策略和技术是否有失误。首要标准或基本原则是"一旦怀疑求助者不安全,立即予以帮助"。安全性的考虑有时意味着转诊,其中包括立即住院。

4. 给求助者提供帮助。在求助者危机阶段,心理危机干预人员应该作为一个支持者。虽然求助者会列出可能的支持者,但如果在检查中未发现合适的支持人选,心理危机干预人员可以作为主要的支持者直到心理危机解决。对于非常孤独和缺乏支持的心理危机求助者应该采用关怀、体贴、同情和树立信心的咨询策略。例如,"我想你知道我非常关心你的安全,尤其在这样的应激情况下,我可以帮助你。你可以拿上我的联系方式,一旦感到绝望或需要帮助,随时打电话给我。如果是忙音或是电话无人接,你一定要设法与我联系上,你一定要告诉我。如果不让我知道而你又处于非常危险的境地,我会非常不安的。我真心地希望你能保证一旦安全受到威胁,就及时地告诉我,你能给我作这个保证吗?"

5. 明确问题。许多求助者的问题是复杂的,并且可能有多个问题同时存在。要从解决问题的角度出发,明确界定每一个问题。许多求助者认为心理危机是某些人或是某些外部事件所致,或者是已经发生的环境变化所致,因此通过解决第三者或他人的问题便可消除心理危机。这是不切合实际的。应该向求助者指出其自身问题与事件和环境的关系,并围绕求助者的核心问题,同时将各方面的问题澄清,明确迫切需要解决的首要问题是什么。对有严重问题,同时又高度情绪化或高度抵御的求助者,心理危机干预人员必须避开离题太远的问题,因为不能太看重求助人的固执。我们以求助者小斌为例来说明这个问题。小斌是一名初三的中学生,自小父母离异,他和父亲生活在一起。父亲的脾气非常暴烈,一有什么不顺心的事情,就对小斌拳打脚踢。小斌不服气,就和父亲争吵。因此,小斌非常害怕回家,觉得家对他来说是个可怕的地方。然而小斌也不能去他妈妈那里,因为妈妈已经有自己的新的家庭了。小斌觉得自己是个没有人要的孤儿,到哪里都是孤零零一个人。后来,他开始沉迷网络,因为网络能使他忘却现实中的烦恼。此后,小斌的成绩开始直线下降。所有这些事情,都让小斌痛苦不堪并且有厌世的想法,以下是小斌与危机干预工作人员的对话:

> 小斌:你好像不太喜欢我。
>
> 心理危机干预人员:现在这不是主要问题,我要做的是帮助你找出问题的重要症结。
>
> 小斌:你也和你孩子处理不好关系吗?
>
> 心理危机干预人员:没有,但这不是我们现在讨论的问题,我想我们要做的是找到一种方式能帮助你每天回家后不和你的父亲发生争执。

在这个例子中,心理危机干预人员始终围绕求助人,并不就心理危机干预人员的个性、想法和态度等非主要问题展开讨论。

6. 考虑可替代的应付策略。在多数情况下,可替代的应付方法是多种多样的,但心理危机求助者(有时心理危机干预人员也会)看不到还有许多可能的选择。应用开放式提问,启发求助者找出多种选择,然后将可能的应付方式加到求助者的选择之中。例如,"我感到,如果你能去找可信任的班主任老师也是有帮助的,你认为是否可列入选择方法之中?"应该尽可能采用合作方式来验证、分析和列出可以考虑的应付方法。最好的变通方法是求助者自己找到合适的方法。要注意不要将你认为合适的选择方法强加给求助者。下面举一个心理危机干预人员帮助求助者验证各种应付方式的例子(还是以小斌为例)。

> 心理危机干预人员:小斌,你说现在感到无助和害怕,不知道如何解决,

但好像你以前也有过类似的情况但后来又解决了,当时你是采取什么方式或找什么人来帮助解决的呢?

小斌:嗯,我以前好像没像现在这样苦恼和困惑。

心理危机干预人员:是这样,可能吧,类似这种情况或许没这么严重。不过,你是采取什么方式或找过谁呢?

小斌:有一两次我去跟我的姑姑讲,她是我爸爸的姐姐,很关心我,理解我并且相信我。

心理危机干预人员:你认为你一旦情绪不好了,可以再找她吗?

7. 制定行动步骤。在心理危机干预中,心理危机干预人员应该协助求助者制定帮助其克服目前的心理危机的短期计划,以及能适用于长期的应付方法。计划应该包括求助者自身的应付机制和周围环境能够提供帮助的资源。应付机制一般是具体、积极和实用的,可以重新唤起求助者对学习、生活的自信。开始的干预行动宜采用生理或身体的活动,根据求助者目前的情绪状态和环境支持,制订切实可行的计划,其中可以包括与心理危机干预人员合作直至求助者能独立应对。有经验的心理危机干预人员应该注意求助者自主功能恢复的需要,及时予以帮助。

小斌:现在我可能会好几天,但不过只是暂时不想了,这种混乱的境况因为长期存在,使我脑子里全是不好的想法。

心理危机干预人员:我想你已经意识到了这一点,很好,现在让我们共同再寻找一些方法,希望确实帮助你轻松自由恢复到从前的状态。

小斌:我确实不能一死了之,还有许多人在关心我,我不能伤我妈妈和姑姑的心,我长大了也有许多责任,不过这些只是我自己想想而已。

心理危机干预人员:即使你感到无路可走,但你还是可以想到有些办法能帮助你,比如说你暂时不和爸爸见面,住在妈妈那里摆脱现在的困境。

小斌:我想,现在唯一的办法是请医生给我开药了,用药。

心理危机干预人员:有药吗? 药有没有效果?

小斌:它可以控制一下我的情绪,能使我镇静下来,至少暂时可以。

心理危机干预人员:听起来医生至少可以帮助你,那么下一步用一些药来控制你不稳定情绪。

小斌：我想应该可以吧。我还想和爸爸沟通沟通。

心理危机干预人员：好，让我们共同计划一下怎么做，你的烦恼暂时得到了缓解。下一步该和你爸爸怎么谈谈，你要说什么，以及你如何讲，为了能达到怎样的结果，你现在必须仔细考虑一下。

心理危机干预人员努力地参与到小斌的共同合作计划中，帮助其制订自己的计划，也可以给予一些提示，或回答小斌的一些问题。

在心理危机干预中不要忽视求助者自身的长处和应付机制，这一点很重要。危机事件常常使求助者暂时性丧失通常的应付机制和能力。如果能重新确定、解释和找出这些机制，可有助于恢复求助者的心理平衡和树立学习、生活的信心。例如一个学生以前可以通过弹钢琴来减轻压力，但她告诉心理危机干预人员她的手指由于疾病而不能弹琴了，这时心理危机干预人员可以向她推荐其他的减压方法来清除她的压力。

8. 关注求助者的迫切需要。应该要让心理危机求助者知道，对他们的迫切需要，心理危机干预人员能够理解和帮助。如果求助者感到孤独，要尽量安排人陪伴左右，可以是亲戚、朋友、同学等。有些求助者可能需要下次再与心理危机干预人员会谈或转诊到其他相关机构。当然，也有一些心理危机干预人员只需要简单的倾听——疏泄有关丧失、失望或一个特殊的伤害性事件的感觉。

9. 转诊及建立、使用工作关系网。心理危机干预的一个重要方面是转诊，列出有关机构的名称、电话号码和人名是必要的。当然，对于心理危机干预人员来说，广泛地参与有关机构和人员建立转诊关系也是重要的。有些求助者需要尽早地转诊，以获得帮助，如社会福利部门和法律的支持，较长期的个别心理治疗、家庭治疗等等。

以上的心理危机干预方法与策略，我们可在青少年心理危机干预中加以合理运用，当然在实践应用中还需要根据青少年发展特点和不同个体的特点改进和补充。

第二节　青少年的居丧干预

一、青少年居丧干预的必要性

死亡，是一个大家都不愿提及的名词。然而，我们每个人都必须面对死亡，自己的抑或是他人的。对于青少年来说，他们主要面对的是他人的死亡，如家人、亲戚、同学、朋友等。Kandant的研究表明①,90％的初中和高中生经历过亲朋好友的死亡;其中几乎50％的人经历过亲友的死亡,并且有20％的人目击了死亡。当代的美国青少年比过去遭遇更多的死亡和丧失,这些情况对青少年和他们的照顾者来说,都是一种挑战。有的青少年因为得到了比较及时有效的疏导,顺利渡过了心理危机。有的青少年因为没有得到及时有效的疏导,又不能有效地进行自我调节,痛苦和无助一直积聚在心里,他们就有可能出现心理危机。

Hansen指出②,遭受亲友丧失的青少年会卷入家庭的悲痛之中,同时也需要有独处、没人打扰的时间。青少年往往在家人突然死亡(如祖父母死亡)时感到受排斥。其他人可能错误地认为,青少年对事件的理解与成人是相同的。事实上,在这样的时刻,青少年可能不知道该采取什么样的行动,因为他们对死亡、死亡事实以及合适的悼念角色没有足够的理解。青少年可能深深地感到痛苦、害怕、内疚、无助以及悲痛,但他们可能还不知道怎样自如地表达他们的情感。成人应该理解悲痛之中的青少年,让他们知道信息,并给予他们独处的时间,给他们参加讨论、计划、哀悼、葬礼以及纪念活动的机会。

研究者还研究了同胞或关系密切的同伴丧失对青少年的影响,发现青少年会出现躯体和心理症状的波动,其中最严重的时候是在同胞或同伴去世后的6～12个月,然后到18～24个月时再一次出现症状的波动。女性比男性表现出更多的死亡焦虑以及与健康有关的问题。在同胞或同伴去世后,虽然青少年的悲痛不一定是病态的,但是他们的悲痛反应被证实可持续三年。③ 由此可见,对青少年进行居丧干预,帮助青少年平安渡过丧失亲人的悲痛,是非常必要的。

二、青少年居丧干预的方法和策略

前文讲过心理危机干预六步法:确定求助者的问题所在,保证求助者的安全,给予求助者支持与关心,给求助者提出并验证可变通的应对方式,根据应对方式制定行动计划,最后确定求助者危机已完全解除。

---

① Kandant,V. E. , Adolescent bereavement:Turning a fragile time into acceptance and peace. *The School Counselor*,1994,41(3),203 - 211。

② Hansen J. C. , Frantz T. T. , *Death and grief in the family*. Rockville, MD:Aspen Systems Corporation,1984.

③ Bowes J. , Fristad M. , Weller E. , Weller R. , Depression in recently bereaved prepubertal children,*American Journal of Psychiatry*,1991,148(11),1536.

首先,我们要确立求助者的问题所在。一般而言,孩子出现居丧心理危机的原因很大一部分是因为其和死者有很亲密的关系,当这种亲密关系突然丧失时,孩子一时无法调整适应独自一人的生活,因而出现了异常悲痛和消极的情绪。因此,根据求助者的问题,在保证求助者安全的前提下,我们应该给予求助者足够的关心和支持,同时应用心理危机干预者的专业技能,如无条件倾听,与求助者共情等技能,做到:(1)促进他们情绪表达与宣泄;(2)增进对死亡的现实感;(3)调整与死者的依附关系;(4)学习顺应与适应失落之后的环境,找到新的生活目标。目前经常被采用的支持性的悲伤心理危机干预,其主要目的不在于减少哀伤,而是维持或增进个人能量,使个人能够有效处理哀伤过程。

　　1. 促进情绪表达与宣泄。依据"痛苦工作"理论,鼓励当事人在丧失亲人的强烈的悲痛面前,不沉湎于内心的痛苦中,而要让自己感受和经历痛苦,发泄情感(哭泣或哀号),否则容易产生不良后果。

　　2. 增进对死亡的现实感。应当让当事人明白他/她的亲人或朋友的确是离开这个世界了,要学会接受这一事实。

　　3. 调整与死者的依附关系。干预人员应采用恰当的方法令当事人调整与死者的依恋关系,寻找其他更多的支持系统,如老师、朋友、其他亲人等。

　　4. 学习顺应与适应失落之后的环境,找到新的生活目标。鼓励当事人调整自己的心理状态来适应改变了的环境,比如失去感情、精神和经济的支持,生活也许会发生重大的改变。应当鼓励当事人在逆境中的奋斗精神,努力去顺应与适应失落之后的环境,从而找到新的生活目标。

　　其次,在对居丧者进行心理危机干预时,我们应该遵循一些原则①,用这些原则来指导我们的居丧干预工作。

　　(1) 个体化原则。针对"此时此地此人",从居丧者的独特立场出发认识问题。

　　(2) 现实的态度。治疗者无回天之力,但我们存在的本身就是对居丧者的一种给予和帮助。

　　(3) 治疗者自己会有无能为力的感觉,但是不要使它影响治疗。

　　(4) 学会处理居丧者指向自己的强烈情感爆发和愤怒,要知道这只不过是居丧者的愤怒甚至是对灾难敌意情绪的转移。

---

① 中国疾控中心精神卫生中心:《心理自救互救宣传手册三:抗震救灾中居丧者的干预》,2008。

（5）促进居丧者以健康的方法解决悲哀。回避借酒浇愁、暴力发泄和自杀等不健康的行为。

（6）随时让居丧者看到生活中的期望，痛苦终将减弱，生活将富于新的意义。

因为失去了自己亲爱的家人或朋友，这些孩子正面临生命中的重大挑战，在这样的关键时刻，让我们一起陪伴他。下面是台大9·21灾后心理复健小组给地震救援人员的建议，它们也适用于其他非地震事件引发的丧亲应激反应。

你可以用以下的方法帮助他，首先你可以先观察在灾难后失去亲友的孩子，他们是否出现以下的一些现象：

（1）不相信家人已经永远离开，坚持他们会再回来；

（2）身体产生不适：没食欲、呼吸困难、做恶梦等等；

（3）觉得自己是被过世家人抛弃的小孩，甚至会对他们感到生气；

（4）觉得亲人死亡是因为自己不乖、自己乱诅咒所造成；

（5）模仿过世亲人的行为或特征；

（6）变得容易紧张；

（7）担心以后没有人照顾他、疼爱他；

（8）出现跟以前很不一样的举动，例如：特别乖、特别顽皮或故作坚强。

这些是许多孩子在失去亲人之后常会出现的反应。孩子可以藉由这样的方式来降低他的焦虑。面对孩子的种种反应，以下是我们可以做的以及需要尽量避免去做的。

1. 我们可以做的：

（1）和孩子分享经验。鼓励孩子说出他灾害当时的经验，或者用间接的方式与孩子讨论亲人死亡的议题，如：先讨论小宠物的死亡、以前亲人过世的心情等等。

（2）倾听孩子表达情感。跟孩子谈他失去家人的感觉，可以透过言语、绘画或捏人偶的方式让孩子表达他内心的悲痛、伤心甚至悔恨等等。对孩子表达出来的一些负性情绪，不要批评甚至讽刺他们，如："你不应该那么想"、"你不应该伤害你自己"、"你怎么能那么做呢?"而是要倾听。

（3）帮孩子摆脱罪恶感。有些孩子会认为家人死亡是自己造成的。我们必须要让孩子了解每个人都会犯错，且他已经尽力表现得很乖了，他不需要为任何人的死亡负责。同时帮助孩子回想和过世亲人一起时的快乐日子，提醒孩子他也曾让他的家人感到很快乐。

（4）让孩子有机会对失去的亲友表达心意。年长一点的孩子可以让他们祷告、祭拜或参加亲人的丧礼，并告诉他们丧礼的过程与意义，至于年幼的孩子，若怕对其冲击太大，则至少可让其多少参与家人的悲伤与忙碌。比如：四岁的孩子，就可以教他如何折纸元宝。不过，别忘了给以温暖的陪伴。

（5）一起回忆。可和孩子一起回忆过去和家人在一起的情景，提醒孩子，"他爱过你，你也爱他"，这些曾一起分享过的美好回忆，不会因为对方的逝去而变得没有意义。

（6）讨论死亡。当发现孩子对死亡产生疑惑时，主动地和他们讨论。越避免讨论，越会使得孩子觉得死亡是一件神秘又可怕的事。若他问其他家人："你会不会也死掉？"目的是想确定他是否能有家人继续陪伴，这时可不正面回答他的问题，而是告诉他："我们当然都希望可以一直生活在一起很久很久……"

2. 我们不该做的：

（1）不要刻意避免和孩子讨论死亡或当作事情没有发生。不要避免告知他事实，甚至扭曲真相。例如：转移话题，或说"妈妈在别的地方"。

（2）不要立即将孩子送走，或强迫他进入新的环境。如果孩子没有机会处理心中的伤痛，就被抛进新的生活中（如寄养家庭、孤儿院），这将会在他的心中留下极大的阴影。

（3）不要强迫孩子勇敢、坚强。有时悲伤哭泣是必要的，这时，告诉他们："你可以尽量哭"，会比告诉他们"不要哭"要来得好。

（4）不要对死亡作不适当的解释。如果说"妈妈出远门去旅行了"，这会让孩子觉得妈妈是不告而别的，尤其当他等不到妈妈回来时，会更加悲伤。如果说"死掉就像睡着一样"，有时孩子会害怕自己也在睡梦中死去。

（5）不要禁止孩子谈论有关灾难的话题或重述当时的回忆。有研究者认为，在同胞死亡后立即对青少年进行咨询，虽然也有一定效果，但可能不完全有用，应给青少年一段冷静的时间，一般是几个星期。青少年应该在同胞或同伴去世的三年内获得咨询。这些研究都清楚地表明，将悲痛限制在一定的时间内是不可能的。

心理危机干预人员可利用他们的个人资源、倾听才能、同情心以及作出转诊计划的技巧，通过个别咨询、集体悲伤干预等方法，尽其所能地帮助青少年亲友丧失者应付他们自己的特殊丧失。虽然经历亲友丧失的青少年可能不能忘记这种丧失，也不能回到干预前那种完全平衡的状况，但是危机干预有助于他们在发展中重构他们的丧失，从而使他们安然渡过这一危机。

三、青少年居丧干预案例分析

下面我们通过分析晓萍的心理危机干预案例,来探讨青少年的居丧心理危机干预的方法与策略。

1. 背景介绍

晓萍曾经是一个幸福的女孩,妈妈、爸爸和她,一家三口,其乐融融。可是她爸爸却在一次出差的途中由于车祸突然去世了,听到这个噩耗时晓萍当场晕了过去。

2. 个案分析及干预过程

根据危机刺激的来源可以将危机划分为成长性危机、境遇性危机两大类。本案例属于境遇性危机,是由外部事件引起的,具体表现形式为亲人的亡故。第一次干预是一次比较简短的会谈,时间大约一小时左右,以下是治疗者与当事人会谈的部分内容。

> 当事人:我不知道接下来的生活该怎么过,我的大脑一片空白。
>
> 治疗者:(握着晓萍的手)我知道爸爸的突然去世对你是一个沉重的打击,我想让你知道,无论你想做什么我都会帮助你。(沉默,仍然握着晓萍的手)我会跟你一道,尽我所能帮助你。(沉默,仍然握着晓萍的手)

在进行心理危机干预前,首先要对心理危机状况作出准确的评定,而作出适合当事人切实情况的心理评估是心理危机干预成败的关键,而且它贯穿于心理危机爆发到危机缓解或解决的整个过程中。大致说来,心理危机评定包括以下四方面:

(1)情绪反应:当事人在表现出高度的焦虑、抑郁、紧张、丧失感的同时,可能伴随愤怒、悲伤、烦恼等情绪。

(2)认知方面:一个人的认知方式影响着对他人的知觉、人际关系及对采取不同类型的心理治疗手段的反应。如果对事件的知觉切合实际,事件与压力之间的关系是可以被认识到的,个体解决压力状况的可能性会大大增加。

(3)行为方面:不能专心学习、工作;回避他人;拒绝帮助,认为接受帮助是软弱无力的表现;行为和思维情感不一致等。

(4)躯体方面:出现失眠、头晕、食欲不振等不适症状。本案例的评估结果是中度损害。治疗者决定以合作方式对当事人进行干预。

通过交谈或观察,治疗者认为当事人正处于一种否定或不相信的情感状态中。

当事人：这绝不是真的，我不相信爸爸已经走了，这对我来说太突然了，我的整个世界都塌了，我不知道没有爸爸怎么活。

治疗者：爸爸的去世让你确实感到害怕。你不停地告诉自己，你不能忍受，并且认为那太可怕了，太糟糕了，这样只会把事情扩大化。当你把事情扩大后，你越想越糟。你注意到的只是自己的困难，夸大事态以致扭曲你的思维，你应该客观评估所发生的一切。

在对当事人的心理危机状况评定之后，要制定心理危机干预的方案。首先要对危机破坏个体生活的程度进行判断，包括两个方面：第一，个体能否正常工作、上学，这些活动是否受到影响；第二，个体的不平衡状态是否影响了他人的生活，个体的家人、朋友对这个问题的观念或意见。

治疗者：你目前的生活状况如何？

当事人：不是很好，上课老听不进去，不愿参加活动。我的整个生活完全陷入另一种状态，我经常独自一人，不想和他人交谈，包括我妈妈，我觉着我活着真没有意思。

从当事人的叙述中能够看出她原有的正常生活已被打破，无法学习，与他人交往，对平时感兴趣的活动也丧失了兴趣，并有"自杀"意念。鉴于此种情况，治疗者认为首先要给当事人精神上的支持与情感上的宣泄，并通知其母亲及班主任参与到整个心理危机干预中，这些方案的制定是治疗者与当事人共同协商完成的。

当事人：我不想活了。（哭泣）

治疗者：其实，你妈妈一直都很关心你，如果让你把心中的痛苦告诉妈妈，愿不愿意？

当事人：我可以试着去做。

此时要让当事人适应从原来三人的生活世界到目前母女二人的生活世界的转变，由丧失的痛苦——否定丧失——接受丧失——重构生活一步步发展。当双方对心理危机干预方案达成一致后，可进入干预实施阶段。心理危机干预的具体方法大致有：

电话心理危机干预、面谈心理危机干预及社会性心理危机干预等多种形式。本案例主要通过面谈心理危机干预,治疗者采用倾听、理解等策略及"悲伤工作"理论来进行的。下面是一段体现倾听策略的谈话内容。

当事人:我爸爸身体一直很好,不该突然就走了。我还没来得及尽一个女儿应尽的义务。(流泪)

治疗者:沉默。(递给当事人面巾纸)

当事人:我现在想想真后悔,之前没有好好关心爸爸,有时还和他顶嘴。不但我是这么想的,我和妈妈也都觉得很内疚,平时爸爸工作很忙,可我和妈妈总是不理解他,有时还要向他发脾气。记得我爸爸刚去世的那几天,我和妈妈每天都对着爸爸的照片发呆,我真想去陪我爸爸,我真的很想他,一直到现在,一提到我爸爸我就想哭,晚上想到他就会整夜都睡不着。我现在回家,在我妈妈面前,我都是强装笑脸的。妈妈也一样,表面上装得没事似的,其实我知道她也很难过,我们现在两人在一起的时候都没话说,以前那种开心的日子再也不会有了。

治疗者:你觉得你爸爸去世让你的生活失去了欢乐,除此之外,还有其他影响吗?

当事人:当然有的。爸爸去世以后我很难过,我没办法安心地学习。但以前爸爸希望我能好好读书,考上大学,我想认真学习,对爸爸也是一种安慰,可是我在学校里又不能全心全意地学习,成绩也下降了,我不知道怎么办才好,心里更加内疚了。

治疗者:那你觉得心里难受的时候,会不会找你的好朋友聊聊呢,这样或许会让你好过一点。

当事人:我以前也这样试过的,我把这件事告诉了我寝室的人。可是我觉得她们问我这事只是为了满足她们的好奇心而已,可能是我想得太多了吧,把她们的关心当作欺骗,自从我跟她们说了这件事后,她们好像慢慢地疏远我了。所以我现在不敢轻易告诉同学们了,我怕她们会看不起我。

治疗者:看不起你什么?

当事人:看不起我没爸爸,看不起我……

当事人在宣泄自己的情感时,治疗者一直在认真、感同身受地去倾听,通过这样一个过程,让当事人宣泄、叙述、接受自己的情感、往事和痛苦的思绪,每一次倾诉是对痛苦的一次重新体验,让当事人在倾诉叙述中重构自己的生活。

通过以上对晓萍的心理危机干预的过程,我们可以看出,晓萍父亲的意外去世对晓萍和她的家人的打击是巨大的。晓萍在失去父亲后表现出来的痛苦、内疚、害怕、无助等情感,正是青少年遭遇亲人丧失后所表现出来的典型反应。在青少年时期,他们还缺乏处理类似事件的经验,一旦遭遇亲人的突然死亡,他们会很快出现震惊、脆弱、自责等情感反应。这些情绪如果得不到及时宣泄的话,就会一直郁结在心里,短的持续 6—12 个月,长的则会持续两三年。[1] 因此,帮助青少年有效地宣泄亲人丧失的悲痛等不良情绪是十分重要和必要的,只有宣泄了不良情绪后,他们才能从悲痛中走出来,恢复正常的生活。然而,我们现在的教育往往忽视了这个环节,当青少年丧失至亲或好友时,我们往往以成人的标准来要求他们把悲痛埋在心里,或者是化悲痛为力量,不要辜负逝者对自己的期望,只有这样,才是对逝者最好的慰藉。这种教育导致的直接后果就是让这些青少年不敢把自己的真实情感表达出来,正如懂事的晓萍一样,她为了不让家人替自己担心,努力在同学和家人面前都尽量装作若无其事的样子,其实心里的痛苦丝毫没有减轻。这种痛苦持续的时间越长,且一直得不到宣泄的话,就会使个体陷入心理危机中。从晓萍的自述中,她也承认自己“是个有心理问题的人”,这些心理问题影响了她的学习,影响了她跟同学的正常交往,只有粉碎她伪装出来的坚强的外表,让她把心里的伤痛和对父亲的思念都统统宣泄出来,她才能走出阴影,重新迎接生活的阳光。

治疗者要求晓萍尽情宣泄内心郁结的情感,并与妈妈分享彼此内心的感受。这一做法有效地减轻了她们两人的压力,以前没有好好对待爸爸的自责也得到了消减。晓萍和她妈妈终于打开了心结,一家人在爸爸去世后第一次坦诚地进行了沟通。虽然这一次的沟通不可能一下子就让她完全走出父亲意外去世的阴影,但至少是一个良好的开端。

在危机事件后的一个月里,治疗者给晓萍做了四次心理辅导,究竟心理危机干预的效果如何?晓萍跟以前相比,是否多了一些重新面对生活挑战的勇气呢?我们可以听听晓萍的班主任王老师是怎么说的。

---

[1] Gilliland B. E., Janes R. K. 著,肖水源等译:《危机干预策略》,中国轻工业出版社,2000。

王老师：晓萍最近这段时间开朗了不少，见到老师同学也会笑着打招呼了。她寝室同学也反映，她不再像以前一样对她们不理不睬了。考虑到她家里的经济状况，我们学校领导经过讨论后决定减免她部分学杂费，让她能够安心学习。同时，我们老师也鼓励她从悲伤自责中走出来，好好学习，充实自己。虽然只是短短一个月时间，晓萍同学不可能立即就恢复以前活泼开朗的性格，但是我们相信，再过一段时间，她一定会重新振作。

在这个案例中治疗者成功地将心理危机干预的相关策略和方法综合运用，比如采用分析、评估当事人心理危机状况、倾听和让当事人宣泄的方法来使当事人获得内心的平衡。同时，治疗者还成功地运用家庭、同学、老师等支持系统使个体成功地走出居丧危机。

第三节 青少年遭受性侵犯心理危机干预

一、青少年遭受性侵犯心理危机干预的必要性

在中国北方农村柴胡营（化名），一名男教师对六名女学生进行不同程度的性侵犯。敬家的女孩小慕容第一个说出了那个黑色秘密，结束了六名女孩长达两年之久遭遇性侵犯的经历。慕容一直以为老师"干那事儿是上课"，只是这"课"不舒服，后来她拒绝服从，遭老师当众打骂。她"实在扛不住了"，便向奶奶告状，想让家长制止老师的打骂。于是，一个深秋的夜晚，敬家奶奶在临睡前听到孙女说的骇人听闻的悄悄话……

一开始，奶奶嗔怪孙女"胡说"，并警告不能"说谎"。慕容反复保证"是真的"，"俺这六个女生都是"。奶奶这才将信将疑，她神色凝重。爷爷此时已在另一房间睡下，奶奶只好等天亮后再说，但心里却像翻江倒海一般……第二天一早，爷爷听到消息后非常震惊，他不相信"这事儿"竟然发生在学校！老敬夫妇联想到这两年来孙女曾多次无意间流露线索，后悔自己却从未当真！

沈家的朗朗在听说慕容已经说了后，就开始默默流泪，最终承认"老师对我不好"。沈妈当时"吓坏了"，劈手就给女儿一记耳光，厉声责问女儿。想到女儿两年来"遭了多少罪"时，沈妈心如刀绞，抱着女儿失声痛哭。在六名女

孩中,只有慕容一人主动说出,其余五人均在惊恐中被迫说出,展现出极为相似的一幕:同班同学的女性家长突然到家造访,把母亲叫到一旁低声细语,母亲就在外人面前厉声质问女儿"是不是有这回事"。孩子们最初矢口否认,后经到访女性家长哄劝、威胁和安慰,特别是听到"别的小孩都说了",才哭着承认。

儿童青少年性侵犯(child sexual abuse,也称儿童青少年性虐待)是指使尚未发育成熟的儿童青少年(一般是指年龄小于 18 岁的未成年人,不仅限于女童,男孩也可被性骚扰和性侵犯,严重的被强奸)参与其不能完全理解、无法表达知情同意,或违反法律、触犯社会禁忌的性活动。对儿童青少年进行性虐待的可能是成年人,也可能是年龄较大或相对比较成熟的其他儿童青少年,他们相对于受害者在责任、义务或能力方面处于优势地位。

儿童青少年性虐待包括身体接触性虐待和非身体接触性虐待。非身体接触性虐待包括向儿童青少年暴露其性器官、在儿童青少年面前手淫、让儿童青少年观看色情图片或影视制品、目睹成人性交行为等等;身体接触性虐待包括触摸或抚弄儿童青少年身体的隐私部位,迫使儿童青少年对其进行性挑逗式的触摸,在儿童青少年身上磨擦其性器官,试图与儿童青少年性交(或肛交、口交)和强行与儿童青少年性交(或肛交、口交)等等①。儿童青少年性虐待还包括下列活动:引诱或强迫儿童青少年从事任何违法的性活动;利用儿童青少年卖淫或进行其他非法的性活动;利用儿童青少年进行色情表演和制作色情资料。②

如今,只要打开中国内地最具影响力的门户网站,就会发现,儿童青少年遭遇性侵犯已成为一个不容忽视的社会问题。

2003 年 9 月,一名母亲因强迫亲生女儿卖淫,致使 12 岁的女儿从 1996 年的 5 岁时起就多次遭受强奸,这名母亲被北京市第一中级人民法院判决无期徒刑。

2002 年 7 月 4 日,一名父亲因奸淫 11 岁亲生女儿长达 4 年,被北京市房

① 陈晶琦等:《儿童保护工作者预防儿童性侵犯教育培训需求评价》,载《中国性科学》,2008(2)。
② 陈晶琦、韩萍、Michael P. D.:《892 名卫校女生儿童期性虐待经历及其对心理健康的影响》,载《中华儿科杂志》,2004(1)。

山区人民法院判处有期徒刑 14 年,剥夺政治权利 3 年。

2003 年 9 月,山西省交口县公安局破获一起奸淫幼女案,一未满 14 岁的幼女在一年时间内被 9 人奸淫,涉案者最老 77 岁最小 42 岁。

2003 年 12 月 17 日,北京市通州区某小学男教师陈有海因于 2000 年 6 月至 2002 年 1 月期间,先后对其任课的三、四、五年级中 16 名未成年女学生多次进行猥亵,并对其中三名不满 14 周岁的女生多次实施奸淫,被北京市第二中级人民法院判处无期徒刑,剥夺政治权利终身。

2002 年 12 月 21 日,甘肃省酒泉市肃州区东洞乡石灰窑小学教师任大青,因于 1998 年 1 月至 1999 年 8 月期间,先后奸淫、猥亵未成年女学生 13 人,被酒泉市中级人民法院判处死刑,缓期二年执行,剥夺政治权利终身。

2003 年 3 月 14 日,吉林省通化市某小学男教师栗峰因在其任班主任期间,多次强奸、猥亵 19 名未成年女学生,被吉林省通化市中级人民法院一审判处死刑,剥夺政治权利终身。

2003 年 5 月 23 日,沈阳市苏家屯区八一镇武镇营子村小学四年级教师程世俊因于 2000 年至 2002 年 11 月期间,强奸、猥亵 6 名未成年女学生,被沈阳市中级人民法院判处死刑。

……

近年来,儿童青少年性侵犯案件屡屡发生。据调查[1],18 周岁以下被害人中遭受最多的侵害类型,主要集中在性侵害与抢劫侵害方面,其中性侵害最多,占了一半左右。青少年法律援助与研究中心自 2001 年至 2003 年 6 月,就接待了 39 起儿童青少年受到性侵害案件的咨询和投诉。陈晶琦等(2004)对 892 名卫校女生就有关儿童青少年时期受性虐待经历进行不记名回顾性调查,结果发现,在被调查的 892 名女生中,228 名学生在 16 岁前在非情愿的情况下曾经历过至少一次非身体接触或身体接触性虐待,占被调查人数的 25.6%。其中 129 名经历过身体接触性虐待,占被调查人数的 14.5%。2.0% 经历过被强行性交包括肛门与性器官的接触[2]。互联网、报刊、电视等

---

① 王大伟:《中小学生被害人研究》,中国人民公安大学出版社,2003。
② 陈晶琦、韩萍等:《892 名卫校女生儿童期性虐待经历及其对心理健康的影响》,载《中华儿科杂志》,2004(1)。

媒体更是纷纷报道这类案件的发生,上面的案例就是近来发生的非常具有代表性的、引起全国轰动的儿童青少年受到性侵犯的案件。[①]

尽管中国内地至今仍没有一个翔实的统计数字。但据全国妇联来信来访的数据显示,全国各地投诉"儿童青少年性侵犯"的个案,1998 年为 2948 件,1999 年为 3619 件,2000 年为 3081 件。2000 年 12 月,全国妇联对中国北方一所城市中学的全部高中女生,就有关儿童青少年时期遭受性侵犯经历进行了不记名的问卷调查。结果显示,在被调查的 985 名女生中,有四分之一的人,在 16 岁以前曾经历过至少一次一种或多种性侵犯,其中年龄最早的仅为 4 岁。并且,随着年龄的增长,儿童青少年性侵犯的发生呈上升趋势。同样,美国每 4 个女孩子便会有一个在 18 岁以前遭受性侵犯,而男孩子的比例,则每 10 个里面便有 1 个。

儿童青少年性侵犯问题存在于世界各国。在 19 个国家(如南非、瑞典、多米尼加共和国)进行的一系列研究表明,儿童青少年中女童遭遇性侵犯发生率为 7%~34%。在美国,根据几次全国性调查结果估计,到 18 岁时,女孩中将有四分之一、男孩中将有六分之一的儿童青少年受到性侵犯。越来越多的研究表明遭遇性侵犯是导致儿童青少年身体健康问题、社会适应不良的一个很重要的因素。遭遇性侵犯对儿童青少年身体上的伤害,有受伤(甚至死亡)、感染性传播疾病(包括艾滋病)和少女怀孕。据估计,在美国的少女母亲中,由强奸所致怀孕的占 11%~23%。在秘鲁利马妇产医院做的一项调查发现,90%的 12~16 岁年轻母亲是强奸的受害者,强暴者是其父亲、继父或其他男性亲戚的占多数。

在众多遭遇性侵犯案件中,罪犯们都受到了法律应有的制裁,但受到性侵犯的青少年却没有得到应有的帮助。对儿童青少年的伤害不仅是身体上,还有心理上的。心理上的创伤将持续很长一段时间。据研究,受到性侵犯的青少年有自杀意念、自杀企图和自杀行为,严重的药物滥用、饮食异常、抑郁、过度自卑、人际交往障碍、过早的性行为等等,发生的比例高于一般没有受到性侵犯的人群。如在美国大学对年轻女性所做的调查显示,儿童青少年受到性侵犯的女性有 9.3%有过自杀行为,而没有受过性侵犯的女性只有 5.1%有过自杀行为。性侵犯对儿童青少年的伤害是严重的,有些影响可以持续到成年期。

[①] 张雪梅:《关注儿童性侵犯》,载《推动律师参与未成年人保护工作会议暨未成年人保护专业委员会 2004 年年会论文集》。

然而由于众所周知的原因,通过媒体曝光及向有关部门举报的儿童青少年遭受性侵犯的个案,只不过是冰山一角,绝大多数受害者选择了忍气吞声,多数公众对这一话题也讳莫如深。国外以往 30 多年的研究表明,在儿童青少年遭受性侵犯之后,虽然可以通过法律惩罚侵犯者,媒体的公开报道也能推动公众给予受害者道义上的支持和一定的经济援助,但如果未能及时对孩子及其家人进行专业的心理治疗和帮助,多数受害者将会一辈子生活在性侵犯所带来的阴影中。最明显的心理创伤反应是,儿童青少年身上出现的一系列精神症状:恐惧、噩梦、焦虑、抑郁、暴食或厌食、药物滥用、自杀或企图自杀等。"在悲剧发生后,人们更多地是对施暴者谴责,却忘了真正需要帮助的,是孩子和他们的家人。"专门从事儿童遭受性侵犯研究,《性之耻还是伤之痛》的作者龙迪说,"如果没有周围人的理解和关怀,那种挥之不去的羞耻感和无助感,将伴随他们的一生。"

此外,在遭受性侵犯的同时,许多孩子会收到侵犯者的礼物,如面包、糖果、书包等。"由于还未形成成熟的判断力,这让他们很迷惑,无法把握人与人之间的界限。"龙迪接触过的许多案例都表明,一些遭受过性侵犯的儿童青少年,在长大后甚至会形成"性可以换面包"、"性可以换感情"等畸形价值观。

性侵犯给儿童青少年带来如此严重的伤害,如果没有得到及时的干预,那么孩子一生的幸福都将有可能受到影响。

二、青少年遭受性侵犯心理危机干预

一个典型的性骚扰或性侵犯过程往往总是从不那么露骨的性活动开始的(如言语的挑逗、向青少年暴露身体和自我刺激生殖器以引起青少年的关注),然后出现实质性的身体接触(如搂抱),直至发生强制性性侵犯如生殖器的插入。它大致可以分为以下五个阶段[1]:

阶段 1:遭遇期 在一个隐蔽的时间和地点具有某种个别接触的初次机会;侵犯者往往是熟人,如家庭成员、亲戚、平时信任的成年人或其他同学或校友;侵犯者往往以一些低调的、狡猾的手法,如施以小恩小惠,诱骗受害者上钩而受害者却幼稚地并未能察觉其险恶用心;也有些侵犯者是直接以暴力手段强迫受害者介入的。

阶段 2:性互动期 在侵犯者的威逼之下性活动将随时间推移而不断增加和升

---

① 资料来源:http://www.tongnian.com/html/16/n-10016.html。

级,而受害者往往在惊吓或过度紧张的情况下不知所措或失去反抗能力。

阶段3:强制保密期 为了使这种性侵犯活动能继续长期维持下去,侵犯者将采取各种手段如物质诱惑或威逼令受害者保密。大多数孩子会因为这种压力而保密,有一小部分孩子会因为从中获得某种物质享受或快感而希望这种活动能继续下去。强制保密期可持续数月甚至数年。

阶段4:暴露期 因为偶然的或故意的原因终于使真相大白。不论是第三方直接察觉到的,还是受害者出现身体或行为异常的表现而意外暴露出来的,受害者都需要在相当一段时间之内得到充分的心理支持、医疗救助、行为干预和密切随访。如努力消除受害者的焦虑、自责和愤怒,要让受害者承认并正确面对这一事实,建立心理康复计划,必要时对性侵犯者提起诉讼。当遭遇性侵犯是受害者主动揭发时,心理支持和干预工作就相对轻松些,可以用一种较为宽松的、温和的方式进行,心理阻抗要轻得多。有些家长出于保密的考虑,有时并不愿意接受外界的干预,如果侵犯者本来就是家庭成员,情况就更加复杂。

阶段5:压制期 当暴露期过去之后,经常会遇到的情况是受害者的家庭总试图排斥和压制来自外界的干预,甚至可能鼓励或要求受害者撤回最初的诉讼。也就是说,他们往往声称所谓的性侵犯根本没有发生过,过去曝光的事件全是孩子的谎言。这些家庭会认为性侵犯的发生并没有带来什么严重后果,而且会动用各种压力恐吓孩子,甚至不惜散布会损害孩子声誉和信用度的言论,声称孩子的话是根本不可信的,是骗人的,"他(或她)简直是疯了"。家长的这些反应和孩子本来就具有的脆弱性都说明来自外界的帮助该有多么重要。

作为心理危机干预人员,当我们面对一个遭遇性侵犯的孩子的时候,我们首先要和他们建立良好的咨访关系,如叫来访者的小名等拉近来访者和咨询室的距离。其次,当我们已经建立起良好的咨访关系后,可以鼓励来访者多倾诉他们的遭遇,帮助他们释放内心的痛苦。此时我们要认真倾听,并适时给予鼓励的反馈。再次,当来访者倾诉完时,我们需要帮助来访者建立自信,告诉他们这不是他们的错,要正确面对自己。第四,当咨询进入到一定程度的时候,为了巩固干预效果,有时可以适时进行一些心理暗示活动,如拥抱爸爸妈妈等。最后,需要对来访者的家人进行一个简单的咨询,在来访者遭遇性侵犯时,受伤害的不仅仅是来访者本人,来访者的家人也受到了很大程度的伤害,因此我们需要对来访者的家人进行安抚,告诉他们这不是孩子的错,帮助他们走出孩子遭遇不幸的阴影,积极健康向上地生活,帮助来访者整合他们的社会支持系统。

在咨询的过程中与孩子进行交流时,我们必须尊重孩子的隐私,和孩子的谈话要在安全的、隐秘的地方进行。支持孩子把事情经过讲出来——正常情况下,孩子是害怕向别人讲起这件事的。如果发现孩子有什么难言之隐,要向孩子明确表明"无论发生了什么事我们会永远爱你的",鼓励他们尽早如实讲清楚事情的经过。然而,有些性侵犯者会在作案时恐吓孩子,"如果你把这件事讲出去,我会杀了你",同时孩子也害怕因为说出事情的真相而被父母惩罚,从而失去大人的关爱。因此,孩子就可能不会说出事情的真相。这时我们该如何去做?

首先,要从身心两方面表达对孩子的爱——比如有些亲昵的举动像搂抱孩子(注意:限于同性别辅导老师),说话时语气要温柔,而不是斥责孩子如"你为什么不早告诉我们呢?"或"你为什么会让这种丢人的事发生呢?"相反,应该给孩子一些积极的鼓励,如"我很骄傲你能告诉我们这件事"或"我很高兴事情并不太糟"或"我知道你还小,这不怪你,在这种情况下你是无能为力的"。向孩子解释他们没有错——大多数孩子的内心会有深深的内疚或自责,觉得如果自己更理智、更精明或更强壮一些,那么就不会受到诱惑或哄骗,所以要明确告诉他们,他们是没有任何过失或责任的。要记住孩子几乎不会在性虐待问题上撒谎——要让孩子感觉到我们是相信他们所讲的一切事情的。保持与孩子继续交流的渠道——要让孩子知道,我们在今后仍然会同情、关爱、理解和支持他们,这样孩子们就敢进一步说出具体过程和感受。

值得一提的是,当孩子向父母、老师或者其他他们认为值得信赖的人谈起自己过去的遭遇、感受和畏惧心理时,父母、老师等人一定要心平气和地倾听孩子的诉说,要知道他们能开这个口有多难,又是下了多大勇气和犹豫了多久才把真相谈出来的。父母或老师等人在听到孩子的倾诉之后所作出的第一反应对于保护孩子是十分重要的,那就是既不要恐慌,也不要作出过度反应。如果大人一听就暴跳如雷,表现出特别震惊、鄙视或其他消极反应,马上斥责孩子甚至打骂他们,"我早就告诉过你……",那就如雪上加霜,它对孩子的影响将是十分深远的,这将不可避免地给孩子的心灵带来进一步的创伤。这样也会使大人丧失在孩子心目中的权威地位和形象,无形中在两代人之间形成隔阂。当然也会使孩子的话半截儿打住,拒绝提供更多的信息。成年人要特别注意的是,孩子肯定会要求成年人千万不能把这件事再告诉别人,这时应向孩子解释清楚保密是肯定的,保证不让这件事扩散出去,也不会在与此不相干的人面前讨论这件事,但有时有必要报告给从事儿童和青少年保护的有关部门或人士,以寻求他们的支持或法律的帮助。

与其他危机相比,性侵犯受害者或许得不到广泛的同情和帮助,社会关注的是揭露强暴并公布强暴者的姓名,家长可能更在乎受害者是否会怀孕或传染上性病,而很少有人关注受害者所受到的心理创伤。因此,性侵犯受害者,特别是处于青春期的性侵犯受害者,这一危机的消极影响可能更为严重、更为持久,有时甚至是致命的。多年以来,人们对于强暴或其他形式的性侵犯现象的关注,主要在于其犯罪性,关注的是施暴者会受到何种法律制裁。但近几年来,随着社会的进步,公众已经把注意力转向设法帮助性侵犯的受害者方面。在实际干预方面,例如在美国,在大多数城市中,性侵犯受害者的救助工作程序、救助中心或代办处已经建立。热线电话和强暴危机中心已为广大公众所能接受,帮助受害者的工作网已遍布各地。受害者可以通过热线电话、社区心理健康服务中心或急救电话即可获取所需的资料。在很多城市中,人们可以查找电话号码簿中的"强暴"部分或与当地的人权服务部门联系获得帮助。所有的职业护士、精神科医生、社会工作者、开业咨询者或其他人权服务工作者都可以为受害者及其家人提供所需的帮助。在中国,必要时可与学校、社区、公安、律师、社会救助机构、青少年保护机构、资深的心理咨询机构等取得联系,以寻求更有力的外界援助。

有关对性侵犯受害者提供服务,陈晶琦等(2008)通过调查发现①,大多数人认为应该为受害儿童青少年及家庭提供心理辅导和支持。还有些人认为应该为受害者提供法律援助;保护受害者的隐私;避免来自周围人的嘲笑和歧视;提供避难所,让受害者脱离受害环境;医院要设儿童性健康门诊;提供免费热线;建立公益基金。而对有关预防儿童青少年遭遇性侵犯优先采取的措施,绝大多数人提到了对儿童青少年进行健康教育,提高儿童的自我保护能力;还有些人提到了对学校教师、学校领导及儿童家长进行培训;对公众进行广泛宣传教育;打击对儿童青少年犯罪的人;建立、健全有关法律、法规,完善明确对性侵犯者的处罚。对遭遇性侵犯的青少年来说,这些措施都是非常重要的。

三、青少年遭受性侵犯心理危机干预案例分析②

1. 背景介绍

2007年12月12日上午,南京郊区一在校生由于多次被人强奸,痛不欲生,在家中

---

① 陈晶琦等:《儿童保护工作者预防儿童性侵犯教育培训需求评价》,载《中国性科学》,2008(2)。
② 资料来源:http://www.xici.net/main.asp?url=1u 156193641d87644229.htm。

自杀,幸好被早起的妈妈发现,受害少女的情绪很不稳定。

记者当天随同干预人员一同前往少女家中。干预的主要任务是稳定企图自杀者的情绪,降低近期的自杀风险。我们来到了女孩子的家。我们先和受害人的爸爸进行了简单的交谈,大体知道了事情的经过:

孩子17岁。现在不吃饭、不说话。孩子在本地读书,学校里的风气很不好,他们班47个同学只有3个女生,所以平时就有许多男生骚扰女生。孩子从小就很听话,从来不在外面和坏孩子交往。近来,家长发现孩子变化很大,经常撒谎,还不愿意去上学。家长很是生气,在打骂孩子的过程中,才知道孩子最近总被坏孩子欺负的事实。据孩子说,最近她被学校的3个坏孩子强奸了6次,所以才不敢去学校上学。事情发生以后,爸爸狠狠地打了孩子,孩子也感到没脸见人了,所以选择了自杀。

2. 个案干预过程

在征得了少女家长同意的前提下,开始了我们的干预工作。

(1) 危机干预的第一个环节:建立咨访关系

咨询人员搬了一个凳子,坐在求助者的床前,身体前倾,目光专注,用温和的话语开始工作。

咨询师:我姓×,是心理学工作者,也是你爸爸的朋友。你叫我×老师,好吗?

求助者:好。

咨询师:你叫什么名字啊?

求助者:×××。

咨询师:我们叫你宝宝,可以吗?

求助者:(没有表情地)好的。

咨询师:那我们就算认识了,我们想和宝宝成为好朋友,可以吗?

求助者:(疑惑地看了咨询师一眼)好呀。

＊ 干预方式解析:

建立关系、取得信任是心理危机干预的前提。为了避免我们的出现引起受害者的抵触情绪,我们在这里采取"虚拟亲情"的方式来缓解被害人的阻抗,营造和谐轻松的氛围。

我们用被害人熟悉的小名"宝宝"来称呼她并告诉她我们是爸爸的好朋友,以打破受害者的心理屏障。

我们坐的位置是她目光所及的地方。

(2)危机干预的第二个环节:鼓励受害者倾诉

咨询师:听爸爸说,今天凌晨发生了一件让他很害怕的事情,你能告诉我,是什么事情吗?

求助者:我想不开,用刀在手腕上划了一个口子。

咨询师:(拉起求助者的手,仔细察看手腕,轻声地)当时疼吗?

求助者:疼,很疼。

咨询师:现在还疼吗?

求助者:现在好点了。

咨询师:你为什么选择这种方式呢?

求助者:我当时想不开了,我认为都是我不好,给爸爸和妈妈丢脸了。他们都是因为我才这样生气的。

咨询师:发生什么事情了让他们这么生气呢?

求助者:我在学校里本来……

* 干预方式解析:

咨询师引导被害女孩诉说她的苦恼,目的是为了宣泄受害者的情绪。

这里,我们采取了"迂回询问"的手法,以避免因单刀直入询问而可能造成被害女孩的二次伤害。

我们根据谈话的内容,适时拉起被害女孩的手,详细询问割腕的感觉,营造宽松氛围的同时,进一步强化被害女孩愚蠢行为的后果,为下面的干预做铺垫。

* 咨询细节:

① 我们在这个环节里,唤了受害者35次"宝宝"。每唤一次,都可以看到被害人的眼睛里涌出了更多的泪水。

② 在这个环节里,我们发现,受害者反复说自己不是一个"好女孩"了,大家都不喜欢她了,都是自己不好,如果不和那些人来往,也许就不会被奸污了。

(3)危机干预的第三个环节:帮助受害者恢复自信

咨询师:听了你的诉说以后,我们心里很难受。我们知道你是一个好孩子,遇到这样的事情以后,自己知道无法摆脱,又不愿意让爸爸妈妈为你担忧,所以你选择了不去上学。是这样吗?

受害者:(默默点了点头)是的。

咨询师:我和你爸爸妈妈谈过,他们说你从小就是一个好女孩,在学校里也是一个好女孩,不管你怎么样,他们都会喜欢你。

这件事情给你带来的伤害很大,他们也都很难受,妈妈疼你,妈妈爱你,妈妈喜欢你。相信你能自己走出来。

......

强奸不是你的错。

那些强奸你的人,都不是好孩子,他们会为自己的行为付出相应的代价。

受害者:(继续流泪)

......

咨询师:你现在整天以泪洗面,不吃不喝,是用别人的错误来惩罚你自己啊。

咨询师:你错了吗?

受害者:(摇头)

咨询师:那么你为什么还要这么折磨自己呢?

受害者:(迟疑了一下,想说什么,但没说出来)

咨询师:你是一个好孩子,你是一个快乐的孩子,你原先也有许多的好朋友,也有许多的爱好。是这样吗?

受害者:是的。

咨询师:我们在生活中会有许多的不快乐。但那些不快乐总会过去的。你是一只自由的小鸟,你经过这一次的伤害,你更加地懂得了珍惜,珍惜爸爸,珍惜妈妈,珍惜自己,珍惜亲情,我们相信你一定会走出心理的阴影,走进阳光地带。不是吗?

受害者:(沉默)

咨询师:你现在需要做的是:尽快调理好自己的身体,先尝试着出来走一走。事情已经过去了,事情已经永远过去了,既然我们不能改变过去,但我们可以选择未来啊。

......

＊ 干预方式解析：

受害人认为，自己一直是一个"好孩子"，好孩子的标准之一，就是不和坏孩子在一起。现在她已经被坏孩子奸污了，于是，自己也就成了一个坏孩子。爸爸、妈妈喜欢好孩子，不喜欢坏孩子。所以受害人自罪、自责，认为被强奸都是自己的错。

咨询师在这个环节里可以有两个干预方向：

① 和受害人一起辨析"好孩子"和"坏孩子"的问题。

② 告诉受害人被人奸污不是受害人的错，并不影响大家对"好孩子"的评价。

咨询现场，由于受害人情绪低落，不愿意说话，所以我们选择了后者。

＊ 咨询细节：

① 我们说了 42 次"你是一个好孩子"，16 次"我们都很喜欢你"。

② 适时地强调：割腕是愚蠢的，你不能为别人的错误埋单。为降低自杀风险的终极目标再作铺垫。

③ 过去的已经过去了……

（4）危机干预的第四个环节：为强化干预效果而进行的心理暗示。

这个环节是根据现场的需要而临时增加的。

我们在咨询过程中发现：受害人的情绪已经好转，开始与我们进行目光交流，表情也不再凝重。明显感觉到受害人渴望被接纳、被尊重。她的语言开始增多，继续交流的意愿明显。

受害者是个"好孩子"，已经和咨询师建立了关系。她开始信任咨询师，接纳咨询师，愿意听咨询师说话。

于是，我们危机干预小组临时增加了一个环节，就是为受害者做一个放松练习，并适时地给予受害人心理暗示，以固化咨询效果。

……

做完放松练习后，咨询师让她睁开眼睛看一看周围。

咨询师：你现在的感觉很舒服，对吗，宝宝？

受害者：（点头）

咨询师：来，慢慢地坐起来，对！ 抱一抱你的妈妈，和妈妈说：妈妈你受苦了……

受害者：（哭）

咨询师：抱抱爸爸，原谅爸爸吧，爸爸不该打你……

咨询师：爸爸给宝宝说声"对不起"。

受害者：（哭）

咨询师：好。

……

＊　干预方式解析：

受害人在被奸污了以后，爸爸、妈妈的打骂和指责都在被害少女的心理上造成了一定意义的伤害。所以，我们设计了让受害人抱抱爸爸、抱抱妈妈的环节。目的就在于整合家庭关系，让被害人拥有一个完整的家庭支持，利于被害人的心理修复。

救援细节：我们看到被害少女一直在哭。但是此时的眼泪不再是无助的泪水，而是由衷的感激。

（5）危机干预的第五个环节：整合社会支持系统

危机干预小组成员将受害人的爸爸妈妈叫到了另外一个房间进行了简单的、单独的辅导。

辅导的目的：

① 承认伤害的事实。

② 减缓自身的压力。

③ 为受害者提供一个心理修复平台。

④ 改变家长的错误认知：被人强奸都是因为"孩子自己的错"，如果不和他们玩，就不会被人强奸了。

我们要和爸爸妈妈说清楚的是：

① 事情过去了，施暴者会得到法律惩罚。要把"仇恨"化解，不要为已经过去了的事情伤害自己的情绪和身体。

② 不要再对受害人进行打骂和指责。一个"健康、活着"的孩子比什么都重要。

③ 决定情绪的不是"强奸事件"，而是你们对这个事件的看法。孩子已经受伤，你们不能再让一个受伤的孩子承担"家族的声誉"。这不公平也不人道，你们不能在这个受伤孩子的伤口上撒盐。

④ 关上你们的"嘴巴"，戴上你们的"面具"，忘记已经发生的"事件"，让和谐和微

笑重新回到你们的家中。

⑤ 孩子处在应激状态,爸爸的作用最重要。多抱抱孩子或者多抚摸孩子的头、耳朵,说话的时候,尽可能地拉着孩子的手,给孩子更多的接纳和安慰。

第五章
拯救青春:青少年自杀及干预

2000 年 7 月,因家长不让玩游戏机,广东顺德市一初三男生上吊自杀。

2000 年 8 月,因家境贫寒产生自卑心理的吉林省一女生卧轨自杀。

2001 年高考前夕的 6 月,寒窗 12 年的高中毕业生们正紧张繁忙地备考,四川省某重点中学一名即将参加高考的学生投河自尽。

2004 年 1 月 11 日,某中学学生被家长数落了几句,就赌气服药自杀;

2005 年 1 月中旬,一名初一男生跳楼自杀;几天后,一名小学五年级学生又自缢身亡。①

2004 年 4 月,在短短的两个星期中,浙江省某市四所中学的四位男生相继选择以跳楼这一决绝而惨烈的方式结束了自己的生命。

2004 年 7 月 11 日,安徽省肥东店埠镇一位年仅 17 岁的少年近日因网恋失败一时想不开,竟服安眠药自杀,幸亏被及时送到医院抢救,才化险为夷②。

2005 年 3 月 17 日,惠州市某小学一名六年级女孩从自家楼上八楼天台跳楼自杀。这一青少年自杀事件引起了惠州市民的震惊。因为这是一个学习成绩优秀、思想品德好,和同学关系融洽,与父母关系和谐的女孩。尽管有许多的"没想到",悲剧就这样发生了!③

---

① 亓树新:《他们为什么如此轻率地离开世界》,引自新华网,2005 - 10 - 14。
② 许嘉发、高汉印:《17 岁少年网恋受挫竟服安眠药自杀》,引自新华网,2004 - 7 - 12。
③ 袁静:《优秀学生为何跳楼——自杀成青少年头号死因》,引自新华网,2005 - 3 - 21。

2005 年 6 月 4 日,矣六乡大塔密村 13 岁的小女孩小梦(化名)趁着父母外出,留下了三封对这个世界充满绝望的遗书,悄悄地服毒自杀了①。

　　2006 年 6 月,太原市杏花岭某小区年仅 19 岁的高考生小华(化名),在考试刚刚结束半小时后从自己家的三层阳台纵身跳下……

　　……

　　这一桩桩血的事实,像针一般刺痛了我们的眼睛。然而,这些令人震惊的事例并不是刻意寻来的,只要我们略加关注,各类新闻媒体经常会报道青少年自杀的消息。

第一节　自杀的表现及原因

一、自杀的表现

　　自杀(suicide)一词是源于拉丁文 sui(自己的)和 cide(杀掉),合起来意为杀掉自己,是一种主体蓄意或自愿采取各种手段进行自我伤害或自我毁灭的行为,其结果可以是死亡、致残或被救治。

　　现代国际通用的自杀分类学,是 1970 年美国精神卫生研究院自杀预防研究中心提出的三种类型。(1)自杀已遂:指由自我故意、自我伤害导致的各种死亡。(2)自杀未遂:包括可能威胁生命的各种行为,或者实际上已实施了这种故意的行为,但由于一些偶然因素致使自杀不成功的行为。(3)自杀意念:包括个体通过直接或间接的方式表达自我终止生命的意思。

　　自杀是全世界最大的公共健康问题之一,每年约 100 万人因此而丧生。而自杀未遂者至少是自杀者的十倍。自杀是全球人口的主要死亡原因之一。最近研究发现,每年中国有 28.7 万人自杀,250—500 万人因自杀未遂而接受治疗。自杀排在我国人群死亡序列的第五位,而在我国 15—34 岁人群中,自杀为第一死因。② 在我国提供给世界卫生组织(WHO)的自杀死亡数字中,我国青少年(15—24 岁)的自杀率高居 35 个国家中的第二位(仅次于斯里兰卡),且 15—24 岁青少年女性自杀率世界第一,而且中国是唯一一个女性自杀率高于男性的国家。中国农村自杀率高于城市的三倍。尤其

①　彭芜倩:《13 岁少女"饮恨"自杀是社会之痛》,引自新华网,2005-6-7。
②　刘凤英:《关爱学生——珍重生命》,载《卫生职业教育》,2007(4)。

令人担忧的是,在自杀者年龄构成中,青少年自杀死亡率居高不下,且有低龄化的趋势①。

有学者认为②,有以下行为的表现者应作为自杀的高危人群引起教师、家长的密切关注:(1)面临严重的发展危机或负性应激源,如学业失败、经济拮据、失恋、家庭不幸、人际关系破裂、网瘾、被强暴、严重的躯体疾患等。(2)有明显的心理障碍或人格缺陷,情绪长期抑郁低落,有强烈的罪恶感和无用感;性格极端孤僻内向,与周围人缺乏正常的情感交流,拒绝社会交往。(3)缺乏明确的生活目标,对现实冷漠不满,对未来沮丧绝望,思维偏激,行为冲动,易走极端。(4)直接或间接谈论与暗示自杀,有个人或家族自杀史。

心理学家 Hawton 认为③,青少年自杀表示有 13 种:(1)向他人寻求帮助;(2)希望从挫折环境中逃离;(3)将可怕的想法表达出来;(4)试图影响他人或使他人改变主意;(5)忽然表达对别人的爱;(6)针对过去做错的事向某人道歉;(7)为他人做些好事;(8)害怕重复他人走过的路;(9)希望别人理解自己内心的感受;(10)询问别人是否真爱自己;(11)现实不能容忍以致他必须做些事情改变却不知如何改变;(12)生活失去控制却不知道如何使其回到原来的轨道;(13)想死。

关于自杀者的心理特征尚存在争论。一般学者并不承认存在任何特殊的"自杀个性"。但是,对自杀者,主要是对自杀未遂者和有自杀意念者的研究,发现自杀者在认知功能、情感、人际关系和应激方面存在一些共同的特征④。

认知功能方面 许多学者对自杀者的思维和解决问题的方式进行了研究,发现:(1)自杀者一般认识范围比较狭窄,倾向于采取非此即彼和以偏概全的思维方式,以黑白、对错、好坏的简单二分方式(dichotomous fashion)来分析遇到的问题,看不到解决问题的多种途径,在挫折和困难面前不能对自己和周围环境作出客观的评价。(2)在分析问题时,自杀者倾向于固执和被动,将自己遇到的问题归因于命运、运气和客观环境,相信问题是无法解决的(interminable),也是不可避免的(inescapable),个体是不能忍受问题带来的痛苦的(intolerable)。(3)面对困难时,要么缺乏解决问题的技巧,要么对自己解决问题的能力缺乏正确的估计,或者根本就不作任何估计,其结果是经常

---

① 回龙观医院:《卫生部/WHO 预防自杀会议报告》,载《中国心理卫生杂志》,2000(5)。
② 马剑侠:《大学生自杀问题和干预策略》,载《中国学校卫生》,2002(12)。
③ 李建军:《我国青少年自杀问题研究》,中国社会科学出版社,2007,第 195 页。
④ 资料来源:http://www.xlzx.cn/html/school/xueshulunwen/2007/1123/7552.html。

选择了不适当的解决问题的方式。(4)自杀者倾向于缺乏耐心,不现实地期望在很短的时间内能获得成功,如果某一解决问题的方式没有取得直接的、即时的成功,很快就会将其抛弃,结果他们在解决问题方面很难取得真正的成功。更为重要的是,他们把自杀当作一种解决问题的手段。有研究表明,这一点与自杀意愿的强烈程度二者之间存在着高度的相关性。(5)倾向于从阴暗面看问题,对人、对己、对社会均是如此。表现为对全社会、特别是对周围人群抱有深刻的敌意,从思想上、感情上把自己与社会隔离开来。觉得自己没有前途,看不到个人和社会在将来可能发生的改变(hopelessness)。这种悲观的心理可导致抑郁情绪,进而产生自杀念头。(6)缺乏决断力(indecisiveness),即犹豫不决,没有主见,同时行为又具有冲动性。

情感方面 (1)自杀者通常有许多慢性的痛苦,焦虑、抑郁、愤怒、厌倦和内疚成为其情感的主要特征。(2)他们对自己的这些负性情绪感到厌恶,很难接受。(3)自杀者通常情绪不稳定、不成熟,表现出神经质倾向。(4)倾向于冲动性地试图排除情感,采取各种方法伤害自己,如酗酒、过量服药、捶胸顿足、用头撞墙、扯头发、暴饮暴食,甚至用锐器伤害手部、胸部和大腿等处的皮肤。

人际关系方面 首先是社会交往有限,与周围直接的人际关系(家人、邻里、同事、朋友)常发生冲突,经常丧失已经建立的人际关系,同时害怕被别人拒绝。缺乏社会支持,特别是从中能够获得同情和有效支持的那一种。相反,自杀者并不缺乏那种没有意义、甚至令人反感的"社会支持",包括甜言蜜语的哄骗和"你只需如何如何去做"之类的简单教训。自杀者难以建立新的人际关系,新的社会环境使他们感到不适,导致社交性焦虑和逃避社交的行为。

应激性事件出现的频率较高,特别是负性应激事件 生活对于许多自杀者来说无异于苦海,除了躯体疾病、经济困难等长期性事件外,日常生活中还有许多小的骚扰(hassle),使他们不得安宁。研究表明,自杀者在采取行动前的 24 小时内,小应激事件和人际关系损失的发生频率都非常高。

在意自己的外在形象以及自己在老师同学心目中的地位 如果他们的形象没有达到自己的标准,那么他们就很容易忧郁、自卑甚至是自杀。同时,青少年自杀者在学业上也往往缺乏自信,过于自卑,同时缺乏信心,不专心和反应迟钝。而且,青少年自杀者具有易感性,很容易受到其他人自杀的传染。

与青少年自杀率居高不下相对应的则是我们对自杀的研究仍非常薄弱。虽然在新闻媒体上,不时能看到相关报道,但在真正的研究过程中,研究者往往会受到封锁消息、拒绝采访等重重阻挠。因此,对自杀进行理论上的探讨,针对青少年这一自杀的高危人群,从关心和帮助学生成长,培养学生成才的目标出发,建立学校的自杀预防和危机干预计划是十分重要和必要的。

二、自杀的原因

在谈自杀的原因之前,我们先来看以下几个案例:

案例一:张小楚,一位14岁女孩,曾写下这样一篇名叫《感悟》的随笔:"人生对我来说,是个庞然大物。人生好像一个陀螺,无数次的转动,留下满身伤痕,那是岁月的痕迹。鞭子一下一下抽打,无论疲劳与辛苦,陀螺仍在转着、转着,遍体鳞伤,这就是成长的代价⋯⋯"[①]2004年4月30日早晨,就在别的孩子正在憧憬着"五一"长假的时候,14岁的张小楚却选择了从距离学校不远的一幢高楼的18层"一跃而下"。一个如花的生命从此消逝,令人扼腕叹息。

为什么张小楚会选择轻生? 有记者采访了张小楚的班主任,他认为,张小楚之所以轻生是因为成绩和小学比起来落差比较大,所以她在心理上总觉得自己不再进步了。张小楚生前的好友张鹏也同意班主任的说法,觉得这是她痛苦的一个原因。她总觉得自己的成绩很难达到一个自己最理想的分数,也很难达到父母的要求。而且,在此之前,张小楚也曾经自杀过一次。初一的时候,有一次她考了三十几名,她就说割脉,后来没有成功,是她自己没忍住疼。

张鹏还说:"不仅仅是分数这个原因,她家里面给她的压力很大。有一次张小楚在三中杯上考了第一名,很开心。但是她爸却告诉她:'不能把眼光放在年级组,全校呢,上海市呢?'她爸这么一说,张小楚马上就不开心了。"

案例二:14岁的初一男生何炜颖留下一封不到200字的遗书后离家,3天后的清晨,少年的尸体浮起在离家不到300米河面上。遗书上写道:"我已经很努力地学习了,但老师说我不认真,我很辛苦,离开你们我很难过,再见了,爸

---

① 资料来源:http://www.xici.net/b354613/d36103721.htm。

爸妈妈。"

案例三：珠海平沙一中某初三女生刘某开学首日，便在家中自缢身亡。她给老师留下的遗书中写道："老师，终于我还是选择了自杀这条路。你不必为我伤心，也不必为无法帮我而内疚。因为，没有人能帮得了我，就算你给我再多的心理辅导也没有用。而且，这个选择，我想应该会是我15年来做得最对的一件事。我能用一颗很平静的心对待死亡。其实，死亡并不可怕，你大概是以为我选择死是压力大吧，这只是众多因素中的其中一个，而重要的因素是我根本不知道我生活在这个世界上是为了什么？为了我的理想？可是，我曾问自己，我有梦想吗？我真的有梦想吗？没有。如果是为了我自己，那我更加要去死，人总是要死的，人早死、晚死有什么区别，反正都是要死，不如早死算了。当然，我会带着许多遗憾离开这个世界，但人死了，什么都不知道，有没有遗憾都已不重要。本来，我是不想死的，一是我想，要死就给自己一个死的理由吧，哪个理由？如果这次考试考不好，就去死。果然，不出我所料，这次考试考得不好，一年的努力全都白费了。我不明白为什么我已经很努力，还考得不好，为什么？为什么？我真的很想知道。我实在没办法接受这个事实，更没办法相信这个事实。既然活得这么不开心，不如死了算了，到了这个地步，我已经无法选择！"

这是一个多么无奈困惑的孩子！后来，调查组通报其死因主要有四点。一是刘某生前存在严重的心理疾病。此前，其母亲曾为此带其看过心理医生。二是她自杀前曾多次自杀但未遂。在其写给同学的遗书中透露，她不是第一次自杀，因为害怕疼痛自杀未遂。三是压力太大。刘某在给父母的遗书中写道："爸爸妈妈说要我考取中山大学……我成绩不好，肯定考不上，还是死了算了"。四是她自杀源于对人生的绝望。[①]

案例四：2008年9月16日，绥德县一名上中学的15岁男生写下了一份内容几乎全是诅咒骂人的话语、充满了对家人的愤怒的遗书后，跳楼自杀。信里写道："我为自己能死掉真是一种解脱，我所有的家人都死掉了……我为自己能死掉真是一种解脱……我平时的开朗都是装出来的……我活得很累，被压

---

① 资料来源：http://www.bamaol.com/html/XSXL/ZXL/5942008630121326397.htm。

得喘不过气来……我的自杀都是你们一大家子逼的，从小家里就打压我，长大了还打压我。我要你们看到我的死尸，让你们天天做噩梦，看到我的鲜血，我要看到你们哭的样子……我敬爱的爷爷奶奶，我跟你们有代沟！（据了解，王某父母不合，父亲前几年做生意亏本，后来他随爷爷、奶奶一起生活）"遗书的最后一句写道："写完好痛快！"①

年轻的生命，因为生活中的各种挫折就这样结束。总结上面四个自杀的青少年，他们自杀主要是因为成绩下降或者不好，达不到父母对自己的要求，家庭不和睦，或者是自己本身存在一定的心理疾病（如抑郁）等。然而，青少年自杀的原因有很多。库少雄②曾经对 262 例青少年自杀的个案进行分析，发现因学校问题和异性关系问题自杀的比率分别为 28.3% 和 19.9%；其次是家庭问题（16.4%）、精神病（9.2%）等等。下面，我们将对青少年自杀的原因进行简单的归纳，供大家参考。

1. 社会因素

当前我国正处在社会转型时期。社会的迅速发展，社会生活和文化生活的急剧变化，价值观念的变迁，各种互相冲突的信息的快速传播，强烈地冲击着青少年本不牢固的人生观、价值观，影响着他们还没有完全成形的生活方式和行为模式，常常使青少年感到无所适从而迷失自己。在这样的社会大背景下，对青少年正确世界观、价值观的培养和良好生活方式及行为模式的培养显得尤为必要，但目前我国在这方面做得还很不够。

同时，许多媒体为了给观众带来视觉上的冲击，得到更多的经济效益，往往美化死亡。越来越多的编剧导演都将死亡刻画得唯美生动，电视剧电影中也常常出现宣扬死亡的行为和台词，如一哭二闹三上吊的行为，"我死给你看"等不负责任的激烈言辞，这给还不能明辨是非黑白的青少年带来了严重的负面影响，使其对死亡充满了好奇。尤其是电视剧电影里面出现的为情自杀的场面，势必给懵懂的青少年以一种假想，误以为自杀是一种浪漫而且能解决问题的重要手段，甚至还天真地认为死后还可以在一起，化成蝴蝶，再续前缘。此外，还有一些"自杀网站"不负责任地宣扬轻视生命的网络文化。媒体宣扬的这些文化，很容易使青少年心理健康受到误导，产生情绪不稳定、价

---

① 资料来源：http://bbs. xyl. gov. cn/viewthread. php？ tid＝16219。
② 库少雄：《青少年自杀的原因、征兆与介入策略》，载《社会科学研究》，2001(6)。

值观错位、心理偏激等问题,诱导青少年自杀,导致自杀行为的发生。

当然,目前社会对青少年的心理问题关爱和干预不足是导致许多青少年心理问题进一步"恶化"的原因。许多青少年在产生心理问题后找不到可以帮助他们的地方,最后越来越绝望无助,只好选择自杀。目前,我国还存在将心理疾病患者视为异己,甚至歧视心理疾病患者的现象。就社会整体而言,还缺乏让青少年有安全感、方便有效的专业心理咨询单位和机构,还没有建立起一套完善的心理危机预防干预系统。当青少年出现心理问题时,不能及时对其进行系统有效的干预。

2. 学校因素

对绝大多数青少年来说学校生活是他们生活的重心,占据他们生活的大部分时间,对住校的学生更是如此。但在目前以分数论英雄的教育体制下,分数就是一切,许多学校可以为了提高升学率而在所不惜,全校教师和学生都在为分数作最大的努力,从而忽视了学生在其他方面的发展,尤其是心理健康的发展。成绩好的学生可以受到老师的赞扬和同学的羡慕,成绩不好的学生便得承受老师的批评、同学的看不起。许多学校没有充分重视学生的心理感受,许多青少年在学校里体会不到太多的成功和快乐的感受,久而久之,会导致一些青少年认为人生没有意义,走上自杀道路。

3. 家庭因素

根据众多有自杀企图的个案分析,家庭成员之间的不和是引发自杀的重要原因。家庭成员之间的不和,特别是父母离异所形成的家庭环境,容易使孩子形成不良的自我情感体验,甚至产生人际交往的恐惧、不安全感等心理,较之其他儿童这些孩子会表现出更多的反社会等不正常的冲动行为,具有更多的攻击性、不服从、依赖性、焦虑、沮丧,在社会性关系上有更多的困难[①]。充满矛盾的家庭中的父母,对于自己的事情有时都应接不暇,更不用说花时间和精力在孩子身上。生活在这样的家庭中的孩子,当他们遇到挫折时却得不到父母的支持,其承受挫折的能力可能会降低,从而导致其心理素质越来越差,最后有可能导致自杀。

我们发现,许多自杀个案中的青少年往往跟家庭的关系非常恶劣。这些家庭由于各种原因与孩子的感情非常疏远,许多孩子从不与父母交流沟通,在需要心理支持的时候无法得到来自他们生命中最重要的人——父母——的支持。当这些青少年得不到来自家庭、学校的认同和支持后往往会通过其他非正常途径寻找来自外界的支持,

---

① 傅安球、史莉芳:《离异家庭子女心理》,浙江教育出版社,2001。

如寻求跟他们面临一样情况的同伴的支持,但这往往不利于问题的解决,可能还会让他们面临更复杂的境地。

同时,随着社会的发展,我们发现对一些家庭经济十分拮据的孩子要引起关注。随着社会的贫富两极分化越来越严重,目前校园内学生间贫富差距也日益明显。面对家境富裕同学的阔绰大方、无忧无虑,家境较差特别是来自偏远农村地区的学生生活压力较大,一方面家里为了给自己交学费已经负债累累,其内心充满了愧疚感;另一方面,在学校里又觉得受到同学的歧视,从而使其陷入了忧虑、自卑、抑郁的情感体验之中,这种悲观心理若被过多的负性生活事件强化,十分容易产生抑郁情绪,进而产生以自杀排除痛苦的念头。

有些家庭对孩子死亡教育的失当也会使孩子轻视死亡的危险。前面我们说媒体会对死亡进行美化从而导致青少年对死亡存在误解,有些家长对孩子的死亡教育也很失当,有些青少年从小就对死亡存在一种误解。比如,当奶奶去世了,父母会告诉孩子奶奶"睡着"了;家里的宠物死了,父母会告诉孩子它去了一个很远很远的地方……的确,有时向孩子"撒谎",是因为父母担心孩子不能接受死亡的事实从而对孩子造成伤害。其实不然,让孩子一直搞不清楚死亡真正的意义是什么,对孩子造成的伤害会更大。因为,孩子可能会误以为死亡其实并不是那么可怕,甚至认为死亡是可逆的、暂时的。他们之所以自杀,有些是因为自己害怕面对挫折、不懂得生命的宝贵,但更多的孩子不知道也从没想过死对自己和亲人到底意味着什么。对青少年进行正确的死亡教育是减少青少年自杀的重要途径。

4. 青少年自身因素

学习压力过大是目前青少年自杀的重要原因。青少年最主要的任务是学习,青少年学生往往对学业成绩比较敏感,都希望有好的成绩,但总有部分学生由于自制力差、学习习惯不良等因素导致成绩不理想,从而产生较大的思想压力。除此之外,在分数成为衡量孩子的唯一标准时,青少年承担着家长的很多期待,学习也就成了压力很大的"苦差事",但父母却难以理解,觉得孩子有这么优越的学习条件,却不认真学习。甚至有时尽管学习成绩不错,但家长对他们的要求过高,无论他们怎么努力,都达不到家长的要求,这也会给青少年带来很大的挫败感,认为自己无能,从而走上轻生的道路。

人际关系不良也是引发青少年自杀的一大因素。随着年龄的增长,青少年已经开始慢慢脱离父母的控制,并意识到了人际关系的重要性,对人际交往的需求明显增强。但是,一方面青少年对人际交往的需求上升了,另一方面青少年的实际人际交往能力还比较缺乏,这样就会出现冲突。目前青少年大都是独生子女,社会交往有限,当遇到人际交往困难时,找不到朋友倾诉、发泄自己的情绪,一旦遭遇交际挫折,容易产生厌世心理而走上绝路。

早恋也是导致孩子心理危机的常见因素,但细究起来,不少早恋的孩子都是因为成绩不好、被父母责骂后而谈起了恋爱。但青少年的恋爱往往难以长久,失恋后很容易引发心理失衡。许多青少年往往只知道恋爱的美好,却没人告诉他们如何分手、如何对待失恋。青少年对未来生活仍充满希望,但如果理想与现实发生较大差距时,便认为失去了一切。有些青少年甚至错误地认为,为爱自杀是一件自豪、浪漫的事。

有些人可能会有疑问,同样是在挫折环境中,为什么有些人会选择自杀而有的人则不会呢? 其实,这和每个人自身的心理素质有关。一般而言,自杀的青少年其内心都比较脆弱,对自己和外界均没有什么安全感,自卑,承受挫折的能力较低。一旦挫折强度超过了他们的心理防线,他们就有可能作出冲动的行为,比如自杀。除此之外,就是有些青少年患有严重的精神疾病,比如抑郁等,由于忍受不了病痛的折磨,最终选择了结束生命。

青少年自杀的原因很多,我们在这里也不可能一一穷尽,只是列举了一些常见的原因。总之,对青少年来说,当来自外界的各种压力及家庭的矛盾冲突等等无法得到解决时,他们就会感到孤独、无助和绝望。当他们感觉到没有能力继续生活下去或即使生活下去也没有意义,对未来不抱任何希望时,就会想到自杀。青少年的自杀,给家庭、学校、社会带来了无尽的悲伤。找到青少年自杀的原因,有针对性地预防自杀,为青少年创造一片美好的生活的天空,是家庭、学校、社会和青少年自身都义不容辞的责任。

第二节　青少年自杀心理危机的干预

自杀类型主要有自杀意念、自杀已遂与自杀未遂三类,我们把对青少年的自杀危机干预也分为三类,针对有自杀意念的青少年,应对他们开展干预,帮助他们消除自杀意念;对于自杀未遂的自杀者,为防止其再次自杀,也是我们进行干预的重点;在身边有人自杀已遂的情况下,我们应该把危机干预的重点放在自杀者同学、好友等人身上。

一、对有自杀意念的青少年的干预

(一) 对有自杀意念的青少年应采取的措施

自杀是青少年危机的主要形式之一,危机是一种危险也是一个机遇。如果能进行及时和适当的干预,就能帮助当事人,渡过危机达到成长的目的。

对那些可能有自杀意念的青少年,我们可以采取以下的措施。

1. 对青少年的自杀意念进行评估。

面临可能的青少年自杀事件,及时有效的评估是首要的。美国心理学家 Patterson 研究了有关自杀的各种危险因素,提出了一套评估自杀可能性的方法——"SADPERSONS"测量表。Juhnke 对该方法进行相关综述[①],并将该方法用于诊断孩子的自杀情况[②]。其中,S 表示性别(Sex),A 表示年龄(Age),D 表示抑郁(Depression),P 表示以往自杀史(Prior history),E 表示酒精滥用(Ethanol Abuse),R 表示丧失理智(Rational Thinking Loss),S 表示支持系统丧失(Support System Loss),O 表示组织计划自杀(Organized Plan),N 表示没有重要他人(No Significant Other),S 表示疾病(Sickness)。上面每种情况 1 分,总共 10 分,0—2 分表示没有问题,保持观察;3—4 分表示送回家,但是得经常复查;5—6 分表示建议住院治疗;7—10 分表示必须住院治疗[③]。在每一种情况下,都需要由专家斟酌决定怎样介入。

需要强调的是,任何说想自杀的青少年都应该引起家长和学校的重视。有一种危险的说法,即一个谈论自杀的人不会自杀。惨痛的事实是,许多有过自杀预兆而被忽略的人最后还是自杀了。青少年在谈论自杀时,正在表达一个信息,即有什么问题需要帮助,尽管还没有严重到要把自杀作为解决问题的唯一途径。因此,应当严肃地对待关于自杀的谈话。

2. 建立多途径联系方式。

对那些通过评估发现处于危机状态的青少年,需利用电话、网络等多种方式建立与家庭、教师、同学、学校有关部门和有关人员的热线联系,随时准备为处于危机状态的学生提供及时的帮助。在危机处理中,家庭、教师和同学及周围的其他人员是直接

---

① Juhnke, G. A., SAD PERSONS scale review. *Measurement and Evaluation in Counseling and Development*, 1994,27,325 - 328.

② Juhnke G. A., The adapted SAD PERSONS: As assessment scale designed for use with children. *Elementary School Guidance and Counesling*, 1996,30,252 - 258.

③ 资料来源:http://www.capefearpsych.org/documents/SADPERSONS-suiciderisk.pdf。

影响问题解决、恢复当事人心理稳定的重要因素,所有的学生家长、老师和同学都要有一种危机干预意识,随时准备承担危机干预者角色,对发生的危机进行及时干预。

3. 在恰当的时候,可以请相关工作人员介入对青少年的干预。

通常,一位企图自杀的青少年的表现不会十分活跃、主动,工作人员与当事人建立初步关系时,必须忍耐求助者可能较为被动和沉默的表现。虽然求助者可能对工作人员表现出漠不关心的态度,其实他们是非常需要别人能给予支持的。工作人员的真诚关心和友善态度是与求助者建立良好工作关系的重要基础。

工作人员在接触有自杀危机求助者的初期,必须清楚地、肯定地表明工作人员的身份及帮助求助者的意图。同时应向企图自杀者表明他们有接受援助的权利,而且应对自己的生命负全责,工作人员应尊重自杀企图者的个人选择。Birtchnell(1983)认为,若有自杀意图者经过工作人员一段时间的介入帮助后,仍然选择终结个人生命,工作人员应接受个人在此项工作上的限制,并无须因求助者的决定而有罪疚感。

对潜在的自杀者,有两种介入策略。一是迅速处理当前的危机,给当事人以直接的帮助,使当事人活下来。二是调查研究长期以来逐渐把当事人逼上绝路的各种原因,包括一些看起来与自杀无关的间接原因。例如,一个15岁的男孩,因为父母不和而深深苦恼,再加上他本人性格内向,因此,几乎不与同龄人接触。他正在考虑是否自杀。首先,我们应该防止自杀的发生。然后,还需要为当事人消除自杀的根源,解决其父母之间的冲突和缺少朋友的问题。这就需要长期的关心和治疗。

(二)自杀危机干预的步骤

我们可结合前面介绍的危机干预六步法,来进行我们的自杀危机干预。

(1)确定问题。通过观察和倾听,迅速确定问题的严重程度,并迅速将情况转告家长和有关人员进行干预。

(2)保护当事人安全。组织班级同学对有自杀倾向者进行看护,确保自杀者的生命安全,并要注意危机干预者的人身安全。自杀者的生命安全是危机干预的核心任务。

(3)给予自杀者以心理支持。争取与其保持沟通与交流,注意多倾听、多肯定,使其尽可能多地将烦恼和困惑得以宣泄。

(4)心理辅导。在给予自杀者一些支持和帮助的基础上,提示自杀者调整思路,给予一些必要的心理辅导,改变认知,减轻其应激与焦虑水平。

(5)帮助自杀者制订计划。为自杀者提供一个对所关心问题的解决办法和应付机制,减缓心理冲突,矫正情绪的失衡状态,提高自杀者的应付能力和思维灵活性,并使其相信自己的能力,战胜危机。

（6）通过进一步沟通,得到自杀者不再自杀的承诺,必要时把自杀者托付给家长,结束危机干预。

自杀危机干预有三个关键:一是行为干预,要确保自杀者的生命安全;二是心理辅导,要少讲多听,使自杀者得到充分的宣泄;三是最后干预是否成功要看能否改变自杀者的认知,纠正其错误思维,对干预者作出恰当的承诺。

（三）自杀危机干预的策略

在应对想自杀的青少年时,要注意运用以下策略[1]:

（1）保持镇静。不要让当事人的悲伤影响你的判断。当事人需要人帮助他恢复理智和客观,但不需要一个本身就情绪不稳的人来帮助他。

（2）指出优点。谈论当事人的优点和长处是有益的。例如,当事人可能曾经是举止文雅、乐于助人、努力工作、待人诚恳、活泼开朗、富于吸引力的等等,但想自杀的人很可能只看到他自身及其生活中不好的一面,而忘记了好的一面。

（3）帮助当事人获得客观的态度。一个被各种问题和压力压得喘不过气来的人很可能无法冷静、客观地评价自己和环境。在这种情况下,危机干预工作者首先要保持客观的态度,并帮助当事人尽可能客观地看待自己的环境,抓住想活下去的愿望。想自杀的青少年几乎都是矛盾的,一方面想死,另一方面还想活下去。发现并紧紧抓住他们想活下去的愿望是非常有帮助的。

（4）不要发生争论。避免就生命与死亡的哲学问题与当事人争论。同时也应避免说一些陈词滥调,例如"还有很多美好的东西在等着你"、"你的生命才开始"等等。这种说话方式使当事人觉得你是在泛泛而谈,而非真正理解他们内心的感受。企图自杀的青少年最需要的是客观的、设身处地的、感情移入的理解和支持。

（5）指出其他的行为选择。由于个人经历、生活压力等原因,人们常常囿于个人对生活的一己之见——他们也许只看到了目前的危机而看不到其他的东西,这时与他们谈谈其他的可能选择是有益的。有时想自杀的人处于其情绪的最低点,他们认为人生从来就是如此糟糕而且永远如此糟糕。实际上,人生如潮水,有涨也有落。一个想自杀的人很可能曾经"涨"过,并且在以后的生活中将再次"涨"起来。指出这种生活涨

---

① 库少雄:《青少年自杀的原因、征兆与介入策略》,载《社会科学研究》,2001(6)。

落的规律是有益的。

（6）帮助当事人获得资源。对当事人最有力、最具体的支持就是帮助他们得到想要的东西。因为想自杀的人一般说来比较孤独，因此，危机干预工作者要帮助他们获得各种资源。这些资源包括家庭和朋友，也许还包括帮助当事人去见一位他想见的电影明星或心理医生。最终，需要专业的心理咨询人员为那些需要帮助的人提供长期的关心和帮助。

二、青少年自杀未遂的干预

据我国卫生部报告①，我国每年有 25 万人自杀死亡，自杀是我国第五位重要的死亡原因，是 15 岁至 34 岁人群首位重要的死亡原因。联合国估计自杀未遂人数是自杀死亡人数的 10 倍至 20 倍。由于我国任何地方都没有建立自杀未遂报告系统，因此无法评估我国确切的自杀未遂率。若保守地按自杀未遂人数是自杀死亡人数的 8 倍计算，卫生部公布，中国每年至少有 200 万人自杀未遂。北京心理危机研究与干预中心教育培训科主任李献云副主任医师说："自杀未遂是自杀死亡的一个重要危险因素，调查研究显示，在自杀死亡人群中，1/4 的人曾经有过自杀未遂经历，研究自杀未遂人群的特征，对自杀未遂人群进行提前干预，防止再次出现自杀行为，也就是减少了自杀死亡人数。"

自杀死亡和自杀未遂的结局不一样，和当时的心理状态、死亡决心与死亡意图有关，相对来说自杀未遂者当时的死亡意图不是很强烈，大部分只是一时冲动，所以自杀未遂者选择的自杀方式致死性要低一些，比如吃安眠药等，自杀死亡者选择的自杀方式致死性更强，如跳楼等。对于自杀未遂者来说，虽然身体上受到的伤害得到了抢救和医治，也可能由于自杀行为本身释放了一定的心理压力，但危机仍未过去。许多自杀者获救后，对周围的情境以及人们的态渡过分敏感。许多自杀未遂者仍坚持认为死亡是一种解脱，且自己的死亡对别人不会造成什么影响。李正平（2007）的研究表明②：（1）自杀未遂者具有情绪行为稳定性差、性格趋内向的人格特征。由于情绪的不稳定及冲动性，不能处理好人际关系，在受到重大疾病或重大生活事件刺激时，易出现抑郁、焦虑情绪，从而出现自杀、自伤行为。（2）自杀未遂者较多地使用潜意识显现、被

---

① 资料来源：http://www.lzxlzx.com/jing-shen-bing/3565_1.html。
② 李正平：《自杀未遂者的人格特征、防御机制、应对方式研究》，四川大学硕士论文，2007。

动攻击、幻想、投射等不成熟防御机制,较少使用升华、幽默等成熟防御机制,不成熟防御机制的使用可以作为自杀的预测指标。(3)结合其性格特征,自杀未遂者的应对方式表现出不善于以幽默的态度对待问题,当遭遇负性生活事件后,多使用退避的不成熟的应对方式,而较少使用解决问题、求助等成熟的应对方式。自杀者一般不善于表达自己对别人的敌意和愤怒,往往形成强烈的自卑感和依赖个性,这种人理想的自我与现实的自我之间存在着明显的距离,企图通过自杀求得精神上的再生和重新构造自我。因此,只要其心灵上的伤害仍未得到抚慰,或是心结仍未打开,仍有可能再次采取自杀行为。

有自杀史的人再次自杀的可能性较大,因此需要对其进行比较细致的照顾,其身边应该尽可能一直有人陪伴。家人是自杀未遂者最主要的照顾者,为了更好地防止自杀未遂者再次自杀,其家人应该了解一定的青少年自杀的常识。相关部门可以对家属进行自杀前状态常识的培训,重点是对自杀意念或行为的早期识别、评估方法、危机干预的方式,帮助他们及时地从自杀者的行为表现中发现自杀企图,及时加以疏导、阻止。在培训过程中对家属提出的问题进行讨论,讨论结束后给家人留一定的家庭作业,要求家人按要求完成作业。同时,对于自杀未遂者的家庭,相关部门还要教会其家人如何创建一个健康的家庭环境,以防自杀未遂者长期处于冲突和压抑之中,要让其健康快乐地生活,多和心理健康的人接触,培养其积极情绪。

对于自杀未遂者本人的干预,可以有很多方式,如对自杀未遂者进行认知重建。一般而言,青少年选择自杀是因为其认知结构过度消极,认为在生活中找不到令其快乐的事件,只能以死来寻找来生的快乐。对于自杀未遂者,咨询师可以帮助其寻找生命的快乐,如咨询师可以问自杀未遂者"在你印象中,有哪件事情让你感觉比较快乐?"等问题,让来访者积极回忆令其感到快乐的事情,让他们发觉其实生活并不是想象中的那么悲惨。帮助来访者换位思考问题,咨询师可以采用很多方法,如可以采用叙事疗法,当咨询师问问题的时候,来访者用"它"来回答问题,将来访者与事情分开来说,让来访者与咨询师一起来发现事情积极的一面,重构自杀未遂者的认知,消除不良消极事件的影响,帮助来访者恢复健康。

众所周知,不良情绪如果得不到及时的宣泄,当它积聚到一定程度并超过了人的认知和心理负荷时,就非常有可能导致个体极端行为的发生。在对自杀者进行危机干预时,要给予来访者充分的尊重和理解,不要对其价值观进行批判,而是积极地将来访者消极的情感引导出来,通过一定的方法如音乐疗法、角色扮演等,帮助来访者达到情感宣泄的目的,降低来访者的心理负荷,预防自杀未遂者再次进行自杀。

三、青少年自杀已遂后的干预

当学校或社区发生自杀事件后,知情青少年可能出现的症状主要有①:(1)闪回、噩梦。闪回是最常见的应激反应之一。尤其是对目击者或见到现场照片的人员而言,更易出现闪回。有少部分人未曾目击,但却经常想象当时的情景,感到十分恐惧。比如,学校有一位学生跳楼自杀了,那么事件发生后则会有一部分学生常会无法抑制地想象该生从楼上跳下的情景,尤其半夜醒来的时候,觉得十分恐怖和害怕,晚上也经常做噩梦。(2)恐惧、失眠。死亡往往给人们带来恐惧的感觉。尤其是到了夜里,更容易产生恐惧,导致失眠。对恐怖场面的想象和从小接受的关于鬼神的说法更加剧和助长了恐惧心理。在经济和文明不发达的地区,许多人家里在有人死亡后会采取迷信的手段,使死亡变得更加神秘而可怕。因此,部分知情学生可能会不敢走过事发地段,或者在夜晚会想象死者在空中飘荡,这势必影响到睡眠质量,易导致失眠。

针对这种情况,心理学家 Shneidman② 提供了一种"心理学尸检"的后干预技术,即让死者周围的人详细剖析回顾自杀者的心理史,引导人们思考死者为什么发生自杀,如何看待他的自杀。通过分析、回顾、告别仪式、放松技术等活动程序,帮助周围的同学消除紧张恐惧心理,使他们理性地看待自杀现象,尽快从震撼、悲哀、忧郁等不良心态中解脱,恢复正常的学习和生活秩序。

> Jennifer,17 岁,曾经抑郁,但后来心理重新获得平衡。在过去的一年里,一些生活事件的发生使她的生活复杂化并且受到严重干扰。父母的分居与离异是她始料不及的,她感到非常痛苦。后来她非常亲密的祖母因肠癌去世,Jennifer 与她的母亲以及 2 岁的妹妹生活在一起。不久后她母亲开始与男友约会并且让他搬来与她们一起生活。
>
> 在一个周末,Jennifer 的一个好朋友自杀了,她受到严重的创伤,显得不安、严重抑郁、疲乏、脸色苍白、退缩。在星期五她缺课独自去悼念她的朋友。出于对传染自杀[contagion suicide,有时也称为模仿自杀(copycat suicide)]

---

① 杨琼敏:《建立学生自杀后的危机干预机制》,载《新西部(下半月)》,2008(2)。

② Gilliland B. E.,James R. K. 著,肖水源等译:《危机干预策略》,中国轻工业出版社,2000。

的警惕,学校咨询人员意识到 Jennifer 可能由于朋友自杀的伤害以及家庭的压力而使其危险水平提高,于是就与 Jennifer 进行了交流。

学校咨询人员:Jennifer,看到你这样真让我吓一跳,现在什么使你如此痛苦呢?(让 Jennifer 知道咨询人员对她的情感关怀是非常重要的)

Jennifer:(一阵长时间的沉默后)我从没有如此害怕过。(停顿)自从上周五参加 Etta 的葬礼以来,我在想我要像她那样做不是更好吗。我和她很要好,听着他们谈论她的所有的美好的事情,我是多么悲伤却又如此欣慰。

学校咨询人员:嗯,Jennifer,我很高兴你在这里,我们能有机会在一起,我能从你的言语以及你的情绪中感到 Etta 的死对你震动很大。但你刚才所说的仍让我感到吃惊,你的意思是说自那以后你在计划自杀吗?

学校咨询人员的提问主要是为了迅速地对 Jennifer 的危险性进行评价,快速阻止 Jennifer 感染自杀的意念。Jennifer 的回答将影响咨询人员的下一步工作。在这个例子中,咨询人员通过向她及她的母亲提供咨询,及时减少她的自杀意念,并在此之后进行支持性的治疗以对付 Jennifer 的绝望感。咨询人员的果断和直接处理有效地避免了一场悲剧的发生。①

自杀是青少年心理危机干预的重大领域,在国外,特别在美国,人们对自杀,特别是青少年自杀问题十分关注,也有众多学者对这一问题进行了广泛而深入的研究,在自杀动力学、咨询技术、干预策略以及预防思考等方面得出了一系列的结论,为我们提供了一定的借鉴,但国外学者对于如此多的青少年自杀的原因,仍感到困惑。一位西雅图医学检查员 Reay 博士对青少年自杀进行了两年多的研究,结果他承认:"我们没有发现任何特别的特征……换句话说,以我们所仔细研究的 100 个青少年为例,我们不能识别一个潜在的自杀者。"Reay 博士的研究说明预先识别有自杀倾向的人群有一定的困难性,试图对任一人群作自杀预识别、分类、评价以及预防潜在自杀都是复杂的、困难的。这也从一定程度上说明了自杀这一危机类型症状的复杂性及进行预防和干预的困难性,这为我们将要开展的自杀危机的研究提出了挑战,但也在一定程度上指明了研究的方向。

---

① 资料来源:http://www.xici.net/b354613/d36130439.htm。

尽管对自杀进行预防和干预有一定难度,但我们认为,青少年自杀行为是有规律的,预防青少年自杀是有可能的。构建青少年自杀危机预防与干预体系需要遵循青少年自杀的心理规律,整合多种社会资源,包括学校、家庭和社会等各种资源。通过对青少年自杀的理论探讨以及对若干自杀个案的调查与干预实践,我们提出了青少年自杀预防的基本策略。

首先,在新生入学的时候,学校可以对新入学的学生进行心理健康调查,从中了解学生的自杀意念,并有针对性地开展工作。在了解学生的基本情况后,对查出有自杀意念的高危学生进行有针对性的心理辅导和教育,并保持经常性的关心和帮助。

其次,在学生心理健康教育中增加学生自杀预防的内容。比如开展"珍爱生命"的主题教育,教育学生正确地认识社会、适应社会、热爱生活、热爱生命,提高自己对社会的适应能力和抗挫折能力。教育学生积极正确地认识自己,消除自卑、树立自信,积极参与和正确对待社会竞争,以积极的生活态度面对困境,克服困难,实现自己的人生目标。要对学生进行心理知识普及教育,让学生了解什么是心理危机,什么情况下最容易出现心理危机,学生的哪些言行可能是自杀的前兆,对出现自杀预兆的同学如何处理与干预,如何及时向老师反映,如何对同学进行帮助,如何与家长取得联系等等,使青少年自杀的预防进入学校的议事日程。

再次,加强家校沟通,增强家长对孩子心理行为问题的敏感度。父母之间的关系要和谐,不能在孩子面前吵架。家长平时要多和孩子沟通,不能只一味地看重成绩而忽视孩子的身心健康发展。要多鼓励孩子,经常表达对孩子的关爱,让孩子产生自信,使孩子生活在充满温暖阳光的家庭中。

第三节　自杀案例分析

案例一:自杀少年——活着其实很有意义①

1. 背景介绍

在一次政教处组织的学生心理动态分析会上,一位高一班主任反映班上有位学习成绩不错、上进心很强叫华铭的学生最近总是不能完成各科作业,与其母亲联系后,了解到他寒假时曾服用过量安眠药被送到医院洗胃。开学后,常常因为心烦无法完成作

---

① 史兵兵:《对一位有自杀行为学生的个案辅导》,载《浙江教育科学》,2005(5)。

业。班主任建议他到心理咨询室进行咨询,但被他拒绝了。因其母亲是信教者,他的这种状态被她解释为魔鬼缠身。过了段时间,情况有所缓解。但这位学生进入了学校心理咨询室的视线,成为我们关注的对象。通过与班主任进行联系,我们能经常了解这位学生的情况。一年多后,这位学生的母亲因急病去世。当他参加完丧礼回校学习时,表情平静,期末考试学习成绩还有明显的上升。假期中,班主任经常与他联系,这时他提出希望接受心理咨询。这样华铭同学正式成为学校心理咨询室的重点联系对象。

2. 事件处理过程

开学不久,一位清秀、身材略显单薄的男生微笑着出现在咨询室。华铭的微笑令人惊讶,因为在首次咨询者中几乎没有人会有这种表情。当我们就"心理咨询"的关系、目标等问题进行沟通时,我再次惊讶了,因为他基本上把心理课上所介绍的关于心理咨询的信息都接受了,特别是他知道来访者的主动参与对咨询效果有重要的作用,这些都非常有利于咨询关系的建立。他首先提出了"学习压力"的问题。受父母及其他长辈的影响,华铭从上学那天起,就不贪玩,学习一直很努力,对自己的要求也很高,他清楚地记得四年级时一次语文测验得了 93 分,难过得大哭,无法面对这样"差"的成绩。初中时学习成绩也属于名列前茅,但一定要考上××学校的强烈愿望使他以 2 分之差未能考上重点中学,家里花了一笔钱使他上了重点高中,也使他背上了沉重的包袱。第一学期学习成绩不错,但他还是感到有许多内容没有学懂学透,担心高考又会重蹈覆辙。平时很在意别人对自己的看法,如因为英语学得不错,英语老师让他向同学们介绍自己学英语的心得体会,介绍后的一次英语小测验,英语成绩从第一名跌到了第五名,就担心自己被别人嘲笑。平时做作业时稍有分心就自责,就认为自己出了问题,越想越痛苦,以至于无法完成作业。高一时服用过量的安眠药,就是因为不能接受自己学习状况所致。

针对他的叙述,我们就高中与初中学习广度与深度的变化,重点高中参照群体的变化,考试成绩的正常波动、注意集中时间与波动、确立适当的学习目标等方面进行了沟通,使他意识到学习上对知识点掌握的关注应重于对名次的关注;注意波动是一种正常的心理现象,苛求反而会产生更大的负效应等。

最后他谈到母亲的去世对他打击很大,期末考试时已作了考完就去死的打算,没想到这种死的念头使他放下了担心这担心那的思想包袱,轻松地参考,并取得了意想不到的好成绩。面对这样的好成绩,又给他带来"活下去"的希望。但新学期开始后,各种烦恼又困扰着他,并影响他的学习。

咨询中就"不想活"的话题进行了重点的交谈,最后他表示不会自杀。虽然他一再作了保证,但还是承认常有这样的念头在闪。我要求他有这样念头时马上向信得过的人交谈,他答应了。同时我也告诉华铭为了防止意外,也为了更好地解决问题要请他的监护人到学校来,他同意了并提出让舅妈和父亲一起来。

首次咨询,排除了华铭同学神经症状的可能。

华铭同学要求自己学习上能不断取得新的进步的过高要求,构成其沉重的心理压力。"学习不能达到××目标活着还有什么意思"的想法是构成其自杀的直接诱因。这种压力一方面来自其家庭,另一方面主要来自于自己认知上的片面。

不久,华铭的父亲和舅妈在班主任的陪同下来到咨询室,通过交谈了解了一些有关华铭的家庭背景和他当前学习生活情况。华铭父母文化程度不高,原来在农村乡镇企业工作,为了儿子的学习举家迁至城里,在亲戚的帮助下在单位打工,生活并不是很富裕。但华铭的小舅和大姨都考上大学,在城里有了较好的工作和一定的社会地位,他们的生活状况明显优于华铭家。华铭从小在外婆家长大,得到长辈的宠爱,同时也形成了"学习好就像大姨和小舅那样生活,学习不好就像爸爸妈妈那样吃苦"的思维模式。华铭的父亲对儿子的学习要求很高,常常询问其学习成绩,并不让他参加除学习以外的其他活动。

现在华铭在家常常坐在椅子上发愣,不做作业,也不知道他在想什么,也无法与他沟通,所以父亲很困惑,"我不知道该怎样去对待这个儿子"。

我们向家长提了三条建议:(1)不要在学习上给孩子压力。(2)要与其多交流,特别是当他发愣、想母亲时,更应给予关心。最好能暂住到亲戚家,换个环境。(3)密切关注其精神状况,防止"不想活"的念头付诸行动。

3. 事件的发展与进一步处理

开学三个多月时间,华铭通过咨询室面咨和电话咨询与我保持着联系。因为平时完成的作业量比其他同学要少,加之焦虑,考试时的解题速度明显慢于其他同学,每次考试总有部分题目来不及做,成绩与高一高二比,明显下滑。华铭无法面对这样的成绩,再次实施自杀。因学校与家人对他防范较严,得到了及时的抢救。当班主任去探望时,尽管华铭还很虚弱,但他却向老师谈到了休息几天即去上学的意愿。

上级主管部门为防止意外的再次发生,要求华铭休学回家。学校考虑到华铭本人有继续学习的意愿,若劝其休学可能会给他带来更大的打击,因而多次与上级有关部门协商,同意华铭继续到校学习。学校再次召开有关华铭同学的情况分析讨论会,由他的亲属、学校政教处、班主任、心理咨询教师及市教育局有关领导参加。会议达成的共识是加强心理疏导,严防意外发生,学校家庭一起努力帮助华铭同学顺利完成高中学业。为了保证安全、有利于学习,华铭搬到姑姑家住,我们与班主任一起进行了家访,进行了沟通。

为使意外不再发生,我与华铭就此作了更具体的约定,并告知他为了对他负责,对学校的安全工作负责,我们会有一些监管的措施,他表示同意。

通过对前几次咨询情况的分析,我认为华铭同学的自杀行为与他无法应对"失去母亲"和"成绩下滑"这两个问题有密切的关系,为此确立了这样几个咨询目标:(1)让华铭同学宣泄压抑在心中的悲伤,面对和接受失去母亲的现实。(2)调整好与父亲和其他亲属的关系,构建新的家庭氛围。(3)根据目前的学习状况,确立适当的学习目标,树立学习的信心。

在"怎样面对失去母亲的现实"的咨询中,华铭同学诉说了失去母亲的悲伤:"与母亲作最后告别时,似乎很平静,可能有的亲戚认为我没有大哭,一点良心也没有,但我内心的痛苦是无法用语言表达的。""我那时心里很难过,但就是哭不出来。我直到现在还在后悔,我那时为什么没有大哭,是不是我的精神真的有问题。"我告诉他这是人处于极度悲哀时的表现之一,别人能理解他,母亲若在天有灵,更不会责怪他。"后悔"是自己对自己的一种谴责,是无法面对母亲病逝这一事实而产生的心理反应。我请他谈谈母亲对他的最大希望是什么? 怎样去实现母亲的愿望? 谈谈准备在大学学什么专业。启发他从深深的内疚、悲痛中拔出来,改变目前的精神状态,在高考前作好最后的冲刺,用知识充实自己,改变自己的人生,告慰母亲。华铭对这次咨询很满意,同时又提出请精神科的医生来证实自己是否真的没有这方面的问题,是否可以顺利参加高考。我与他家长联系后,为他预约了一个专科医生。通过交谈,医生明确告诉他:"你没有神经症方面的问题,主要是心理问题,要相信心理老师,通过咨询,通过你的配合可以解决你的问题。"这样,解决了他心中的疑惑,减轻了他给自己施加的心理压力,对前程有了信心。

在有关与父亲的关系的咨询中,华铭谈到了与父亲的隔阂,"小时候怕他,大了就与他没有什么话讲了"。在分析解释自己自杀原因时,他曾比较激动地说过:"我努力读书是为了报答妈妈,让她能过上好日子,现在她走了,享不到我的福了,倒便宜了爸爸。"他认为父亲配不上妈妈:"如果没有我,妈妈早就与他离婚,早就过上更好的生活,也不会那么早就离开人世了。"他细述妈妈每天在外辛勤工作,又把家里打理得井井有条,烧饭、洗衣、侍候父子俩,妈妈去世后,爸爸一点家务都不会干。我请他想一想如果妈妈对爸爸没有感情,会那么周到地对待他吗?而且妈妈无论多么难,从不在外公外婆面前诉苦,这能说是为了孩子而凑合着过日子吗?妈妈走了,你爸爸也非常难过。妈妈的去世是个意外,并不是由爸爸造成的,不能把失去妈妈的悲伤化作怨气仇视爸爸。为了使华铭能改变自己不合理的想法,我考虑到请他的亲戚一起做工作可能更有效。于是我们学校政教处领导,他的班主任和我一起到他外婆家介绍了华铭同学的学习情况和他的一些想法,讲述了与父亲的关系对华铭心理的影响,请他们协助做好华铭与他父亲之间的沟通工作,让华铭明白父亲(包括其他亲戚)供他读书只是为了让他有更好的前程,而不是为了享他的福。同时也和华铭的姑姑和父亲进行了联系,华铭的父亲和其他亲戚对学校的工作很支持,在他们的共同配合下,华铭与父亲的关系有所改善,这对他能集中精力投入学习起了重要的作用。

在与华铭同学的咨询过程中,我发现学习成绩的波动始终左右着他的情绪,因此,接受目前的学习成绩排名,确立适当的学习目标,在困难中重树学习信心,是咨询中要做的重要工作。我从班主任处了解到他的主要问题是考试时间不够。即试卷中已答的试题得分率很高,失分主要在后面有几道大题来不及做。而时间不够的原因除平时作业做得少(常因心烦不能完成作业)造成"手生"外,主要是在考试时有反复看手表、反复检查的多余动作。这种伴随"考试焦虑"而来的强迫性症状,其根源在于对成绩的期望值过高,总希望"这次考试有超水平的发挥",这样的心态使他一遇上稍难一些的题目就认为自己不行了。因此,通过有针对性的辅导,华铭接受"有我不会做的题目",允许自己解题中出现错误。华铭同学的悟性非常好,在后来的咨询中他谈了自己对这个问题的新认识。住在姑姑家,他看到读初三的表妹做作业时遇到一道难题,左想右想做不出,就收起作业准备休息了,当时他觉得很奇怪,你怎么能这样?表妹说她实在做不出,只能明天去问老师。华铭说他第一次知道原来还可以这样对待不会做的作业。他以前不能在没有完成作业的情况下坦然入睡,而是自责、自怨,常常搞得筋疲力尽,经常无法完成作业,内心很痛苦。从这件事上华铭似乎找到了自己问题的根源,"是我自己在跟自己过不去"。应该允许自己有不会做的题目,允许自己犯错。我肯定了他的想法,鼓励他勇敢地接受自己目前的状况,也相信他可以调整好心态,在高考中发挥自己应有的水平。

学校在管理上为华铭同学提供了更为宽松的环境,如作息时间上、作业的完成上,在鼓励他的同时体现了一定的灵活性。在班主任的牵头下,各任课教师们给予他许多具体的帮助,数学、化学等学科的老师在课余、节假日予以辅导。

在多方合作下,华铭同学终于能稳定情绪,投入到复习迎考中。高考时,虽然他的实力还没有得到充分发挥,但较之模拟考,成绩已有回升,上了重点线。他自己也能坦然接受考试的结果,并顺利地被第一志愿的学校录取。

4. 分析与反思

随着华铭同学毕业离校,对他的心理辅导工作结束了,但回顾这一个案的辅导过程,有许多值得深思的问题对我们今后的心理咨询工作的开展是有帮助的。

(1)要重视"危机干预"。华铭同学的心理问题有其学习压力过大的原因,但"母亲去世"这一危机事件确实是他再次实施自杀的直接诱因。我们在后期做的咨询工作其实有相当一部分属于危机的后期干预,如果能在前期及时介入,效果会更好,甚至可以避免这一事件的发生。因此,学校心理咨询工作应重视对学生心理危机的及时干预。

(2)重视班主任和其他科任老师的作用。从华铭同学的心理辅导过程中可以看到班主任和其他学科老师的作用是不可低估的,特别是班主任直接与学生接触,他们对学生心理问题的敏感性的高低,对学生心理问题的早期识别起着至关重要的作用。学校心理咨询室一定要与班主任和其他老师保持畅通的信息沟通,有很好的合作。

(3)重视家庭的配合。华铭同学的心理问题的发生,有其家庭背景的影响,在整个辅导过程中,更离不开他的家庭成员的配合。我们与家长的信仰、职业、文化背景可能会有很大的不同,但我们有着共同的目标:让孩子健康地成长。因此,分析、考虑学生的家庭背景,尊重学生家长,调动他们进行积极有效的配合,是学校心理咨询工作的重要环节之一。

(4)心理辅导是一个过程,学生的心理问题并不是一两次咨询就能发现其问题的症结所在,就能解决问题。应该在取得学生信任的基础上,逐步地沟通,逐步地探究其问题产生的根源,在如何解决问题上,不是由咨询老师直接告诉其"诀窍",而是应该引导学生自己去寻找解决的途径。通过咨询,不但学生的心理问题得到解决,咨询老师的咨询理念、方法等也有了提高,心理咨询确实是一个双方共同成长的过程。

案例二:无助少年——其实你并不孤独

1. 背景介绍

某校星期一的上午课间时分,王老师正在办公室批改学生的作业,这时他们班的班长气急败坏地跑来说:"老师快去看看小军,他正在图书馆楼顶说要自杀呢!"王老师一开始还以为班长在开玩笑,因为小军平时在班上十分安静,不像是会作出跳楼这类事情的学生,但看班长神色惊慌,并不像说谎的样子,王老师才确信了。想到有学生正危在旦夕,王老师一开始也有些惊慌,但他很快要求自己冷静下来,迅速回忆之前学习过的相关心理干预的知识,做好了处理此类危机事件的心理准备。

2. 事件处理的过程

王老师在赶去现场之前要求学生马上通知校长办公室或政教处寻求协助(由校方通知危机管理小组或与小军相熟的老师赶来支援),并要求学生去通知班级中平时与小军关系较好的学生也立刻赶到现场,而后立马向图书馆跑去。

王老师火速赶到现场,看到他的学生小军正坐在栏杆上,扬言要自杀,并说:"你不要过来,否则我跳下去!"神情狂乱,王老师现场立即评估小军与现场学生的情绪与反应,他发现小军的情绪相当不稳定,同时发现其他的学生神情十分恐慌,但没有出现骚乱场面,因此他立即开始判断小军的安全状况,他发现图书馆的栏杆外还有很大一片护栏带,如果小军不继续往前跨的话,他目前还没生命危险,所以最重要的是稳住小军的情绪并拖延时间等候援助与支持。于是王老师开始安慰小军,并鼓励小军讲出他的感受。此时切勿说出会刺激学生情绪的话,比如"你不要去死呀!""你这样做也解决不了问题!"在安慰小军的过程中,应当不断留意小军的反应:眼神、呼吸、精神状态、说话清晰度等,同时语气肯定地要求小军离开栏杆,返回老师身边。这时其他相关老师也迅速赶来了,老师们开始疏散其他学生(避免同学看到现场而恐慌),然后安排与小军平时关系好、熟悉他的老师共同监护小军,与此同时通知家长(关注他们的情绪),并打电话报警。最后小军在王老师的劝说下离开了栏杆,退回到了安全地带。

王老师在危机干预的过程中了解到,小军之所以要自杀是因为这段时间他在放学路上经常遭到一些无业社会青年的勒索,这些人除了经常逼小军拿出钱来供他们挥霍外,还对他拳脚相加,并威胁其不许告诉老师和家长,否则一定给小军更严重的殴打。小军不停地遭受身心两重伤害,性格内向的他又不敢告诉老师和父母,时间一长,小军觉得越来越无助,最后想到了用自杀来结束这种无助的日子。

小军跳楼的危机暂时被解除后,王老师意识到要帮助小军从无助绝望的状态中走出来,必须彻底消除小军的恐惧心理。于是,他一方面报警,希望通过公安机关的协助,迅速处理那帮勒索的社会青年;一方面通过家访,要求小军的父母多关心小军,必要时应陪小军上下学,保证小军的身心安全。同时,王老师也在事发后经常陪伴在小军身边,安抚小军,给他提供心理支持。学校也安排小军作精神健康状态评估以了解其自杀危机情况,并作身体伤势的检查。接着,为消除小军事件的负面影响,王老师在班会课上召开了座谈会了解该事件对同班同学的影响,与学生沟通以死来解决问题的看法,并请同学能给小军以关心,协助小军重返校园。最后,在学校、父母、同学的干预和帮助下,小军重新回到了校园。

3. 对事件处理的反思

王老师在处理小军想跳楼这一过激行为时的冷静和果断很值得大家借鉴。在当事人非常激动、非理性的情况下,危机处理者一定要理性分析当前状况,综合判断当事人所面临的危险程度,并作出相应安排,以保护当事人的安全为第一责任,需要时可求助警方或其他部门的帮助,然后尽可能安抚当事人的情绪。危机处理者要小心注意自己的一言一行,要知道,有时一句不恰当的话就有可能造成严重的后果。在这个案例中,王老师在这些方面都做得比较好。当然,在小军的跳楼事件处理完之后,危机处理者还进一步了解了危机发生的原因,采取多种方式从根本上帮助当事人渡过危机,而王老师在这些方面也都作了较好的处理,从而使小军得以重新开始新的学校生活。

案例三:轻生少女——阳光总在风雨后

1. 背景介绍

张小兰是一个 17 岁的女孩,家住在××市的××镇。她的家庭背景较为特殊:爷爷奶奶都是南下干部,奶奶曾担任该市某部门要职,爷爷也是干部。爷爷奶奶共育有三子,其中两个儿子都十分能干,一子现为某县级市法院院长,但当事人张小兰的父亲却因小时候患小儿麻痹症的缘故,有些残疾,且智商也较常人低。小兰的母亲出生于农村,与其父亲的结合带有一定的目的性,父母的感情长期不合,两人在家里经常争吵。在张小兰四五年级的时候,母亲与父亲感情破裂最终离婚,她被判给父亲抚养。父亲由于自身残疾等原因,长期失业在家,文化程度也较低,不懂如何对当事人进行教育,也无力管教。张小兰并无其他兄弟姐妹,是独女,但除了父母离婚前母亲对其比较关爱外,并不受家人的喜爱,爷爷奶奶大概由于父亲的无能对她也较为嫌恶。可以说,当事人张小兰在家里缺乏关心和照顾,在学习上也缺乏指导。

2000 年 9 月,张小兰进入该市某中学就读初中一年级,当时她 13 岁。她的班主任是一位年轻的男老师,教自然科学。小兰的成绩在班里并不是很好,大概处于中等偏下的位置,除了语文成绩尚可外,其余科目的成绩都很不理想。张小兰进初中时,因为父母已经离婚,所以她平时住校,只有双休日回家。由于父亲经常要对其打骂,她一般去母亲那儿过双休日。在学校里,张小兰很少说话,性格较为孤僻,平时除了跟座位周围的同学相处外,很少跟其他走读生一起玩,也没什么要好的朋友,与同寝室的同学也经常吵架。从初一到初二这段时间,张小兰的学习成绩一直处于中游,因为上课经常做些小动作,常常遭到老师的批评,但她似乎并不十分在乎,依然故我。后来有些学科的老师几乎放弃了对她的要求,基本上不去管教她。

2. 事件发生的过程与原因

初二下半个学期的某一天,小兰和班主任发生了直接的冲突,小兰回到家后觉得再无颜面活在世上,从家中的窗口跳下楼去,幸好被楼下的电线挡了一下,才未酿成不可挽回的悲剧。由于我们去采访的时候,小兰当时已是初三年级的学生,不久就要参加中考,为了不影响当事人的情绪,防止被采访后回忆起以前不愉快的经历造成其情绪波动,我们只好无奈地放弃了对张小兰的采访,转而访问小兰初二时的班主任和现在的班主任及小兰所在学校的校长,了解事件的真实情况。这不可避免地使我们的访谈所得资料的立场偏向学校这一边,但我们尽量客观地去了解当时的情况,学校也十分配合,尽量客观地陈述当时的情境,我们的访谈仍然能较为真实地反映当时的情况,并不妨碍我们从中得出一些有意义的结论。

以下是我们分别采访该校的校长和小兰初二班主任时,他们对这一事件的陈述。

采访者:当时具体因为什么事情让张小兰要去跳楼自杀?

校长:当事人平时性情就比较孤僻,不怎么合群,进入中学后,喜欢看漫画、言情小说之类的书籍。一次,她正在看时,被班主任发现其中有些画面带有不健康的内容,就把她的书没收了,对她进行了批评教育。但她却趁着班主任不在办公室的时候,又把没收的漫画书拿了回来。班主任回来发现后,十分生气,又把她叫到办公室进行了批评,见她没把批评当回事,一时气急抬手就打到了她的脸。张小兰回家后,觉得想不通,就在家里的墙上用粉笔写下了"遗书",说自己在家里也没人疼爱,现在在学校又被老师打耳光,活着没什么意思。于是,趁家人不注意,从四楼的窗口跳下,还好被楼下的电线挡了一下,只摔伤了腿骨,在医院治疗了几个月后出院了。

采访者:当时你是因为什么事跟张小兰起冲突的?

班主任:她平时在班级里就经常小事不断,一般我们老师都不去管她的。

那次我看到她上课时在看漫画书,而且里面的有些画面实在有点不堪入目,我就很生气了,当场就把她的书没收了。下课后她说书是她借来的,希望我还给她,我当然没答应,没想到她居然趁我不在办公室把书拿回去了,我当时真的是火冒三丈,心里想怎么会有这样的学生。于是又把她叫到办公室来了,没想到她还满不在乎的样子,我一时气急,手就挥过去了……后来我觉得自己动手的确是不对的,不过当时太生气了就失去理智了。

从以上的访谈来看,学校校长和当时的班主任基本上承认当时的确打了张小兰,这与报刊上所报导的事实基本一致,但我们还需搞清楚的一个问题就是打耳光事件是不是导致张小兰跳楼的唯一原因?从报刊的报导上来看,似乎张小兰被打耳光是她跳楼的直接也是主要的原因,但事实是否真的如此?就这个问题我们同样访谈了校长和班主任。

采访者:你认为张小兰跳楼,除了被老师打了耳光觉得没脸活在这个世上,还有没有其他原因?

校长:我们不否认老师打了张小兰耳光是她跳楼的一个重要的原因,可以说这个事情是一个导火索。但要说这个是唯一的原因,好像也不太客观。她的家庭情况非常特殊,小学五年级的时候父母已经离婚了,她跟着父亲过,她父亲没什么文化,又有点残疾,平时经常要打骂她,所以她在家里没什么人关心她。她母亲倒是对她不错的,但那段时间她母亲认识了一个个体老板,可能有改嫁的意思,不大有时间管她,她就觉得没有什么人关心她了。可以说,那段时间她心里是很苦闷的。

采访者:这些事情你们事发之前了解吗?

校长:应该不了解,这个你可以等下问她当时的班主任。因为我是这个事情发生后才调过来的,所以具体情况也不是很清楚。但我认为,我们老师打耳光的事情只能算是一个直接原因了,她可能在此之前就觉得活着没什么意思了。

采访者:你觉得张小兰跳楼,除了被你打了一下之外,还有没有其他原因?

班主任:应该说,这个事情的确是导致她跳楼的一个原因,但应该不是唯一的原因吧。她这人平时性格就比较孤僻,不大跟人合得来,在班里也没什么要好的朋友。而且,后来我们通过她的日记了解到,那段时间她家里也出了一些事,本来她就是单亲家庭的跟着父亲过,父亲又经常要打骂她,唯一关心她的母亲那段时间跟别的男人好上了,好像有改嫁的意思,她就觉得这个世上再也没人关心她了。她在日记里也写着活着没意思之类的话,好像有悲观厌世的倾向,甚至在日记中说到自己有时心里太难受了会拿针刺自己,有自虐倾向吧。

从以上访谈资料可以看出,除了被打耳光这一事件外,张小兰家庭的矛盾也是导致她跳楼的一个重要原因。从学校提供的一些张小兰的日记复印片断我们发现,她在这一事件发生前的确心情十分苦闷,情绪也很不稳定,多次提到"活着没什么意思",对母亲要改嫁一事心里非常反感,但认为不是母亲的错,都是"那个男人不好,我好恨他"。因此,我们认为,打耳光事件只是一个导火索,而张小兰家庭的矛盾才是隐藏在后面最大的原因。这也符合心理危机形成的一般规律,正是由于张小兰觉得这一系列事情加起来使她再也无法承受,也不知道如何来解决,她才在家里的墙壁上写完遗书后毫不犹豫地跳下楼去。

3. 事件处理的过程与当事人状况

小兰跳楼自杀未遂后,被送入当地人民医院急救,万幸的是,除了其腿部摔成较为严重的骨折外,其他内脏器官并无大碍。事发后,学校与当事人家长经过协商,给予了当事人适当的经济补偿,并负担了其住院期间全部的医疗费用。小兰在医院住院治疗一个多月后,继续回家修养,学校为其办理了为期一年的休学手续。

一年后,小兰重新回到了学校上学。为了帮助小兰尽快走出往日的阴影,重新开始新的生活,学校老师煞费苦心,采取了一系列的措施。首先,学校考虑到小兰继续跟随原先的班级升初二会比较吃力,同时也尊重小兰自己想换个班级换个环境的意愿,安排她到低年级与初一新生一起就读,并特地把她安排到一位刚从别的学校调来、工作经验丰富、和蔼可亲的班主任老师那里。那么,小兰后来过得如何,有没有从以往的阴影中走出来呢? 带着这个问题,我们访问了小兰现在的班主任张老师。

采访者:你对小兰同学的印象怎么样?

张老师:小兰同学看上去是那种文静、乖巧的女孩子,但她内心比较敏感。

采访者:你觉得小兰刚进来时跟现在比较有哪些变化?

张老师:她刚到我们这个班级的时候,心理上可能有点不适应,老是为一些小事找我告状,比如说有次班级里一个男生把她的伞柄弄坏了,她马上来找我告状,后来我找那个男生,让他赔偿小兰,她又说不要赔的新伞,后来那个男生把她的伞修好了还给她,她才满意。跟同桌相处得也不大好,特别敏感,总觉得别人故意跟她过不去。我给她不动痕迹地换了四次座位。学期快结束的时候,她妈妈来找我,告诉了我之前发生的一些事情,后来我也经常去她家家访,跟她妈妈已经很熟了,她妈妈会经常和我交流一些她对小兰的看法。后来她妈妈也承认,当初小兰会出事,她要再婚也是一个重要的因素。

采访者:那小兰现在跟她妈妈的关系怎么样?

张老师:现在她跟她妈妈关系很好。她妈妈给她在学校附近租了房子,平时她是住校的,周末就回家住,她妈妈现在对她十分关心,一个星期要过来看她好几次,没时间来看她的话,也会经常打电话给她。她妈妈在老家那边开了一个小店,她的学费、生活费什么的基本由她妈妈负担的。

采访者:小兰现在跟老师和同学相处得怎么样?

张老师:初三以来,她跟其他同学的关系还是比较不错的,跟老师相处得也不错,老师偶尔也会指出她做得不对的地方,她基本上也能坦然接受。比如说她上课有时会不专心,拿本小说出来看看,老师批评她,她还是会改的。刚开始进来的时候批评她的话,她虽然嘴上不说,但脸色会挂下来,现在就好多了。老师经常会让她做些小事,她每次都高高兴兴地去做。跟同学相处得也比较融洽,很少听到她跟同学有什么矛盾。应该说,她在班级里还是很开心的,舍不得离开大家。她的成绩一般,但比以前有进步了,我们也及时表扬了她,现在已经在考虑让她入团,她听到这个消息,很是开心。

从我们对小兰现任班主任的采访可知,小兰现在的状况还是很不错的,基本上已经走出了以往的阴影。究其原因,同学的接纳和老师的爱护应该是最主要的。处于青春期的孩子渴望得到同龄人的接纳和承认,也期盼长辈(老师、父母等)的关心和爱护,小兰母亲和老师对其无微不至的照顾,让小兰重新体会到了亲情的温暖;同学们乐意与她平等相处,也使她品尝到了友谊的甜美和芬芳。学校和家庭启动了心理支持系统,通过家人、朋友和师生的爱心和帮助,小兰重新产生了对社会、家庭的责任感以及对生活的热爱,增强了生存的信心。

4. 对事件处理的反思

对于小兰跳楼这一事件学校具体的处理措施到底有哪些? 我们也对校长及负责该校心理健康教育的王老师进行了访谈。

采访者:请问事发后,你们学校采取了哪些措施来处理这个事情?

校长:这个事情发生后,我们立即成立了一个领导小组,着手来处理这个事情。首先,我们学校领导赶去医院看望了张小兰同学,详细询问了她的伤势,并由学校垫付了大部分医疗费。对于小兰的班主任,给予了教育行政记过处分,并且让他拿出一部分罚款来补偿小兰的损失。因为这位老师平时工作十分认真,教学能力也很强,同事对他的评价也很不错,我们没有开除这位老师的公职,而是让他去一个乡镇中学支教了。

采访者:小兰跳楼后,她家长对此有什么反应?

校长:她家长一开始当然不肯善罢甘休了!她父亲当时每天都来学校纠缠,狮子大开口要我们赔多少多少。虽然我们老师的确有做得不对的地方,但他这样无理取闹并不是解决问题的方法,毕竟,她家里的事才是导致她想自杀的根本原因嘛。还有她奶奶,也多次在校门口破口大骂,后来通过大家沟通协商,最终达成了一致意见。我们学校承担小兰全部的医药费,给她办理了一年的休学手续,承诺让她一年后再降级跟班就读。今年她在上初三,马上就要参加中考,据她现在的班主任老师反映,她恢复得很不错,脸上的笑容也比以前多了,人也开朗了一些。

采访者:除了行政上的一些措施外,你们还有没有从心理辅导的角度给小兰以帮助?

王老师:小兰这个事情发生后,我们学校主要采取了一些措施给予物质上的赔偿,对她本人好像没有采取特别的辅导。这个一方面是由于小兰当时在医院养伤,我们也不大方便对她实施心理辅导;另一方面,当时大家把焦点集中在商讨赔偿金额上,疏忽了这方面的工作。不过,小兰这个事情解决后,我们还是召开了一次班主任工作会议,要求各位班主任加强对班级里学生的了解,注意学生的动向,发现苗头,及时与我们联系。

小兰的事情给我们学校的心理健康教育也敲响了一记警钟。从小兰的事情可以看出，我们的心理健康教育工作还不够深入细致。我们是 1996 年就开始在初一年级上心理辅导课。开课以来，每星期收到学生来信都有几十封，我们都尽量给予答复。可以说，开设心理辅导课的效果是非常显著的。但我们疏忽了那些没有自我求助意识的学生，他们平时都比较内向，对自己遇到的一些生活或学习上的烦恼常常觉得难以启齿，最终心里的烦恼越积越多，一旦爆发，就会产生严重的后果。

　　从以上校长和该校心理健康老师的回答来看，学校对这一危机事件的处理主要是从行政手段上开展的，对危机中当事人的辅导则仍然十分欠缺。在这一危机事件中，可以说小兰本人、小兰的班主任和小兰所在班级的同学，都应该是危机干预的对象，但我们却遗憾地发现，该校除了从物质赔偿的角度来处理这一事件外，其他方面的工作做得还是不够充分，仍有待改进。当然，学校在小兰复学后想了许多办法，采取了许多措施，小兰目前总体状况较好，如果学校和家长在事情发生后立即对小兰的心理有更多的干预，效果可能会更理想。我们希望以后在类似小兰这样的事件发生后，能有更系统化、更专业的心理危机干预处理。

第六章
关爱青春:青少年灾后心理危机干预

2008 年 5 月 12 日 14 时 28 分,一场突如其来的大地震,令整个中国大地为之震颤。汶川 8.0 级大地震,近十万人死亡和失踪、数十万人受伤、上千万人受灾……巴蜀大地,短短几分钟就变成了人间地狱——高楼大厦,顿成废墟;琅琅书声,戛然而止;欢声笑语,瞬间即逝……无数的中国人泪雨倾盆,最难抑制的泪水,流给了那些受难的孩子:他们的离去,让我们心碎;他们的无助,让我们颤栗;他们的坚强,让我们汗颜。我们以感动天地的悼文献祭那些凋谢在废墟中的花朵,以深切真挚的同情安慰那些伤痛欲绝的父母,以最美好的言辞赞美那些相携相守逃离劫难的孩子,哽咽声中,总理叮嘱孩子的家长:"好好地照顾孩子们。"受灾的孩子,成了全社会关注的重点,因为他们的价值观尚未成形,自我调适能力较弱,地震不仅造成了他们的身体伤害,也产生了许多的心理阴影,给他们的成长带来了难以磨灭的影响。

然而,除了地震灾害,还包括如美国的"9·11"事件、我国克拉玛依大火、2002 年的"非典"、印尼的海啸等各种类型的突发灾难。这些灾难随时都有可能降临我们身边,它不仅伤害着我们的身体,还严重摧残着我们的心理。以美国的"9·11"事件为例,"9·11"事件中受灾群体有 43% 表现为难以集中注意力,此外依次发生的认知障碍是:闯入性思维或表象(34%)、痛苦的梦境(31%)、记忆力减退(25%)。而情感障碍则依次表现为:决策困难、无法面对所爱的人、陷入死亡的观念、自杀观念。悲伤、欲哭、焦虑、恐惧、易激怒、愤怒等情绪反应则不同程度地存在于群体中[①]。青少年正处

---

① 资料来源:http://www.donews.com/donews/article/3/30562.html。

在心理成长和发育的特殊阶段,灾难对他们可能会产生更严重的影响。因此,了解灾难发生时青少年的反应,可以帮助我们更好地有针对性地进行心理干预。

第一节　青少年灾后心理危机的表现及特点

一、青少年灾后心理危机的表现

2003年4月,SARS在猝不及防的情况下向中国人袭来,北京更是这场灾难的重灾区。在北京市的一所中学里,由于SARS疫情,学校停课了。2003年6月,通过全国上下的努力,SARS这场灾难终于被我们战胜,学校也重新正式上课,但初二(3)班的班主任,大家都爱戴和尊敬的李老师却已被SARS夺走了生命,永远地离开了大家。学校为班级安排了新的班主任王老师,初二(3)班却没有了往日的活力,笼罩在班级里的气氛令人压抑……①

2004年,台风"云娜"登陆温州,受灾地区有80%以上的村民有焦虑和抑郁症状,比正常人高出4～6倍,其中重度和极重度焦虑和抑郁者占了1/3以上。美国"9·11"事件的8个月后,纽约的学龄儿童还做噩梦②。

汶川"5·12"地震后,有研究者通过志愿者看望这些受灾的孩子发现,地震给孩子们造成了巨大的伤害③,如不敢直面地震的现实以及同学朋友的离世;不敢睡觉,整天胆战心惊,离不开大人陪同;性格逆反较大,情绪波动较大,以前开朗的性格可能会变得不耐烦、急躁,甚至伴有攻击性行为。

2008年5月30日,志愿者们来到湖南省人民医院,对安置在这里的汶川"5·12"地震12名灾后儿童进行了危机干预的需求评估。从与医生及家长的访谈中我们了解到,地震灾害在孩子们心理上都留下了或轻或重的阴影。下面是志愿者提供的一些案例,从中可以看出地震给孩子们造成了巨大的伤害:④

案例一:A,12岁,女,小学五年级,地震发生时,从四楼教室往外跑,到楼梯口时教学楼坍塌,被掩埋12小时后获救,全班四十多名同学只存活9人,最令

---

① 资料来源:http://www.310086.com/view/N0uOH637TDM＝。
② 资料来源:http://www.newhealth.com.cn/Info/readSpecNews.asp? newsid＝5919。
③ 刘燕:《灾后儿童危机干预(上)》,载《社会工作》,2008(7)。
④ 刘燕:《灾后儿童危机干预(上)》,载《社会工作》,2008(7)。

她难忘的场景是楼房坍塌时与她躲在一起的同班女生遇难。直到现在,A仍不敢直面地震现实,只是偶尔提到那些遇难同学时,说他们"走了"。

案例二:B,8岁,男,同班同学大部分遇难,在废墟中被埋8小时后获救,膝关节和肘关节骨折,家长告诉我,地震后的连续6个昼夜,孩子不敢睡觉,外界的任何声响都会使他大声惊叫,直到现在,仍一刻也离不开大人的陪护。

案例三:C,10岁,男,以前性格开朗大胆,地震后,不敢一个人呆着,尤其是晚上必须有家人陪护。

案例四:D,8岁,女,从其后脑勺留下的一撮细长的头发,我们看得出以前她是个留着长发的可爱小女孩,但因为医治的需要,大部分头发被剃光,留下醒目的疤痕,D在与我们交流时显得非常不耐烦,情绪急躁,动不动对陪护的母亲撕扯或者言语攻击。其母亲介绍,地震前她不是这样子的,开朗大方懂事,地震后变了许多。

严重的灾难给孩子带来的冲击过于强烈,使得他们往往并不能单靠自己的力量很好地克服灾难给他们造成的影响。华东师范大学心理学系教授徐光兴在接受记者采访时也谈到大地震对孩子的影响主要有:第一,对孩子们的身体有影响,经常失眠、肚子痛、头痛、做恶梦等;第二,情感伤害,导致一些孩子仇视学校和社会,自闭,人际关系出现攻击性。中南大学公共卫生学院院长、湘雅医院心理卫生中心主任肖水源认为[1]:地震后,中小学生可能会出现下列心理反应的一种或几种:(1)恐惧,是一种对可怕后果的不确定感,学生担心未知的灾难还会落在自己身上,不知道自己将来会怎么样,以及如何应对;(2)麻木,灾难形成的强烈打击,使学生暂时地失去心理反应能力,表现为茫然不知所措,对周围环境不能作出正常的反应;(3)否认,在短期内部分学生不能相信会有这么严重的事情发生,在心理上不能接受亲人、朋友的去世,不能接受自己身体受到严重伤害等方面的事实;(4)悲伤和抑郁,因亲人、同学、朋友、老师等亲近者的受伤、死亡而悲伤,产生无助感、绝望感。少数学生还会在悲伤、抑郁、痛苦、内疚等负性情绪的影响下厌倦生活,形成自杀意念。当然还会有"精神崩溃"、"幼稚化"等

---

[1] 肖水源:《保护、保证、倾听——帮孩子渡过灾后心理危机》,载《妇女生活(现代家长)》,2008 (7)。

非常严重的心理表现。

儿童青少年在经历了严重灾难之后,如地震、海啸、严重交通事故、被强奸等,由于其心智发展还不够成熟,在灾后很长一段时间内极有可能产生各种心理障碍。如,头脑中会反复出现那些创伤性的画面,对于与创伤有关的信息刺激反应剧烈,睡眠、食欲、生活都会被挥之不去的灾难性画面和经历搅乱,长期伴随着痛苦、紧张、无助感的体验等,而这些都是创伤后应激障碍(PTSD)的典型症状。若是在灾难中受过伤,而之前还存在一些心理疾病或者是心理脆弱的孩子,则更可能出现PTSD、抑郁症以及各种神经症等。有些人可能没有任何即时反应,创伤事件后数月或数年,仍然可能出现PTSD以及抑郁症和各种神经症。

当有人遭遇重大心理创伤后,我们应密切关注他的躯体和心理变化,如果发现有以下类似症状,那么他就有可能患上了PTSD[①]:

1. 反复体验创伤事件引起的生理和心理反应

有关创伤的记忆不受意志控制,经常凸现于日常生活中,给当事人带来强烈的痛苦体验。具体表现包括:(1)闯入性思维,不由自主地回想创伤事件的经过;(2)反复出现与创伤内容有关的噩梦和令人不愉快的梦境;(3)反复出现错觉、幻觉;(4)记忆闪回,反复发生触景生情的精神痛苦,因面临与刺激相似或有关的情景而感到异常痛苦,并出现明显的生理反应,如心悸、出汗等。

2. 警觉行为

过度警觉是生理和情绪记忆痕迹的症状表现。这些记忆痕迹使大脑对与威胁有关的感觉过于敏感,从而触发和再次触发警觉反应。主要表现为:(1)注意力无法集中;(2)失眠或易醒;(3)愤怒或易激惹;(4)过度警觉或过分担惊受怕。

3. 麻木、回避和孤立感

个体没有能力表达内心的情感,或不能与其他个体保持正常的联系。这些症状可以看作是个体为了逃避与事件相关的痛苦体验而进行的自我心理保护,但它们会损害当事人的心理健康和环境适应能力。这组症状的主要表现包括:(1)竭力不去想有关创伤经历的人与事;(2)回避唤起创伤事件的活动或避免到可能引起痛苦回忆的地方;(3)兴趣爱好减弱,回避个体在创伤事件前表现出的习惯或喜爱的活动;(4)情感疏远和人际孤立,不愿与人交往,对亲人变得冷淡;(5)"情感麻醉"造成的情感或感觉减弱;

---

① 魏云:《PTSD诊断标准》,载《心理与健康》,2006(8)。

(6)选择性遗忘;(7)对前途不乐观,丧失希望和信心。

4. 创伤反应和症状造成的功能损害

这主要看这些症状或反应是否明显干扰了个体的正常生活方式和社会活动,包括个体创伤前及创伤后在工作或学习中的效率水平、家庭健康状况、社会联系、参加娱乐和体育活动的情况、坚持个人信仰或信念的能力等。

上述症状可能发生于任何创伤反应的初始时期,但只有持续一段时间即多个月以后(表现出延迟的特点)才成为 PTSD 的症状。PTSD 是一种精神障碍,关于疾病的诊断需由精神科专业人员来进行,如确诊,则应接受针对性的药物和心理治疗。作为当事人的监护人,其最主要的任务是细心观察,及时识别相关症状表现,使患者尽早得到专业指导和帮助。PTSD 是个体在经历重大灾难事件之后比较常见的心理障碍,此外,个体还会出现其他的一些症状,如各种神经症[1]:

(1)恐怖性神经症(phobia)。是指灾难过后,对于那些本不该令人感到恐怖的事物、场景、话语等外界信息表现出的恐怖反应,不仅内心有恐怖的感觉,而且躯体上会表现出明显的紧张、出汗、颤抖等恐怖状态反应,甚至会因此发生一些退缩和逃避行为,对个人的生活和工作造成影响。

(2)焦虑性神经症(anxiety disorder)。分为突发性惊恐障碍和广泛性焦虑障碍两种,症状都是表现出与现实处境不相符的紧张、焦虑不安、无所适从。突发性惊恐障碍表现出的症状更明显,患者还会有明显的濒死感。

(3)强迫性神经症(obsessive-compulsive disorder,OCD)。包括强迫思维和强迫行为两种,突出表现为自我强迫和反强迫同时存在,造成自我内部分离、对立的精神痛苦。

二、青少年灾后心理危机的特点

相对成人而言,青少年灾后心理危机一般会呈现如下特点:

1. 发病率较高

有研究表明[2],交通事故后,无论受伤与否,约 25% 的儿童会患创伤后应激障碍,

---

① 袁红、郑静、晨曹力、侯世科:《地震后幸存者心理创伤及危机干预》,载《中国急救复苏与灾害医学杂志》,2008(8)。
② 资料来源:http://www.psycard.com/CACG/ShowArticle.asp? ArticleID=15805。

且缺乏父母关爱的青少年更易罹患本病。高淑贞①对三百多名小学和初中生的研究发现，在地震初期，小学生 PTSD 的发生率（地震创伤反应问卷）为 28.2%，初中生为 7.7%；在地震后三年，小学与初中生总体发生率为 5.2%。

青少年儿童正处在身心发展的高速阶段，其对身边发生的事物都具有较高的敏感性，严重的灾难事件更会让他们心有余悸。尽管不同研究者对青少年灾后心理危机研究采用的方法不同，得出的结论也不完全相同，但值得注意的是，青少年出现灾后心理危机的概率都较高。

2. 症状隐匿

儿童与青少年出现灾后心理危机，特别是 PTSD 的症状和成人有不一样的特点。成人生活阅历比较丰富，其自我调节能力相对青少年要强许多。青少年一直处在父母的保护之中，没有经历过多少巨大的挫折。当灾难来临之时，父母不仅无法保护自己的孩子，甚至有可能在灾难中丧生。突然失去保护的青少年，亲身经受着灾难的折磨，这给青少年心理上带来的伤害是不可磨灭的。而且，儿童年龄愈大，重现创伤体验和易激惹症状也越隐匿。

同时青少年由于自身发展的特点，大多不善于用语言表达自身的感受，因此，工作人员经常是从青少年的行为中发现其症状。如：时常从噩梦中惊醒、在梦中尖叫、有时候也会主诉头痛、肠胃不适、没有食欲等躯体症状②。除此之外，有些人的性格可能会出现逆反，以前开朗的人可能会变得沉默，甚至带有攻击性行为③。由于青少年期是自我认定发展的关键时期，这使得一些青少年除了因震惊及面对死亡等经验而产生各种害怕、内疚、忧郁的情绪之外，也许变得愤世嫉俗，或长时间将情绪驻留在自己建构的悲惨世界中，觉得自己或家人是最不被关心、照顾的灾民；或是开始疏离过往的朋友圈、说粗话、做各种以前不敢也不屑的偏差行为。此外，对与灾难相关的自然现象很敏感；与同伴交往的兴趣明显增加或降低；在家里想摆脱父母控制、寻求独立的愿望和反抗行为减少等。青少年的警觉性过高，出现担心、惊恐、无助等症状④，导致青少年觉得草木皆兵且又无法抵抗，严重者可能会导致精神错乱。研究表明，青少年 PTSD 症

---

① 高淑贞：《儿童青少年地震创伤后压力反应之追踪研究》，载《彰化师大辅导学报》，1993(1)。
② 秦虹云、季建林：《PTSD 及其危机干预》，载《中国心理卫生杂志》，2003(9)。
③ 刘燕：《灾后儿童危机干预（上）》，载《社会工作》，2008(7)。
④ Goenjian A. K., Walling D., Steinberg A. M. et al., A Prospective Study of Posttraumatic Stress and Depressive Reactions Among Treated and Untreated Adolescents 5 Years After a Catastrophic Disaster. *American Journal of Psychiatry*, 2005,162(12),2302~2308.

状较明显的是"似乎事件重现的动作或感受"、"警觉性过高"、"强烈的生理反应"、"心理痛苦、烦恼"及"反复闯入的痛苦记忆"[①]。

3. 危害较大

研究发现,当青少年患有 PTSD 时,容易产生逃跑、自伤、违法等行为,具有更高的焦虑和忧郁倾向,他们在学校和家庭的正常功能都会比正常青少年差[②]。由于灾难给青少年带来不可磨灭的损失,有可能会导致青少年尤其是男孩出现攻击性行为或人格,如对社会和政府充满仇恨和报复,认为是政府导致了其蒙受如此大的损失,同时也会埋怨命运的不公,认为全世界都在和他们作对[③]。如果处理不好,将会使某些青少年逐渐产生反社会人格,从而对社会造成极大的危害。

第二节　灾后青少年心理危机干预

一、青少年灾后心理危机干预原则

心理危机干预是指心理医生采取迅速有效的应对措施使人们获得生理心理上的安全感,缓解乃至稳定由危机引发的强烈的恐惧、震惊或悲伤的情绪,恢复心理的平衡状态,增进心理健康。它是一门新兴学科,也是应对突发公共事件的重要组成部分。它可以帮助人们加固和重塑心理结构,顺利渡过危机,并学习到应对危机的有效策略与健康行为,预防创伤后应激障碍,这对人的一生都具有深远影响。一般而言,在进行心理危机干预时应遵循以下几个原则[④]:

原则 1:心理危机干预是医疗救援工作的一个组成部分,应该与整体救灾工作结合起来,以促进社会稳定为前提,要根据整体救灾工作的部署,及时调整心理危机干预工作重点。在灾难突然来临之时,所有的工作都需要服从指挥,否则各种工作人员各行其是,很容易导致危机干预对象不恰当,干预时机不合理,使得干预结果不理想。

---

① 赵丞智、李俊福:《地震后 17 个月受灾青少年 PTSD 及其相关因素》,载《中国心理卫生杂志》,2001(3)。

② Mueser K. T., Taub J., Trauma and PTSD Among Adolescents with Severe Emotional Disorders Involved in Multiple Service Systems. *Psychiatric Services*, 2008,59(6),627-634.

③ Roussos A., Goenjian A. K., Steinberg A. M. et al., Post-traumatic Stress and Depressive Reaction Among Children and Adolescents After the 1999 Earthquake in Ano Liosia, Greece. *American Journal of Psychiatry*, 2005,162(3),530-537.

④ 资料来源:http://news. xinhuanet. com/politics/2008-05/20/content_8213251. htm。

原则2:心理危机干预活动一旦进行,应该采取措施确保干预活动得到完整的开展,避免再次创伤。这也需要遵循一些原则①:(1)及时性原则。受灾者由于内心承受巨大的压力,如果不及时进行疏通,可能会导致受灾者产生自伤或者伤人的行为,一般公认的最佳干预时间在危机事件发生后24—72小时。错过这一心理干预的最佳时期,虽然还有远期的补救治疗,但是效果远远不如在应急阶段进行的心理危机干预。(2)生命高于一切的原则,心理危机干预的主要目的就是帮助受灾者渡过困难期,防止其作出危害自己或者他人生命的行为。(3)释放原则。Rogers人本主义的咨询方式就是引导来访者说出内心的痛苦,并引导其自己解决内心的痛苦。心理危机干预人员需要做的就是帮助受灾者释放内心的痛苦,帮他们解决掉这些痛苦,从而减轻他们的心理负担,生活得更加轻松。(4)反复评估原则。在危机发生时,干预人员必须在短时间内确定受灾者的心理状况,然后指定干预方案进行干预。在干预过程中,干预人员还需要从受灾者的认知、情感、行为等多角度对受灾者进行评估,以确定干预的效果。

一般而言,心理危机干预都需要引导来访者将心中的痛苦说出来,然后在咨询师的引导之下逐步解决这段痛苦。心理危机干预是一个完整的过程,如果干预不完整,工作人员仅将受灾者的痛苦引导出来,而未及时帮助受灾者将痛苦处理掉,就极有可能导致受灾者再次受到创伤。因此,心理危机干预一定是一个完整的过程,否则干预结果甚至可能比没有干预的结果还要差。

原则3:对有不同需要的受灾人群应综合应用干预技术,实施分类干预,针对受助者当前的问题提供个体化帮助。严格保护受助者的个人隐私,不随便向第三者透露受助者个人信息。受灾人群中有学生、家长、老师、救援人员等等,需要根据不同的人群制定不同的干预方案,采取不同的干预方法进行干预。同时,为参加心理危机干预者的资料进行保密是心理危机干预人员职业准则的重要部分。在无特殊情况下,不能随便将来访者的资料透露给其他人。

原则4:以科学的态度对待心理危机干预,明确心理危机干预是医疗救援工作中的一部分,不是"万能钥匙"。尽管有些受灾者即使在接受了心理危机干预之后,还作出了一些极端行为,心理危机干预工作人员也无需自责,有些受灾者可能是由于之前就存在一些非常严重的心理障碍,已经超出心理危机干预所能达到的程度了。

---

① 钟玉莲:《地震后的心理应激与危机干预》,载《北京教育学院学报(自然科学版)》,2008(4)。

二、青少年灾后心理危机干预步骤

杨俊,是擂鼓镇一位出色的木匠。他的妻子朱菊华则是四川省北川县擂鼓镇有名的裁缝,善于缝制羌族民俗服装。他们育有一儿一女,平日夫妻感情很好。但这对恩爱伴侣,却在 2008 年 11 月 15 日晚双双身负刀伤,死在自家床上,杨俊的脚上还缠着一圈电线。

一个是有名的羌族民俗服装高手,一个是出色的木匠。因为地震把刚修好的价值 20 多万元的新房毁了,杨俊产生了严重的心理障碍,变得沉默、焦躁,动不动就大声吼叫,甚至是摔东西,而且还自言自语地说:"房子没了,钱也没了,啥都没有了。"辛苦攒下的家业因为地震毁于一旦,这样的突变给杨俊的精神带来巨大的打击,使他无法承受,因此,杨俊选择了先将妻子杀死再自杀,因割腕未成功,又选择触电自杀的方式结束自己和妻子的生命。①

悲剧无可挽回,伤痛难消。他们膝下一双儿女,波娃刚念初一,航航还在擂鼓镇小学读三年级。两个小孩刚刚经历了地震的伤害,如今又如何能接受父母双亡的事实?

世界卫生组织专家指出,没有哪种灾难能像心理危机那样给人们带来持续而深刻的痛苦。许多人经受着突然丧失家园、亲人和好友的剧烈悲恸。灾难给人造成严重心理创伤,若没有外界细致入微的抚慰疏导和心理干预,很难在短时间内脱离恐慌,回归正常状态。特别对于儿童青少年,他们的心理创伤更为严重,因为孩子本身的心理发育不够完善,应对各种事件的能力尚处于成长过程中。而且他们寻求别人帮助的能力也是有限的,如果不进行及时有效的心理干预,今后出现强迫症、恐惧症、焦虑症等各种心理问题的概率会很高。年龄越小,受到心理创伤的影响就越大,会折磨一生,改变人的性格,甚至导致极端行为如自杀和暴力。如果处理不好,恐惧和阴影就有可能一直伴随他们终生。因此,对灾后儿童青少年进行心理干预将是今后一个时期救灾工作的一项重要的任务。

结合有关专家的理论,青少年中需要进行灾后心理危机干预的人群可分为

---

① 资料来源:http://www.scol.com.cn/NSICHUAN/myxw/20081118/2008111872202.htm。

三种①：

第一种是灾难中有家属、亲友和同学去世的青少年,面对亲人或身边同学的突然死亡,他们处于很悲痛的情绪中。

第二种是灾难中幸存的青少年,这些孩子处于一种特殊的心理状态,开始时往往是处于劫后余生的惊喜甚至是狂喜中,继而又往往被当初目睹死亡的悲痛所困扰。

第三种是心理比较脆弱的青少年,例如在发生空难后,很多人深有疑虑,甚至不敢坐飞机。

结合心理危机干预的不同人群以及各种干预的方法,我们认为青少年灾后心理危机干预可以分为如下几个步骤:

第一步,接触受灾的青少年以及评估灾害对其造成的影响。通过接触他们,了解他们对这次灾害的认知程度,他们的情绪及躯体健康状况,亲朋好友,尤其是父母家人的生还情况,对其基本情况进行评估。

第二步,确定干预目标和计划。根据对受灾青少年的评估,确定他们的问题之所在,然后确定本次干预需要达到的干预目标,如帮助青少年正确面对死亡,稳定青少年的情绪等等。与此同时,危机干预工作人员可以根据工作目标制定一定的工作计划,以顺利达到干预目标。

第三步,实施干预。根据确定的目标,选取合适的方式,对青少年进行灾后心理危机干预。如情感宣泄、向去世的亲人默哀,祈祷、帮助受灾青少年重新建立社会支持系统等,帮助青少年从灾难的阴霾中走出来。

第四步,评估干预效果。每次对青少年灾后心理危机干预过后,需要对干预效果进行评估,评估上次干预的效果是否达到预期的目标。如果没有达到,有哪些方面需要加强改进。这可以通过小组案例讨论、请督导帮忙分析等方式进行,以找到问题的解决办法,为下一次心理危机干预做好准备。

第五步,终止干预。当发现受灾青少年情绪认知躯体各方面症状均比较稳定时,则需要提醒受灾青少年"我们要终止干预了"。有些时候,青少年身心各方面趋于稳定,但可能是因为他们已经习惯了心理危机工作人员对他们的关心、照顾,突然中止对他们的干预,他们可能会变得不习惯。因此心理危机干预工作人员需要提前告诉他们,心理危机干预可能在未来的某段时间会结束,让他们在心理上有一个预知,好让这

---

① 资料来源:http:www. people. com. cn。

些孩子在心理上变得独立,而不是一直依赖着心理危机干预工作人员。

三、青少年灾后心理危机干预方法

下面摘录的是一些曾经经历过"5·12"地震的同学们的日记(摘要),里面记录了他们目睹的情景。

……所有的人都慌了神,看着屋顶摇摇欲坠的风扇和墙上突然裂开的大缝,我能看到的,只有东倒西歪的人们和他们脸上写满对死亡的恐惧。

只有一瞬间,我从倒数第二排被狠狠地摔到后面的墙上,此时此刻,我或者说所有人都不知道怎么办才好,我本能地举起身旁的一张桌子,身旁的人和自己一起躲在下边,我望着窗外的山,好像瀑布一样"倾泻"而下,我们能干些什么呢? 除了等待死亡,就只剩下祈祷,为自己,也为大家。

……我们迅速地成立了3个小分队,4人一组,我们开始了自救,一次次地刨砖,一次次地把伤员抬送出去,不知不觉地,手流出了血,腿也受了伤,裤子也烂了,夜幕降临之后,我们小组抬出的几乎都是尸体,可是我们一直期盼,"下一个,下一个一定会是生还者。"带着这种信心,我们一次次地抬出来,又一次次失望……

——北川中学 高三(3)班 卢永海(2008-05-21)

……可是冲到废墟面前,我们却束手无策,看到人被压在面前却救不了,工具全无,巨大的水泥板压在同学身上,动弹不得,有一些跑出来的人满脸是灰,根本无法辨认。在我们面前的一个男生有一只脚被压在废墟之下,浑身没受伤却弄不出来,用手挖也只是杯水车薪,他的腿下便是另一位被压死的小妹妹,只要多迈一步,她或许就可逃掉,可真的是无能为力……

站在废墟面前,看到一片狼藉,尸横遍野,听到满耳的求救之声,敲墙之声,哭泣之声,才真的懂得什么叫渺小,什么叫做无能为力,什么叫做欲哭无泪,什么叫做无从下手,什么叫做世事无常。

——北川中学 高三(7)班 李静(2008-5-21)

抬头一看:一楼早没了,二楼也快没了,它们都陷下去了。刚想离开,便听见有人喊"救救我,姐姐,救救我!"我转过头看见楼西压着一个脸上头上正鲜血直流的男生,血早已模糊了他的双眼,其实在那一瞬间,我犹豫着要不要救他,该不该先保护自己的性命。最后,我还是决定救他。可我再怎么使劲,石板也纹丝不动,死死地压在他的身上,等身边来了几个大男生时,我就帮忙护着他的头,以为这样可以救他,保护他,但是整个楼都压在他身上,要抬起他身上的重物谈何容易。

——北川中学　高三(2)班　王君兰(2008-05-21)

面对着这些无奈的倾诉,我想几乎每个心理危机干预工作者都会很想帮助他们一把,好让这些活泼的孩子回到昔日的快乐中。然而,我们该如何去做呢?

面对突如其来的灾难事件发生时,青少年对所处的紧急状态会表现出情绪、认知、行为活动等一系列改变,这些改变可能会导致一些人出现各种轻重不一的躯体症状,也可能加重或诱发原有疾病,严重时产生意志失控、情感紊乱等心理危机。这场地震的震撼性引起的心理痛苦,无论是心理素质多么好的人,都会悲痛和恐惧。虽然心理应激不是疾病或病理过程,但处理心理应激的方法不同,后果也不同。对于大部分创伤后应激障碍的人来说,应激反应不会带来生活上永久或极端的影响。但是少数人的创伤状态则会渗透进其认知模式和行为模式,这不仅对患者的心理、生理产生严重的影响,导致持久的精神痛苦,而且会影响学习与人际交往,可持续数年甚至延续终生,致使生活质量下降。

为了减轻青少年灾后的不良心理应激反应,避免心理痛苦的长期性和复杂性,促进灾害事件后的适应和心理康复,我们对灾害后的青少年进行“心理援助”工作非常必要。

首先,心理危机干预工作人员需要区别出那些需要进行干预的青少年。例如“5·12”地震中,震区特别需要心理帮助的青少年主要有两类。一类是家里房子垮塌了,亲人受难了,自己的躯体残缺了,以及观察发现情绪极其低落者。另一类是原来就有各种心理疾患的人。如一名咨询工作者在一场面对北川高三学生的考前辅导的讲座中发现,有严重心理问题、难以集中精力学习的学生中,“居丧及严重财产损失的并不多,大多数是过去就心理压力很大,这次地震起到了推波助澜的作用”。对于这些青少年,作为心理危机干预者应该更加关注他们的心理反应。

其次,青少年灾后心理危机干预的工作主要通过个别咨询和辅导及团体咨询和辅导两种形式来进行。个别辅导主要针对有明显恐惧情绪的学生,提供安抚、支持和积极引导;团体辅导可以针对一组比较恐惧、害怕的学生来开展,也可以进行全班的心理辅导,其形式可以有主题班会、讲座、集体活动等方式。两种形式的辅导任务是一致的,即提供安全的环境、引导学生表达和宣泄情绪,同时鼓励学生正视灾难、正视死亡,树立灾难面前我们能有所为的信念,增强信心和控制感,减少和预防心理问题的产生。

1. 个别咨询和辅导

当重大自然灾害发生时,各种交通通信设施大多被破坏了,致使灾难经历者很难联系到自己的亲人,人心惶惶,谣言四起。此时咨询师可以和来访者定一个行为契约,要求来访者不要主动上网收集信息,不要胡乱猜测,按照常规生活。在进行个别辅导时,教师的接纳态度非常重要,千万不要指责学生的软弱或简单要求他们坚强。要承认学生害怕是正常的反应,恐惧也是正常的,并尽量鼓励和引导他们把害怕、恐惧、无助和绝望等情绪表达出来。具体的方法有:

(1) 情感宣泄法

鼓励来访者将自己内心的情感宣泄出来。来访者一般都怀着矛盾的心情来咨询,一方面,他们想从咨询师这里得到帮助,另一方面,他们又害怕将自己内心的感受说出来。因为灾难,孩子的父母、老师、同窗好友可能去世了,自己身体可能出现残疾了,这个时候的来访者内心的感受一定很复杂,有悲伤、有愤怒、有恐怖、有惭愧等等,这种心理上的压力,可能会给孩子造成很大的困扰,他们需要帮助。但是,面对一个陌生的咨询师,孩子可能不会说出自己内心的感受。此时咨询师应该表现出绝对的真诚,消除来访者内心的芥蒂,以对咨询师说出自己内心真正的想法,通过交流,排除掉来访者内心的不良情感。

(2) 哀伤辅导①

哀伤辅导(grief work)强调在失去亲人朋友的悲痛面前,不能沉溺于痛苦中,而应让自己感受和经历的痛苦,通过哭号等方式发泄情感,消除罪恶感、羞耻感、孤独感,进而接纳事实,找到生命的意义。哀伤辅导要经历 4 个阶段:①接受失落的真实性;②经历悲伤的痛苦;③重新适应一个逝者不存在的新环境;④将情绪从已逝者身上转移到生活上。哀伤辅导过程中,倾听非常重要,鼓励来访者说出自己与死者的关系,死者的离去对自己的打击程度等。哀伤辅导中对死者的告别仪式很重要,如咨询师可以要求来访者写下自己对死者想说的话,然后将纸烧掉,或者绑在气球上,到一个开阔的地方将气球放飞。

---

① 扶长青、张大均、刘衍玲:《儿童心理危机的干预策略》,载《心理科学进展》,2009(3)。

同时,可以附加一些放松训练,消除来访者内心的紧张感。咨询师可以给来访者放一段优美的音乐,可以和来访者一起做深呼吸运动。

(3)箱庭疗法

鼓励来访者在沙盘中摆出自己对未来的期盼。在未进行治疗之前,其在沙盘中摆出的未来可能会极其暗淡和消极。通过沙盘中每件物品所代表的意义,咨询师可以从来访者摆放的物品了解到来访者内心的情感和想法。这种方法适用于对比较内向不善于言谈的孩子的咨询。当知道孩子内心的想法之后,可以通过询问孩子"为什么这样摆?"之类的问题,慢慢引导孩子说出自己内心的感受,逐步引导孩子往积极的方向走。

在个别辅导过程中,还有一些需要注意的事项:

(1)与学生建立良好的咨访关系,这是进行良好心理辅导最基本的一步。

建立好了关系,学生才会对心理危机干预工作人员敞开心扉,积极配合心理危机干预工作人员的咨询,说出自己的真心话,期望从干预工作人员这儿获得帮助。心理危机干预工作人员可以提前几分钟到达咨询场所,布置好咨询室,准备好自己的着装。当来访者到来时,要积极地迎候来访者及其家庭成员,同时主动介绍自己。见完面之后,可以和来访者闲聊几句,并询问该如何称呼来访者。

第一次咨询不宜过快地直接谈论孩子的问题,而应该对孩子有一个全面的了解,同时与孩子建立起良好的咨访关系,不让孩子排斥咨询,喜欢在咨询过程中说出自己的情况。其实,在灾难中心理出现障碍的青少年的内心非常矛盾。一方面,他们希望能获得咨询者的理解和同情;另一方面,他们又对外人很抵触,不希望咨询者对他们表示理解和同情。此时,危机干预工作人员需要重视自己的感情投入,要认识自己的感情,重视非言语的情感流露,用开放、全身心投入的态度倾听和关注来访者,这对于给来访者一个好的第一印象很有帮助。心理危机干预工作人员还要注意收集来访者所遇到的问题的信息,如来访者有哪些问题,来访者对这些问题的看法和认识如何,来访者曾经做的尝试以及寻求过的专业帮助等。根据来访者的情况,对来访者的问题作出评价和诊断,给来访者提供反馈,让他们看到当前问题中存在的正向资源,让来访者看到改变的希望。

同时,心理危机干预工作人员还要注意保密原则,不该透露给他人的信息,坚决不透漏给他人,这对建立良好的咨访关系是很重要的。

(2)充分接纳孩子的一切心声,不要对孩子的言行妄加判断。

采用无条件尊重和接纳的态度,如共情、无条件接纳和尊重、真诚等,帮助来访者开始洞察至今他们自己仍未意识到的问题。当来访者所谈的问题含糊不清时,心理危机干预工作人员可以通过适当的提问和语言帮助来访者理清思路,明确自己复杂的情感。

来访者的问题可能有多个角度,将现在的问题过于复杂化或简单化都不对,心理危机干预工作人员可以帮助来访者集中注意其中一个角度,同时认识到问题有多个有关的因素,并重新组织思考。

心理危机干预工作人员要对来访者的言语或非言语性交流的内容进行反应和总结,但是内容不要超越来访者陈述的内容,或是把一种新的观点增加到来访者的陈述中。对于来访者陈述中存在矛盾和差异的地方,心理危机干预工作人员可以指出这些差异,但是不能给出这种差异的理由。这些差异包括言语与非言语行为的不一致,或言语和行为之间的差异,来访者所说的两件事情之间的差异或来访者的感觉和干预工作人员感觉之间的差异。一般而言,当来访者遭到咨询师面质的时候,来访者起初可能会否认;当他们部分觉察到的时候便会开始讨价还价和愤怒,开始对矛盾进行思考;随后可能会接受并承认这些矛盾,但是不做任何改变;随着咨询的深入,这时来访者会超越对矛盾的认识,开始以新的方式看待问题;此时来访者变得更加具有包容性,并以新的方式解决矛盾。整个过程中,心理危机干预工作人员不要去安慰对方,要帮助他们把自己的情绪宣泄出来。

(3)评估青少年的心理状态,准备结束干预。

可以从以下几个方面对青少年的心理状态进行评估:自我接纳程度、接纳他人的程度、症状缓和情况、对未来的目标性增强、能接纳来自他人对自己的评判、对待干预工作人员,并开始注意到周围的环境。

当青少年各方面的状况均比较稳定时,干预工作人员需要考虑结束干预。但是干预结束不能太突然,否则容易引起分离不安,从而导致来访者状态恶化。干预工作人员可以尝试提前预告法,就是在干预快要结束的时候通知来访者,干预将在什么时候结束,或者是逐渐降低干预的频次,如以前是一周一次,变成两周一次,以后慢慢地开始减少,最后停止。

2. 团体咨询和辅导

灾后许多青少年会普遍出现焦虑、恐慌、上课不易专心、情绪及行为的反应不稳定等身心症状,随之许多学生在此期间会有暂时性的成绩下降的现象,在这种情况下可以开展团体咨询。作为心理危机干预工作人员,应该了解学生面临灾变时的这些正常反应,在日常的教学活动中利用每周固定的时间(如班会或辅导课时间),对学生进行团体咨询,可有效疏解学生此阶段的身心压力。

团体咨询的方式可以有很多种,如开主题班会、集体默哀、为死者祈祷、角色扮演、观看励志电影等。下面介绍一个方案,借由团体咨询的方式,教师引导学生在灾后的恐惧和害怕中,对自己的心理和情绪进行重建。

团体咨询的主题可以是"灾难、生命与坚强"。分几个步骤进行①:

(1)导入阶段。心理危机干预人员可以通过描述灾难给孩子们带来的灾难,引出学生们的情绪。

(2)思考与讨论阶段。干预工作人员引导同学们设想:灾难让我们失去了什么?(失去亲人、失去家园、失去自身躯体的完整等)经历灾难之后,我们该怎么办?在这个阶段,干预人员积极调动同学们的讨论氛围,使同学们充分表达自己的看法。让同学们在讨论中体会到:失去是痛苦的,但失去并不意味着绝望。

(3)引导阶段。干预人员和学生讨论"生命的意义",为什么要自己说"我一定要坚强地活着?""活着意味着什么?"在这个阶段,干预人员要把"活着的意义"延伸到怎样看待现实生活中的压力和挫折,引导学生学会珍惜生命,热爱生命。

(4)再保证和学会应对阶段。针对学生表现出来的一些不良情绪和行为征兆,干预人员应以肯定与支持的态度说明这些表现都是正常的反应,并再补充一些或许尚未表达出来的可能征兆、症状与情绪。干预人员可以设计一些情境,通过角色扮演的方式,来教会学生掌握一些应对的方法,如合理认知、学会放松、恰当表达、寻求支持等。

下面是我们和一位心理辅导教师共同设计的灾后团体心理辅导系列设计,可以作为团体辅导的参考。

灾后团体心理辅导系列设计

活动目标:

① 帮助同学们适应新的生活

② 克服地震所带来的消极情绪

③ 鼓励学生自我开放,自我接纳,自我肯定。

---

① 王玲、池琳琳:《地震灾难后中小学生的心理危机干预》,载《小学德育》,2008(12)。

团体辅导一：破冰与相间

辅导目标

① 成员间相互熟识,建立关系

② 培养相互信任感,增强团队的凝聚力,体会团队合作的力量

③ 完成团队成员的心理评估

✧ 活动1：

名称:开班仪式

目的:说明团队的性质、目的、意义等

材料准备:无

活动步骤:(1) 领导讲话(或者省略);

(2) 培训师向成员介绍团队的性质、目的等。

✧ 活动2：

名称:热身:捉手指

目的:放松、有初步的人际接触

材料准备:无

活动步骤:(1) 组织学生站立,围成一圈;

(2) 伸出你的右手,手心朝下;

(3) 伸出你的左手,竖起食指;

(4) 用你的左手食指点住旁边人的右手手心;

(5) 培训师数"1、2、3",当培训师数到"3"的时候,你的右手要去捉旁边的人的左手手指,而同时,你的左手手指要不被旁边的人捉到。

✧ 活动3：

名称:刮大风

目的:自我介绍,相互有初步的了解

材料准备:无

活动步骤:(1) 培训师说:"刮大风。"

(2) 学员问:"刮什么风?"

(3) 培训师把具有某些相同特征的人(如属相相同、出身年月相同、爱好相同等)刮到场地的中央,彼此相互自我介绍。全体学员参加。

✧ 活动4：

名称:团队形成——心有千千结

目的:体会面对困难时团队合作的力量

材料准备:无

活动步骤:(1) 左右手分别握住别人的左右手,手紧紧的不能松开,不能握住同一个人的左右手,团体成员围成一个圈;

(2) 通过走动,团体成员的手相互纠结就像形成很多的结;

(3) 用最快的速度把结打开,恢复成圆。

✧ 活动5:

名称:团队形成:同画一幅画

目的:体会团队合作的力量,了解他们的心理投射

材料准备:彩色笔

活动步骤:(1) 不能相互沟通,每人只画一笔;

(2) 解读这幅图画的意思。

✧ 活动6:

名称:总结与分享

目的:营造安全友善相互信任的团队氛围

材料准备:彩色笔

活动步骤:(1) 分享你在团队中的感受;

(2) 培训师总结活动内容。

团体辅导二:缘来一家人

辅导目标:

① 营造信任的氛围增强团体的凝聚力,培养同学的团队凝聚力和信任感

② 帮助同学们澄清自己的目标和团队的目标

③ 创设良好团队的规范,使同学们在团队中感到安全、有支持

✧ 活动1:

名称:信任之旅

目的:营造安全友善信任的团队氛围

材料准备:蒙眼布条

活动步骤:(1) 同学相互结对子,两人中的一人扮演盲人,一人扮演向导;

（2）"盲人"戴上眼罩后原地转3圈,失去方向感后体验盲人的无助。

① "盲人"旅行过程中,让向导以自己的方式带领盲人去体验周边的世界。

② 角色互换,最好换新同伴,重复上面的活动。最好不要选择原来的伙伴,以陌生对象为好。

活动前的准备工作:场地设置一些障碍:跨越、下蹲、上下楼梯等。

◇ 活动2:

名称:心连心(连环马)

目的:体会团队协作在完成团队任务中的重要性;团队协调能力的训练,合作精神的培养

材料准备:7个篮球或排球

活动步骤:(1) 6—8人站成一排,每两人的肩部之间都放上一个球;

（2）让大家一起列队向前走,走的时候,任何人之间的球都不能掉下来;

（3）如果有球掉下来了,就重新开始,直到大家的球都不掉下来为止;

（4）各组有10分钟的时间可以讨论和预演;

（5）各组完成"连环马"活动,用时少的队获胜。

讨论:在你的小组里开始沟通时是否有冲突发生,后来又是如何解决的?(可以问持大球者、持小球者、掉下者、责怪者)本游戏对我们日常工作有什么启示?

◇ 活动3:

名称:澄清团体目标

目的:引导成员做团体的主人;了解成员对团体的期望;澄清团体潜在的价值观冲突

材料准备:材料见附一

活动步骤:(1)向成员分发卡片,填写团体活动的目标及希望;

（2）成员相互分享感受,修改目标;

（3）将最后完整的、有层次的目标贴在金字塔上。

◇ 活动4:

名称:形成团体契约

目的:建立团体规范、规范团体行为,创设安全的环境

材料准备:材料见附二

活动步骤:(1) 共同讨论大家遵循的规范;

        (2) 在"希望之星"上填写内容,一个角代表一条规范。

◇ 活动5:

名称:总结与分享

目的:逐一发言谈谈自己的收获;评价团体的舒适度

材料准备:材料见附三、附四

活动步骤:(1) 填写团体效果的评估表;

        (2) 评价团体的舒适度;

        (3) 请成员轮流用一两句话来表达自己的收获,或者印象最深刻的
事情。

附一、团体的期望单:金字塔

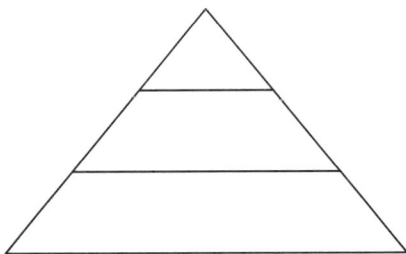

附二、团体契约:希望之星

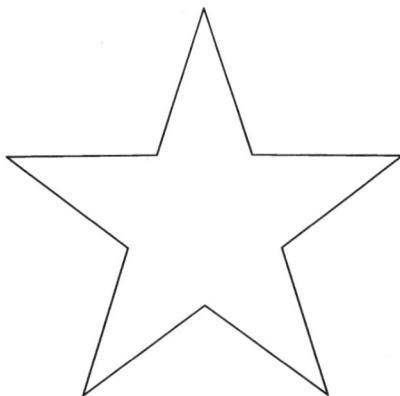

附三、团体辅导效果的评估

① 在这个团体中,最让我感到舒服的时候是:

② 在这个团体中,我最害怕:

③ 在这次团体聚会中,我印象深刻的是:

④ 这次团体聚会,我最大的收获是:

⑤ 目前,我最大的压力是:

⑥ 我应对压力的方法是:

⑦ 我对这个团体聚会的期望是:

附四、评价团体的舒适度

你会用什么样的字眼来形容自己在团体中的感觉,这种感觉代表的是你现在在团体中的舒适程度。用1—10的分数来评价你的舒服程度。有没有人愿意谈谈自己在团体之中的感觉?

团体辅导三:面对灾难

✧ 活动1:

名称:涂鸦画活动

目的:鼓励成员直接去"做"、"画",来代替去"想"的暖身活动,帮助成员将自己最原始、抽象的图样呈现出来

材料准备:白纸、彩笔

活动步骤:老师说明规则:以涂鸦式的线条与图形画出你记忆最深刻的灾难一幕。

(1) 组长协助组织小组活动,发放彩色笔(蜡笔)、A4白纸

(2) 非惯用手涂鸦

请成员在第一张白纸上,用非惯用手在白纸上涂鸦:用刚才所选的颜色在纸上乱涂。

原理说明:采用非惯用手涂鸦,可以减低成员对创作好坏的焦虑。然而,涂鸦是最简单的方式,它无关乎任何绘画的技巧,同时可以突破好坏美丑的概念,涂鸦会唤起人们早期涂鸦的经验与记忆,这是鼓励成员直接去"做"、"画",来代替去"想"的暖身活动,帮助成员将自己最原始、抽象的图样呈现出来。

(3) 惯用手涂鸦

A. 请成员将白纸反过来,再选另一个颜色,用惯用手在白纸上涂鸦。

B. 视觉分享:请成员比较左右手这两张图画的面貌与形式,只做作品的"视觉分享",可以观察自己左右手的涂鸦形式,以及自己与他人的相似、相异。

(4) 老师小结

帮助学生调适这一灾难事件对他的冲击,指出通过重构技巧,转化强大的压力,进而重新得力。

教师:刚才大家都画下了自己心中的境像,你能以"看图说话"方式来做分享与讨论吗?

各小组在小导师的引领下畅谈原因,分享活动体验。找个别同学在班中发表看法。

教师:刚才通过一个小游戏,同学们都动起来了,期待下面的游戏能让大家更投入,更深地认识到"沟通"的快乐。

◇ 活动2:

名称:祷词大串联

目的:生命关怀的活动

材料准备:无

活动步骤:(1) 活动

选择歌唱、游戏、运动,祈求上苍保佑,并祝福罹难者在精神世界安乐。用跳,用唱,用诗歌形式表达出来。

(2) 分享感悟

A. 在小导师的带领下,小组分享感受、收获,把分享提纲写在小黑板上。

B. 全班共同分享经验、感受,谈收获,感受生命的重要性。

◇ 活动3:

名称:肌肉放松法

目的:放松疗法

材料准备:无

活动步骤:想象自己很生气的样子,拳头捏得越来越紧,越来越紧,眉头也成一条线,全身紧绷,持续 30 秒,然后再慢慢放松,将自己全身的肌肉都放松。

◇ 活动 4:

　　名称:总结与分享

　　目的:营造安全友善相互信任的团队氛围

　　材料准备:无

　　活动步骤:(1) 分享你在团队中的感受;

　　　　　　　(2) 培训师总结活动内容。

团体辅导四:快乐分手

辅导目标:

① 协助成员对团体的回顾和整理

② 协助同学们应用反馈及接受建议性处理

③ 认识到自己在团体中的改变

④ 圆满结束活动

◇ 活动 1:

　　名称:我的五样

　　目的:体验"失去"对自己生命的意义,珍惜目前的拥有

　　材料准备:白纸、笔

　　活动步骤:(1) 填写自己生命中最珍爱的五项;

　　　　　　　(2) 逐一删去自己珍爱的人或物,越到后来越能引起强烈的冲突,冲突给自己的生命带来深深的震撼;

　　　　　　　(3) 分享此次活动的心得。

　　具体操作可见附件五。

◇ 活动 2:

　　名称:说出心中的感谢

　　目的:学会表达感谢

　　材料准备:无

　　活动步骤:(1) 在你们的生活当中有没有特别要感谢的人?

　　　　　　　(2) 有没有跟他们说过感谢的话?

　　　　　　　(3) 有没有人愿意说出你想感谢谁,为什么感谢他?

（4）邀请大家，找三个觉得需要感谢的同学，叫出他们的名字，然后说出为什么要感谢他。

❖ 活动3：

名称：回首来时

目的：总结团体活动的感受，融洽成员的关系

材料准备：无

活动步骤：（1）培训师和成员一起回忆四次团体活动中难忘的情景；

（2）成员谈谈自己的感受；

（3）团体评价，培训师对成员作总结。

❖ 活动4：

名称：祝福

目的：将美好的感受用祝福的形式表达

材料准备：无

活动步骤：（1）发给每位成员三张卡片，请成员选择三位他想给予祝福的成员；

（2）同唱《友谊地久天长》。

附五、"我的五样"①

先拿出一张白纸，洁白无瑕，没有格子，没有折痕，没有因上页纸用笔过重而留下的任何印迹，平展得好似撒哈拉沙漠。再准备一枝黑色的签字笔，实在找不到黑色的，蓝色也行。注意啊，不要用红色的，太鲜艳的颜色，容易触目惊心。做游戏的时候，放松最好。放松使人的心理能量平缓下来，使身心从外在的世界抽离，用思维的板擦把大脑刷洗成虚位以待的空白，等待着深层信念的浮起。

准备好后，在白纸顶端，一笔一画，写下"×××的五样"。这个×××就是你的名字。

这个步骤一定不要省略，因为我们平时除了使用信用卡或是领取重要资料时需要签字，已经很少有机会专心致志写下自己的名字。这个瞬间，请你细细地体会和内心相拥的感动。这个名字代表的不是别人，就是你自己啊。它代表着你的身体、你的记忆、你的爱好和你的希望。你的名字和你密不可分，包容着你这个人的音容笑貌、举止

---

① 毕淑敏：《心灵7游戏》，北京十月文艺出版社，2004。

言行,覆盖了你的整个疆域,也牵涉着你的历史和预示着你的将来。总之,它就是你的一切。此刻,天地万物都暂时不存在了,只剩下你的名字和你的心在一起。当我们孤零零地来到这个世界时,你只有你自己。当你有一天离开这个世界时,也是你一个人飘然而去。无论有多少人围在身边,迎接我们的诞生和送别我们的离去,在本质上,我们都是孤独的。好了,现在,请你用黑色的笔在雪白的纸上,飞快地写下你生命中最重要的五样东西。

这五样东西,可以是实在的物体。比如食物、水或钱;也可以是人和动物,比如父母、妻子、儿女、丈夫或狗;可以是精神的追求,比如宗教或理想;也可以是爱好和习惯,比如旅游、音乐或吃素;可以是抽象的事物,比如祖国或哲学;也可以是具体的物品,比如一个瓷瓶或一组邮票。总之,你尽可以天马行空地想象,只要把你内心最珍贵的五样东西写出来就是了。

不必思来想去,左右斟酌。脑海里涌出什么念头,就提笔把它写下。最先涌出的想法,必有它存在的深刻理由,如实记载即可。不必考虑顺序,排名不分先后,既不按ＡＢＣＤ,也不按姓氏笔画。

此刻,在你面前,已经不再是一张白纸了,纸上有了你亲手留下的字迹。请你目不转睛地看着它们,屏住气,看上一分钟。记住那些笔画的每一笔顿挫和它们在你心中激起的涟漪。这支集结而来的小小队伍,就是你生命中的至爱。它们藏在你心底,是你最大的秘密。也许在今天之前,你还没有认真地思考和珍惜过它们,但从这一刻开始,你知道了什么是你维系生命的理由。游戏做到这里,已经完成了一半。现在,我们要做另一半了。如果说,前面这一半还有温暖的回忆和惊喜的发现,那么,请原谅,后半部分就有严峻和凄冷,请你做好足够准备。

糟糕! 你的生活中出了一点意外。到底是什么呢? 我无法说得更详细、更清楚。人生的曲折小径,有很多意外潜伏在那里,好像凶恶的强盗,要你留下"买路钱"。你要付出代价和牺牲,你可以悲伤和愤慨,最重要的是,你还要继续向前。也许,可以这样说,没有意外的人生是不正常的,只有不断的意外,我们的人生才会充满活力和动荡。倘若一切意外都消失了,那也必是生命终止之时。

怎么办? 生命中最宝贵的五样,保不住了。你要舍去一样。请你拿起笔,把五样之中的某一样抹去。

注意,不是在那样东西旁边打上一个"×",还保留着它的基本形态,就是说,你还可以透过稀疏的遮挡看清它。丧失绝非这样仁慈。你要用黑墨水,将这样东西缓缓地,但是毫不留情地涂掉,或者用刀子将它剜掉,直到它在洁白的纸上成为一个墨斑或黑洞,再也无法辨识。如果你抹去的是"鲜花",那么从此你的生活中将不存在春天和芬芳,你将永远告别灼目的牡丹和美艳的玫瑰,连田野中的雏菊和蒲公英也看不到了。你没资格再进花园,连瞅一眼也不可能。你亲手将一瓣又一瓣花朵扯碎,看着它们融入泥泞。在这个过程中,请你细细体察丧失之感所引发的痛楚。

你的纸上剩下了四样宝贵的东西,还有一个黑洞。此刻,生活又发生了重大变故,来得更凶猛急迫,你保不住你的四样了,必须再放弃一样。

请三思而后行。

我猜,如果说第一次要你放弃的时候,你多少还有些漫不经心的话,这一回,你要郑重行事了。千挑万拣,选中的都是至爱。你会说,已经删削到不可压缩了,又要减去一样,这不是强人所难嘛!

不错,就是强人所难。这是这个游戏的玩法,也是命运的某种残酷。不管你有多少怨言和不情愿,请你遵照游戏规则,用你的笔,把四样当中的某一样涂黑。再次提醒,不是轻轻勾去,而是义无反顾地将它完整地从你的视野中除掉。如果你把"钱"抹去了,从此你就变成一个穷光蛋,今后就要和灯红酒绿、锦衣玉食、宝马香车、百媚千姿的奢华日子,彻底"拜拜"了。你虽不至于因贫困冻饿而死,却绝对进不了富豪的行列。如果你舍不得,下不了这个决心,那就把"钱"留下,不必勉强,换另外一样去赴"杀场"。如果你是一个女人,你选择放弃了"工作",就再不要幻想自己朝九晚五,穿着优雅的套装,在办公室里袅袅婷婷地走过,而要准备习惯穿睡衣,扎围裙,在家中烹饪打扫,相夫教子,还有百无聊赖地看夕阳的生活。

游戏至此,有人已猜出了下面的玩法,露出摸到底牌的神色。我承认你很聪明,也承认这不是一个复杂的游戏。为了你的利益,希望你把注意力从游戏的玩法上跳开,而更关注你写下字的这张纸。游戏最重要的部分即将展开,重要的不仅是规则,而是在过程中你对自我心灵的察觉和领悟。

白纸上,还有三个选项和两个已经看不出名堂的黑斑或黑洞。只有你知道,黑斑或黑洞里埋葬的是什么。生命进程中,你又遇到了险恶挑战。这一次,你又要放弃一样宝贵的东西了。

游戏进展到这一步,往往会遭遇顽强阻抗。有人愤愤地说,什么破游戏?不玩了!不玩了!不停地放弃下去,人生还有什么意思!不,我不放弃!决不!剩下这几样我都要,一样也不能少!就像老葛朗台握住他最后的一块金币,我绝不松手!甚至有人说你太残忍了。你怎能让人这样不停地选择，不停地放弃？你没有这个权力！

我总是对自己，也对大家说，请坚持下去。游戏的核心价值就在这里——你要学会放弃。的确，我是没有这个权力，但生活有这个权力。

也许有人会心生怨言，说早知道这个游戏如此玩法，我干脆从一开始就写上些无关痛痒的东西，这会儿放弃起来，也不会如此撕心裂肺地痛。

不管你说什么，只要你坚持下来，胜利就不远了。你已经一步步地接近了赤裸裸的真实，最关键的部分就要横空出世。纸上已经发生了根本的变化——划掉了三样，保留下了两样。纷繁的事物如今已眉清目秀。被涂抹掉的三个黑斑，如同黑色石碑，掩埋着你的所爱。请听好，事情还没有完，咱们还要继续……

如果在课堂或是会场上，这时，通常会有人交头接耳，对游戏的发起人出言不逊。"你到底还想怎样？在你的逼迫下，我已将那么多心爱的东西一件件放弃。你不要得寸进尺，你还有完没完？你不要穷凶极恶地逼人，我不玩这个讨厌的游戏了！"我理解你的憎恶，明白你的烦躁和潜在的恐惧不是针对游戏，而是指向命运。对不起，游戏的本意并不是要冒犯你。希望你咬牙坚持，咱们把游戏进行到底。这不是我逼你，是生活本身会逼。残酷的压榨不是来自一张白纸，而是来自不可预测的命运。危险无处不在，机遇稍纵即逝。当然，如果你实在玩不下去了，可以中断退席。

坚持有益。这毕竟只是一个游戏，无论你的选择多么伤感，终究还不是现实中的血肉横飞。命运本身的征伐之烈，比最富想象力的游戏更要丰富百倍。

咱们一竿子插到底。是的，你的生活滑到了前所未有的低谷，你必须作出你一生中最艰难也是最果决的选择。你只能留下一样，其余全部放弃。

游戏进行到这里，四周往往是洪荒一样的寂静，数十人、上百人的会场，听得见银针落地。每个人都沉浸在煎熬之中，所剩两样，精中选精，都是你心中的至爱。放弃哪一样，都是刻骨铭心的痛。有若干次，我听到场上响起轻轻的饮泣。有人愤怒地看着我，要求把这不人道的规矩破一破。我心中何尝不难过？想当初我自己把游戏做到这一步的时候，也是五内俱焚，恨不得扔了纸笔一个箭步逃出。

要挺住啊。我这样对自己说，也为所有玩着这个游戏、一步步走到此刻的朋友们鼓劲。你可以哭泣，为了你所有失去的珍爱。你也可以犹豫，为了你割舍不下的情愫。你也可以反悔，那样你就不停地在犹疑之中煎熬。当然，你也可以"不作为"，不选了，剩三两样并驾齐驱，又能怎样？

坚持有益，这毕竟只是一个游戏，无论你的选择多么伤感，终究还不是现实中的血肉横飞,你必须作出你一生中最艰难的也是最果决的选择,你只能留下一样,其余全部放弃。大难当头,千钧一发,看你往何处躲?到此,游戏基本上见出眉目。你的纸上只剩下了一样东西,这就是你最宝贵的东西。你涂掉了四样,它们同样是你宝贵的东西。被涂掉的顺序就是你心目中划分的主次台阶,有点像奥林匹克竞赛中的领奖台,冠军是金,亚军是银,第三名是铜。

好好记住这个顺序吧,如果在生活中遇到无所适从的时候,不妨用头脑中的打印机,把这张纸无形地打印出来。也许,奇迹就会发生,你的答案也就顺滑地诞生出来了。

当然,除了干预人员组织的团体咨询和辅导,学生的自助行为也会对缓解其症状起到重要的作用。干预人员要教给学生一些自助的方法,帮助学生面对并且接受正在经历或者可能经历的心理历程,使学生重拾信心,如作画写作、自问、规划美好未来等。

除此之外,学校在心理危机干预中也起到非常重要的作用。当灾难发生时,很多基础设施可能会遭受损毁,使得本已经很迷失的青少年由于和亲人联系不上而变得更加惊慌无助。为此,学校应该及时给全校学生提供客观准确的信息,以及时禁止流言蜚语,尽量稳定学生的情绪。其次,开放学校心理咨询室,为广大学生提供心理上的支持。再次,及时处理学生负性情绪,培训一些心理素质较好的学生当作临时心理咨询员处理同学中的心理问题。此外,还可以组织一些专题讨论。将青少年安置在一个安全的地方,就某个主题进行集体讨论,让同学们知道各自心中的想法,使得他们不至于觉得自己很孤立无援。另外,还可以组织一些艺术活动,艺术活动的表达可以鼓励学生从事绘画、音乐、话剧等活动,将这次的灾难经验转化为具有创造力的潜能。①

四、青少年创伤后应激障碍的心理危机干预

我们在前面阐述的灾后心理危机干预方式适合症状比较轻的青少年,在受创伤事件冲击的群体中,有一部分在创伤后应激症状明显,程度严重,且持续时间长,一般咨询手段难以使之康复。学界一般会根据一定的标准,如被普遍采用的美国精神障碍诊断与统计手册的诊断标准,将这一类心理危机称为创伤后应激障碍(PTSD)。

以下主要介绍几种常见的PTSD心理危机干预方法。

---

① 赵静波:《灾后儿童青少年心理危机干预》,载《中国医学论坛报》,2008‐5‐29。

1. 药物治疗

研究表明[1]，目前用于 PTSD 治疗的药物较多，主要有苯二氮卓类(Benzodiazepines，BZ)、抗抑郁药(如选择性 5-羟色胺再摄取抑制剂，SSRIs)、非典型抗精神病药、抗惊厥药等。药物治疗是 PTSD 主要治疗手段之一，很多药物治疗有效。应激早期应用 BZ 可预防 PTSD 的发生，但长期应用易导致依赖，停药出现戒断反应，还损害认知功能，不宜首选。SSRIs 抗抑郁药疗效和安全性好，不良反应轻，目前被推荐为一线用药，其他新型抗抑郁药和非 BZ 类抗焦虑药疗效较好，不良反应轻，是治疗 PTSD 较有前途的药物。三环类抗抑郁药(TCAs)和单胺氧化酶抑制剂(MAOIs)疗效肯定，但不良反应较多，应用要谨慎。由于各种药物的作用机制不同，一种治疗无效可选用其他药物，并维持足够的治疗时间，长程治疗十分必要。然而药物治疗会给病人带来很大的副作用，因此，心理危机干预人员还要尝试着使用非药物的治疗方法对 PTSD 患者进行治疗。

2. 紧急意外事件压力经验分享(Critical Incident Stress Debriefing，简称 CISD)

CISD 是 1983 年 Mitchell 在吸取了"及时、就近和期望"军事应激事件干预原则经验的基础上，提出的为维护受到自然灾害、事故等重大事件应激的紧急救护工作者身心健康的干预措施，后被多次修改完善并推广使用，现已开始用来干预遭受各种创伤的个人[2]。CISD 分为正式援助和非正式援助两种类型，非正式援助是由受过 CISD 训练的专业人员在现场进行的急性应激干预，大概需要 1 小时。正式援助共分 7 个阶段进行干预，通常在伤害事件发生后的 24 小时内进行，一般需要 2—3 小时，具体步骤是：(1)介绍。介绍对于建立援助的信任氛围至关重要。除介绍小组成员和 CISD 的过程与方法外，还要寻求降低阻抗并激发当事人讨论敏感问题。(2)发现事实阶段。要求参加的所有成员描述他们各自在这一事件中的角色和任务，并从他们自己的观察角度出发，提供所发生事情的一些具体事实。(3)想法阶段。CISD 小组指导者询问当事人有关事件发生最初和最痛苦的想法。将事实转向思想，开始将事件人格化，让情绪表露出来。(4)反应阶段。这是当事人情绪最强烈的阶段，干预者依据现有信息，挖掘出他们最痛苦的一部分经历，鼓励他们承认并表达出各自的情感。(5)症状阶段。要求小组谈论他们各自在事件中的情感、行为、认知和躯体经历，使小组回过头来对事件

<hr>

[1] 资料来源：http://www.psycard.com/CACG/ShowArticle.asp? ArticleID=15593。
[2] 程灵芝、李川云、刘晓红、黄丽婷、严进：《急性应激干预的原则和方法》，载《中国临床康复》，2003(3)。

有更深刻的认识。(6)指导阶段。此阶段要强调他们这些反应非常符合严重压力下的症状,都是正常的,并给他们提供一些促进整体健康的知识。(7)再进入阶段。结束报告并总结修改计划。CISD模式对减轻各类事故引起的心灵创伤,保持内环境稳定,促进个体躯体疾病恢复等有重要意义。

3. 引导想象(Guided imagery)

引导想象法实际上在CISD中的事实阶段、感受阶段已得到运用①。引导想象的主要目的是重现并完整地经历创伤,最后达到心理创伤的愈合。可以让学生在脑子中再现灾情,或者回忆最初得知同学、老师去世的消息时的感受,并再次投入地体验当时的认知、情绪和行为状态,使创伤者在最初创伤的我和此时的我之间建立完整的链接,进而依托自身的潜在康复力量,重建自我,逐渐恢复健康。这里需要注意,对小学生进行引导想象,可能会遇到阻抗。这时,可以结合画画和讲故事等技巧,如让他画一幅与死者有关的画,讲述一个生前与死者的故事,从而引领他进入对创伤事件的想象。

4. 空椅子技术

空椅子技术是干预者为了处理来访者个人内部或与别人之间的冲突而使用的方法。干预者使用不同的椅子代表来访者个人内部或与别人之间不同的冲突力量,并使他们之间进行模拟对话,让不同的力量由冲突达到协调,进而使来访者人格得到提升,与外在环境和谐相处。

PTSD患者往往因为亲人或朋友的突然离去,在内心感到非常悲伤、痛苦,甚至悲痛欲绝,然而这种内心的痛苦却没有找到合适的途径进行排解。此时,可以将一张椅子放在来访者面前,假定来访者已去世的亲人或朋友坐在这张椅子上,患者把自己内心想对他们说却没有机会或者没来得及说的话表达出来,从而使内心趋于平和。空椅子技术就是借托椅子来虚拟出一个角色,让创伤者通过这个通道,把内心的挣扎和矛盾倾吐出来,表达出压抑的情感,补全心中缺口的情节,进而使自己的心理得以完形和复原。

应该注意的是,使用空椅子技术之前,应该对来访者进行深入的了解,看来访者是否适合用空椅子技术进行咨询;然后心理危机干预人员要营造出一种气氛来,引导来访者说出自己的真心话。刚开始,来访者可能会认为空椅子技术是一种很幼稚、很无聊的行为,此时危机干预人员需要注意引导来访者投入真的感情,营造出一种真实

---

① 应贤慧:《创伤事件后中小学受冲击群体的危机干预》,载《中小学心理健康教育》,2008(11)。

的对话氛围。

第三节　灾后心理危机干预案例

案例一：穿越天堂的爱①

1. 背景介绍

这是一例"福建省赴四川灾区青年志愿者心理援助服务队"在都江堰地震灾区所做的一个哀伤辅导案例。我们（以下我们均指福建省赴四川灾区青年志愿者心理援助服务队）运用了心理治疗技术中的"完形疗法"，采用心理剧中角色扮演的形式，分别通过：相识和联结、建立力量圈、整理心灵空间的大小、在心灵空间中游走、强化当下感受、选择角色扮演内在心灵力量和资源、面对和接纳现实、与死者告别、附加现实、剧像化技术等一系列的过程来使丧亲者走出哀伤，面对和接纳现实，找到新的生活力量和方向。

案例详细介绍如下。

13岁的小梦是一名六年级的学生，从小与舅母生活在一起多年，在小梦内心，舅母就像她的妈妈，给她关爱、呵护，教导她做人的道理。舅母是都江堰中医院的一名护士，美丽善良、充满爱心。舅母在小梦眼里就像美丽的白衣天使。然而就在5月12日14点28分的那场巨大地震中，舅母却永远离开了她，没有留下一句话。小梦顿时感觉她的世界塌了。从那天开始，小梦整日以泪洗面，脑海中全是舅母看着她时的美丽笑容和对她温暖关爱的一幕一幕。她爱舅母，舅母那些如母亲般的关爱还历历在目。

2008年5月28日下午，小梦参加了"福建省赴四川灾区青年志愿者心理援助服务队"在受灾群众安置点举办的阳光心理学校的学习。在我们心理咨询师的团体心理辅导"圈里圈外"的筛查中，小梦每一次都泪如雨下。当咨询师说道："在地震中失去房子的朋友请站到圈内。"小梦第一个站进了圈内，小梦流着泪说在这次地震中她家的房子坍塌了。接着当咨询师又说道："地震中有亲人朋友受伤的请站到圈内。"小梦又站进了圈内。小梦说她的很多同学和亲戚在这次地震中受伤了。咨询师接着说："地震中有亲人逝去的请站进圈内。"这时，小梦开始大哭起来，她又第一个站进了圈内。于是我们运用团体的动力给予了小梦及时的心理力量的支持。心理咨询师明显地感觉到

---

① 资料来源：http://www.ilovepsy.com/html/xinlixuedongtai/2009/1110/1243.html。

小梦处于极度的哀伤中,于是我们跟她约定好第二天上午到我们的驻地进行单独的心理辅导,小梦犹豫了一阵子,但还是答应了次日前往我们驻地。

2. 干预过程

29日上午,小梦在同学的陪同下准时到达了我们驻地。第一眼见到小梦时,她依然满脸的哀伤,手里还捧着她舅母的照片和一个手镯。还未走进我们的治疗室,小梦的眼圈就红了。为了缓解小梦紧张和压抑的情绪,我们让小梦在帐篷外稍坐了几分钟。因为环境所限,我们的治疗室就设置在简陋的帐篷里。在我们的引导下,小梦走进了帐篷治疗室。于是我们7名咨询师围成一个圈,为了跟小梦有一个联结,我们一一报上了自己的名字。考虑到小梦缺少亲情,也为了让我们更快地贴近小梦,让小梦能有一种亲切感,所以我们分别把自己的称呼改成了"叔叔、阿姨"。我微笑着告诉小梦"我叫戴仕梅,叫我戴阿姨"时,小梦跟我微微点头示意。

咨询就在这充满爱和关切的氛围中开始了。在进行哀伤处理的过程中,我们首先给小梦建立"力量圈",让她在接下来的治疗中有足够的力量来面对与舅母的分离,不再掉进哀伤中,并能接纳现实,重新找到生活的力量。于是我们在带来的许多各种颜色的彩色布条中找到了各自给予小梦的力量色彩,咨询师中有选黄色的,也有选绿色的,还有选择白色的……我选择了其中一条象征爱与温暖的桔黄色布条,我们分别表达了自己给予小梦不同的力量支持。

小梦选择了一条象征爱和温暖的大红色布条。她说"这是舅母给予她爱的力量"。大家一一把象征力量的彩色布条围成了一个圈。

当咨询师赵冰洁教授问小梦:"你感觉这个心灵圈的大小可以吗?"

小梦很快回答:"我希望这个心灵圈再大一些",于是小梦把所有的彩色布条都往外移了很多,直至帐篷的边缘,已经无法再扩大了,她才慢慢停了下来。

当咨询师再问她:"你现在满意这个心灵圈的大小吗?"

小梦点点头,眼圈再一次泛红。咨询师开始让小梦在这个圈内不断地走动,感受这份心灵的力量,强化当下的感受。

接着咨询师问小梦:"你在舅妈身上收获了些什么?"

小梦又开始落泪了,她说:"舅母人很好,本来这次她是不会走的,因为5月12号那天是舅母休息的日子,可是舅母看到一位同事家里有事很忙,便主动帮那位同事顶班,结果恶梦就这么降临了,地震时舅母还在写病理呢。舅母一直很勤劳,也很辛苦,她总是在不断地为别人付出,而给予自己的却很少很少……"说到这里时小梦已泣不成声。

我们也被小梦的真情和她对舅母的爱所感动了,都情不自禁地掉泪了。

咨询师再次问小梦:"你在舅妈身上收获了些什么?"

"我从舅母那收获了爱、幸福、温暖、力量、关心、善良……"

于是,赵冰洁教授让小梦分别在我们七位咨询师中选择代表她这些内心资源的角色,她一一选择出来了,并按照她自己内心的感觉,把我们代表她资源的角色摆放在了她身边,她心目中理想的位置。我们分别扮演她的爱、幸福、温暖、力量、关心、善良,我们用真诚的目光注视着小梦,不断地对小梦说:"我是你的爱,我会一直陪伴你","我是你的幸福,我会一直陪伴在你身边","我是你的温暖,我一直在你身边","我是你的关心,我一直在你身边……"我们不断的面对着小梦说着"我是你的……我一直在你身边",以此来强化小梦的内在资源,并一直跟随在小梦的身边,让她直观地看到和感受到自己还拥有这么多的资源,感受到自己是有力量来面对现实的。

在接下来的治疗中,咨询师肯定地对小梦说:"舅母是个好人,像天使一样,那么你现在想对舅母说些什么或是做些什么呢?"

于是,小梦选择了给舅母表达她的思念:"舅母我很想念你,也很感恩你对我如自己女儿般的呵护,我爱你……"咨询师再问她:"舅母听了你这些话,她会怎么回答你呢?"小梦流着泪说:"舅母希望我好好生活,快乐健康,并且照顾好表弟。""那么你会怎么做呢?""我会用舅母给我所有的爱来照顾好弟弟,并且好好地活着,不让她在天堂担心。"于是,咨询师又选择了我扮演她表弟,另一位咨询师代表她舅舅的角色。我用很坚定的目光看着小梦说:"姐姐,我希望你快乐,我们需要你……"小梦再一次流泪了,但此时此刻小梦流下的却是一份坚强的泪水。咨询师问小梦:"你希望舅母会去向哪里呢?""舅母是个好人,她一定会去天堂一样美丽的地方,那里像世外桃源一样,有小桥流水,有花香鸟语……我想舅母一定会在那里,她会在那里快乐地生活,好好休息。"为了减少小梦对舅母的思念和担忧,让她形象化地感受到舅母是去了一个很美丽的地方,于是咨询师让小梦把舅母在的那个世外桃源让她亲手布置出来。小梦犹豫了很久,最后她告诉我们:"那个地方太美丽了,我无法把它布置出来,就让我在脑海里想象那个美丽的景象吧。"最后咨询师很庄重地用双手捧着小梦带的舅母的照片和手镯坐在了地板上,以舅母的角色关切地对小梦说:"舅母感受到了你的思念和对舅母的好,我很欣慰,舅母很累了,真的需要休息了,就让我在这安心的休息吧,这里很美丽,是我向往的地方。虽然舅母离开你们太匆忙了,但舅母爱你们,舅母希望你快乐坚强,照管好弟弟,这是舅母的心愿。舅母人虽然不能陪伴在你身边,但舅母的爱会永远陪伴在你身边……"咨询师再一次强化小梦:"生命有限,但爱是无限的,爱是可以永存的。"小梦点头:"我要把舅母给我的爱传递给弟弟,并且爱所有的人。"咨询师用"精神挽留"的方式,来帮助小梦接纳舅母虽已离开她了但舅母的爱却永存这样的事实。

最后,是小梦与舅母的告别仪式,咨询师征求小梦的意见,希望把舅母放在哪个位置,小梦说:"我要把舅母放在心里。"于是小梦选择了洁白的布条把舅母的照片和手镯小心翼翼地包裹起来,贴在了心口,并且把象征爱的红布条和象征淡淡思念的紫罗兰色布条一起贴在了心口。小梦把对舅母的思念"打包"好,放在了内心深处的某个地方,在偶尔需要的时候,依然可以拿出来看看,感受一份淡淡的思念,并且把舅母的爱传递给身边所有爱她的人和她爱的人……

咨询在一团拥抱中结束了。小梦终于露出轻松、平静、美丽的笑容。

就在治疗结束的第二天,也就是 2008 年 5 月 30 日,小梦来到了阳光心理学校,带着平静而自信坚定的状态融入到了同学们的学习和互动中。在接下来的几天里,小梦的情绪一直很平静而快乐,她积极参加各项活动,并且在我们为灾区儿童举办的"六一联欢会"中,小梦还担任了节目主持人,她表现得自信而坚定。她还用自己积极自信的心态去帮助其他需要帮助的同学。就在我们 6 月 4 号离开都江堰时,小梦还主动担任起了阳光心理学校少年班的小班主任。她充分感受着舅母的爱及大家给予她的爱和支持,她说她要把这份爱传递给更多的人。

在我们回到福建的次日,我接到了小梦发过来的短信,在短信中小梦写道:"老师,我回小金了。希望多多想念我,我会永远想念你们的! 是你们让我快乐、幸福、温暖和对未来有了希望!!! 谢谢你们!!! 想念你们的小梦!!!"

小梦,我们永远祝福你!

案例二:走出阴霾,阳光生活①

1. 背景介绍

患者是一位小学五年级学生,他的班级原来有 60 个同学,地震后仅有 10 个幸存者。"5·12"汶川大地震发生时患者正在上课,在往外逃生时被断裂的水泥板压住左

---

① 梁雪梅、刘可智、郭兰婷等:《汶川大地震伤残住院儿童的个别心理危机干预》,载《华西医学》,2008(4)。

下肢,身体其他部分尚可活动,在被掩埋了2小时后被救援人员发现,患者能与救援人员交流,并接受了救援人员给他的一瓶矿泉水。这时,患者听到离他不远的地方有个同学跟他说:"给我点水喝,给我点水喝。"但是他始终无法看到这个同学在哪里,也无法把水递给这位同学,最终那个同学跟他要水喝的声音永远地消失了。患者一直认为是因为自己没有把水交到那个同学手里才导致了该同学的死亡,他一直很伤心、很内疚。患者被救出后因左下肢无法保留被截肢。患者非常喜欢体育运动,如踢足球,打篮球,一时无法接受被截肢的现实。患者在住院期间表现为紧张,不与他人交流,易激惹,夜间易惊醒,多梦,梦的内容多为与死去的同学在一起,一起踢足球,一起在医院接受医护人员的救治,白天的时候床稍微摇晃,患者就显得紧张、害怕,高声喊"地震了,赶快跑"。

2. 案例分析

本案例属于比较典型的PTSD,是由外部事件引起的,具体原因为遭遇大地震后亲眼目睹同学的死亡及自己左下肢被截肢。第一次干预是一次比较简短的会谈,时间大约半个小时左右,主要是与患者建立关系,取得患者的信任。在进行危机干预前,首先要对危机状况作出准确的评定,而作出适合患者切实情况的心理评估是危机干预成败的关键,而且它贯穿于危机爆发到危机缓解或解决的整个过程中。大致说来,危机评定包括以下四方面:

(1)情绪反应:患者在表现出高度的焦虑、抑郁、紧张、丧失感的同时,伴随愤怒、悲伤、烦恼等情绪。

(2)认知方面:一个人的认知方式影响着对他人的知觉、人际关系及对采取不同类型的心理治疗手段的反应。患者对问题的认知有扩大化、糟糕之极的倾向。

(3)行为方面:不能专心学习、工作;回避他人;拒绝帮助,认为接受帮助是软弱无力的表现;行为和思维情感不一致等。

(4)躯体方面:出现失眠、头晕、食欲不振等不适症状。通过交谈与观察,心理干预者认为患者正处于一种否定或不相信的情感状态中。

患者:"这绝不是真的,我不相信我的同学和老师都走了,我的左腿呢?这对我来说太突然了,我的整个世界都塌了,我不知道以后的日子该如何过。"(闭上眼睛,抽泣)

心理干预者:(将当事人揽在怀里,边帮他擦眼泪边轻轻抚摸他的头)"同学的去世确实让你感到害怕。你不停地告诉自己,你不能忍受,并且认为那太可怕了,太糟糕了,这样只会把事情扩大化。当你把事情扩大后,你越想越糟。你注意到的只是自己的困难,夸大事态以致扭曲你的思维,你应该客观评估所发生的一切。"

在对患者的心理危机状况进行评定之后,要制定危机干预的方案。首先要对危机破坏个体生活的程度进行判断,包括两个方面:第一,个体能否正常工作、上学,这些活动是否受到影响;第二,个体的不平衡状态是否影响了他人的生活,个体的家人、朋友对这个问题是怎样的态度。

> 心理干预者:"你目前的生活状况如何?"
> 患者:"不是很好,晚上睡觉不踏实,老是梦见我的同学。不愿与别的小朋友交流,也不愿与父母交流,我总是在责备自己,为什么没有把水给那个同学。"(闭上眼睛,叹气,流泪)"我将来如何再去踢我喜欢的足球?"

从患者的叙述中能够看出他原有的正常生活已被打破,无法正常生活,对自己的将来觉得渺茫。鉴于此种情况,心理干预者认为首先要给当事人精神上的支持与情感上的宣泄,并通知其父母参与到整个危机干预中,干预方案的制定是心理干预者与患者共同协商完成的。

> 患者:"我不想活了,我的同学都死了,我活着还有什么意思,都怪我。"(哭泣)
> 心理干预者:"你已经尽力了,很多当兵的叔叔都在积极救你的同学,最终也没有救活,所以这不是你的错。其实,你父母一直都很关心你,如果让你把心中的痛苦告诉爸爸妈妈,愿不愿意?"
> 患者:"我可以试着去做。"

此时要让患者认识到地震是天灾,全社会的人都在救助受灾者,他一个人的力量拯救不了所有的老师和同学,他们的死亡不是他造成的。针对患者不能接受自己左腿截肢的现实,对其通过讲小动物类似故事方式进行启发,让他逐步接受自己左腿已经失去的现实,并让他明白身残志不残的道理,让他经历丧失的痛苦——否定丧失——接受丧失——重构生活,一步步发展。当双方对危机干预方案达成一致后,可进入干预实施阶段。

危机干预的方法与策略大致有:电话危机干预、面谈危机干预及社会性危机干预等多种形式。本案例主要通过面谈危机干预,心理干预者采用倾听、理解、共情等策略进行的。患者在宣泄自己的情感时,心理干预者一直在认真、感同身受地去倾听,通过这样一个过程,让患者宣泄、叙述、接受自己的情感、往事和痛苦的思绪。每一次倾诉是对痛苦的一次重新体验,让患者在倾诉、叙述中重构自己的生活。

本次干预首先是与患者建立关系,取得患者的信任,注意不要跟患者第一次接触就询问患者地震的情况,触及患者已经高度绷紧的神经,那样患者会拒你于千里之外。与患者建立良好的关系后,可以根据患者的情况与患者一起制定干预计划,给患者一种安全感,让患者知道自己目前已经脱离危险,以减轻其紧张恐惧的心情,让患者知道地震是一种自然现象,地震造成的他人或者亲人死亡与自己无关,以减轻其内疚感;通过倾听、共情等方式让患者将自己的不良情绪疏泄出来,对于儿童患者可以通过游戏、讲故事、画画等方式让患者将自己因为地震变得无序而混乱的大脑变得清晰起来,同时也将自己的恐惧心情宣泄出来,并且接受地震后失去亲人、朋友及自己身体残疾的现实,重新以崭新的面貌迎接新的生活。做到这些,我们的个别心理危机干预也就取得成功了。

案例三:同舟共济共渡 SARS 难关

1. 背景介绍

2003 年初,从北京、广州等大城市开始,一种名叫 SARS 的病毒开始在全国范围内肆虐蔓延。4 月 19 日,杭州也确诊了三例"非典"病例。几乎在一夕之间,与这三位"非典"病人有关的一切人员全部被隔离。在这三位"非典"病人中,有两位病人的孩子都在该市的××中学就读,于是,这所中学作出了全体师生停课两周的决定。几天后,由于其中有个孩子发烧住院,这位学生所在班级的师生们的家也被隔离封锁起来。全班 56 位同学和班主任黄老师在那一刻猝不及防地乘上了一艘名为"同舟共济号"的大船,向着一个未知的方向驶去。

2. 事件发生的过程及处理

在该班那位学生的爸爸被确诊的前一天,他们班刚刚开展了一次春游,那天大家在一起烧烤,都玩得非常开心。第二天早上,学校各个老师都接到电话,说是有位学生的家长得了"非典"，全校要停课两星期，让教师负责通知学生们。没想到过了几天该班的那位学生也开始发烧了，虽然还没被确诊为"非典"，但班上的同学开始有点慌神了，毕竟前两天大家在一起春游，接触还是比较频繁的。不用说学生们，连老师也都有点害怕，但后来大家还是很快平静下来了，大部分学生家长也表示了理解和支持。学校领导也做了很多工作。在停课的两周里，很多老师仍然坚持照常上班，为停课在家的学生布置作业，解答难题。不少学生在隔离在家的这段日子里都写了日记，记录了当时的感想和心情。在征得班主任黄老师和班里同学的同意后，我们浏览了其中的一些，从同学们的日记看来，大部分同学在隔离的这段日子里情绪都经历了一个"震惊——平静——欣喜"的转变过程。虽然三四天的隔离十分短暂，但同学们还是体会到了面对突如其来的灾难的恐慌、失去自由的无奈以及重获自由的狂喜。正是由于同学们对"非典"危机有合理的认知和解释，同时又有学校老师、同学和家人强大的社会支持系统做坚强的后盾，危机得到了顺利的解决。

在"同舟共济号"航船行驶的过程中，遇到的最可怕的危险不是"非典"病毒的威胁，而是由"非典"所引发的恐惧、担心、谣言、冷落、躲避等等。虽然学校领导和老师们给予了这些同学无微不至的关怀和鼓励，社会大家庭也给予了积极的支持，但有些同学和他们的家长还是受到了不负责任的谣言的攻击和恶意的冷落及躲避。

当时有不少不负责任的报道让学生和学生家长承受了很大的压力。一个学生的家长住的房子就在单位附近，他的同事和领导都知道他有一个在该校读书的子女。解除隔离后，他们出去散步时，原本友好的同事们一个个都躲得远远的，他们过去之后还对着背影指指点点。更过分的是，有次该同学的妈妈开水龙头洗完手后，后面一个同事竟然用脚去踢水龙头，怕传染上病菌，该同学的妈妈当时就被气哭了，而这些都是源于一个据说班主任黄老师已经住院隔离了的小道消息。后来校长亲自去电台报社呼吁希望如实报道，不要散播谣言，还在校门口张贴告示，告诉大家学校一切工作正常、校园干净、安全，学生情绪稳定、身体健康。

同时，那位发烧住院的同学平时在班级里人缘就很好，出事以后，她一直觉得很愧疚，觉得是自己拖累了大家。但是同学们一点都没有怪她，大家都把自己对她的祝福录下来，祝她早日恢复健康，回到集体中来。同班的钟文同学是她最要好的朋友，平时无话不谈，十分投机。在该同学住院后，钟文难过地放声大哭起来，对她来说，这甚至比自己得"非典"更糟糕，她表示：虽然"非典"很可怕，但是她与同学的友情并不会因为口罩而有隔膜！她的家长也表态：该同学复学之后，钟文愿意与她同桌，并且如果同学没地方去可以到她家里去住,她家里一点都不介意。

钟文和她家长的做法让大家都很感动,在大家都视为洪水猛兽的"非典"病毒面前,全班同学没有相互埋怨和疏远,反而更加紧密地联系在一起。通过这次"同舟共济号"的航行,班级凝聚力大大增强,同学间的亲和力进一步提升。正是这种同学间互帮互爱的友情成了"同舟共济号"平稳前进的最大动力,并一直支持他们顺利驶入平静的港湾。

5月3日,学校终于结束两周的停课,全校师生重新返校上课。该中学的"非典"事件终于告一段落,从头到尾全体师生在校领导的指挥下都是有惊无险地渡过。"同舟共济号"在大风大浪中行驶两周后终于安全抵达彼岸。这次"非典"事故在学校领导和老师的妥善处理下,危险巧妙地转化成了机遇。在这次事故中,老师和同学们做了一次全面的情感交流,同学之间也比以往更加紧密地团结在一起。

在这次应对"非典"的过程中,整个学校运用了危机干预中的团体辅导策略,最终成功地战胜了"非典"。在对团体(被隔离的两个班级的学生)进行干预的过程中,学校老师认识到许多同学和家长都有紧张、恐惧、担忧的情绪后,首先通过电话、网络等途径及时地分享了这些情绪,使大家在了解别人的反应和探讨自己的反应过程中,内心的情绪得到适当的宣泄,增加安全感。学校还鼓励成员彼此互助,同舟共济,树立战胜SARS的信心。

学校同时对某些陷入心理危机较为严重的学生(如发烧住院同学)进行个别心理干预。学校和教师从以下几个步骤来对个体进行心理辅导:(1)引导危机个体充分说出遭遇"非典"以来的感受和身心反应,接纳其担心、无助、恐慌等负性情绪;(2)向个体说明这些反应的合理性,避免自责,充分给予支持和鼓励;(3)若个体出现认知偏差,则需要引导个体重建合理的认知;(4)给予准确的关于事件的信息(如"非典"时学校的干预情况、其他同学的状况等);(5)进一步提出有效的应对策略,协助个体应对因"非典"带来的生活状态的改变(如被隔离)。

不管我们是否愿意面对,生活就是一个危机和挑战交织在一起的过程。SARS危机对该中学的学生来说是一场灾难,更是一次难得的成长机会。因为正是这种让人感到难以忍受的恐惧和焦虑才激发他们通过自己的努力或他人的帮助以及社会的支持去寻求解决困扰、恢复平衡的动力。在SARS危机中同学们会更加认识健康的重要,更加珍惜宝贵的生命,更加学会关爱他人,更加体会人间的真情,更加懂得责任的价值,更加理解承担的分量,更加坚定探索未知的决心,更加明白奉献的意义,更加清楚自己的使命。

第七章
救赎青春:青少年网络成瘾的心理危机干预

第一节　网络成瘾的定义及其诊断标准

一、青少年网络成瘾的定义

网络以一种难以描述的方式改变了我们的生活,给我们带来了便利。但是网络也像是潘多拉手中已经打开的盒子,给人类带来福音的同时,也带来了罪恶、痛苦和灾难。有"电子海洛因"之称的网络世界正在成为许多互联网使用者身心健康的"杀手",而互联网络的主要消费群体——青少年,也就在所难免地成为深受其害的群体,许多青少年因为网络成瘾不能自拔而身处心理危机之中,青少年网络成瘾的干预成为心理危机干预的重要任务。

网络成瘾(Internet Addiction Disease,IAD),又称网络依存症、网络成瘾障碍,在临床上也称为病理性网络使用(Pathological Internet Use,PIU)。1995 年,美国纽约精神病学家 Goldberg 首次提出了网络成瘾障碍一词。美国匹兹堡大学的 Young 博士最早用实证的方法对网络成瘾症进行定量研究。她在 1996 年提交给美国心理协会的一篇论文《一种新的临床失调症的出现》中,介绍了她的研究成果,使网络成瘾问题引起了普遍关注。Young[1] 认为,网络成瘾和药物依赖不同,它是在无成瘾物质作用下,上网行为冲动失控,是一种类似于赌博的强迫行为。关于网络成瘾的定义,

---

[1]　宋爱芬、史学武:《网络成瘾干预研究综述》,载《新疆医科大学学报》,2006(3)。

至今学术界尚没有公认的定义,不同的学者对网络成瘾的定义有所不同。周倩[1]将世界卫生组织关于成瘾的定义进行了修改,把网络成瘾定义为:"由于重复地使用网络所导致的一种慢性或周期性的着迷状态,并产生难以抗拒的再度使用的欲望。同时会出现想要增加使用时间的张力与耐受性、克制、退瘾等现象,对于上网所带来的快感一直都有心理与生理上的依赖。"雷雳[2]等人将病理性网络使用定义为:用户上网达到一定的时间量后反复使用互联网,其认知功能、情绪情感功能以及行为活动甚至生理活动,偏离现实生活,受到严重伤害,但仍然不能减少或停止使用互联网。美国临床医学领域认为[3],网络成瘾是指患者在没有特别理由的情况下,花费大量的时间和精力在网上冲浪、聊天或进行网络游戏,这种对互联网络的过度使用严重地影响到成瘾者的生活质量,降低其学习和工作效率,损害其身体健康,导致各种心理障碍、行为障碍和神经性功能障碍的现象,其典型表现是生物钟紊乱、睡眠障碍、情绪低落、思维迟缓、社会活动减少、自我评价降低等,严重的甚至会产生自杀的意图或行为。

结合以上学者的观点,本书认为网络成瘾是一种在没有明显成瘾物质的作用下,对网络产生过分依赖,从而导致其情感和社会化功能受损,生活质量下降的行为,属于一种强迫性行为。

学者 Armstrong 对网络成瘾进行了比较详细的分类,他将网络成瘾分为五种类型:(1)网络性成瘾(cyber-sexual addiction),指沉迷于成人话题的聊天室和网络色情文学;(2)网络关系成瘾(cyber-relational addiction),指沉溺于通过网上聊天或色情网站结识朋友;(3)网络强迫行为(net compulsions),指以一种难以抵抗的冲动着迷于在线赌博、网上贸易或者拍卖购物;(4)信息收集成瘾(information overload),指强迫性地浏览网页以查找和收集信息;(5)电脑成瘾(computer addiction),指强迫性地沉溺于电脑游戏或编写程序。

二、青少年网络成瘾的诊断标准

虽然关于网络成瘾的定义,至今尚没有一个公认的标准,但是 Young 的病理性网络使用的诊断标准得到了广泛的认同。

---

[1] 王澄华:《网络人际互动特质与依附型态对网络成瘾的影响》,台湾大学硕士论文,2001。
[2] 雷雳、李宏利:《病理性使用互联网的界定与测量》,载《心理科学进展》,2003(1)。
[3] 顾海根主编:《青少年网络成瘾预防与治疗》,华东师范大学出版社,2007。

Young[①] 作为最早研究网络成瘾行为的心理学家,其参照 DSM－Ⅳ 中病理性赌博(pathological gambling)的 10 个诊断标准,选取比较适合网络成瘾的 8 个标准,进行修改后编制成第一份网络成瘾诊断问卷。只要被试在其中 5 个及以上题目上给予肯定回答就被诊断为网络成瘾。后来,Young[②] 也对原诊断标准进行修改并命名为"网络成瘾损伤指标"(Internet Addiction Impairment Index, IAII)。该测验总共 20 题,每题分数为 0—5 分。根据总分判定被试是否网络成瘾及其成瘾程度。30 分以下为正常,31—49 分判定为网络使用过度,50—79 判定为网络成瘾倾向,80—100 分判定为网络成瘾。这两个测验题目少,因此在我国使用得较多。此外,比较普遍使用的量表还有:

(1) Davis 的《在线认知量表》(Davis Online Cognition Scale, DOGS)[③]

该量表包含 5 个因素:安全感,社会化,冲动性,压力应对,孤独—现实,共 36 个题项,采用七级自陈量表的形式,如果被试测出的总分超过 100 分或任一维度上的得分达到或者超过 24 分,则被认定为 PIU 患者。

(2) 中文网络成瘾量表(CIAS)[④]

此量表为台湾大学陈淑惠教授编制。全量表包含如下 5 个因素:强迫性上网行为,戒断行为与退瘾反应,网络成瘾耐受性,时间管理问题,人际及健康问题,共有 26 个题目,采用四级自评量表的形式。总分代表个人网络成瘾的程度。总分越高表示网络成瘾倾向越高。陈淑惠教授两次在台湾大学的实测结果表明,该量表具有良好的信度和效度。

(3) 网络成瘾临床诊断标准[⑤]

该标准由北京军区总医院成瘾医学中心主任陶然等人先后通过对 110 例患者进行症状调查,根据症状出现率及症状关联情况草拟标准初稿 1。对使用初稿 1 诊断为网络成瘾的 408 例患者于出院后 1 年内进行随访,统计诊断符合率与复发率,并据此调整初稿 1,草拟初稿 2。由全国多家医院精神科医师采用初稿 2 对以上述相同主诉就诊的 150 例患者进行现场测试。根据测试结果决定是否对初稿 2 的语言描述作调

---

① Young K S. Internet addiction: the emergence of new clinical disorder. *Cyberpsychology and Behavior*, 1998,1(3),237-244。
② 赵萌、黄悦勤:《病理性网络使用的研究进展》,载《中国心理卫生杂志》,2008(11)。
③ 陈侠、黄希庭、白纲:《关于网络成瘾的心理学研究》,载《心理科学进展》,2003(3)。
④ 宋珺、综述、杨凤池:《网络成瘾研究进展(综述)》,载《中国心理卫生杂志》,2006(11)。
⑤ 陶然、黄秀琴、王吉囡等:《网络成瘾临床诊断标准的制定》,载《解放军医学杂志》,2008(10)。

整,最后确定诊断标准定稿。症状标准共 7 条,概括为①对使用网络的渴求;②减少或停止使用后的戒断;③耐受;④对网络的使用难以控制;⑤不顾危害性后果;⑥放弃其他活动;⑦逃避问题或缓解不良情绪。确诊须具备①和②2 条核心症状及后 5 条附加症状中的任意 1 条。病程标准为平均每天非工作学习目的连续上网 6 小时以上,且符合症状标准 3 个月以上。

第二节　青少年网络成瘾的现状及危害

一、青少年网络成瘾的现状

2009 年 7 月,中国互联网络信息中心(CNNIC)发布的第 24 次中国互联网络发展状况统计报告显示,截至 2009 年 6 月底,中国网民规模达到 3.38 亿人,较 2008 年底增长 13.4%,居世界第一。其中 25 周岁以下的网民规模为 1.75 亿人,占总体网民的51.8%。具体的网民年龄结构如下图所示:

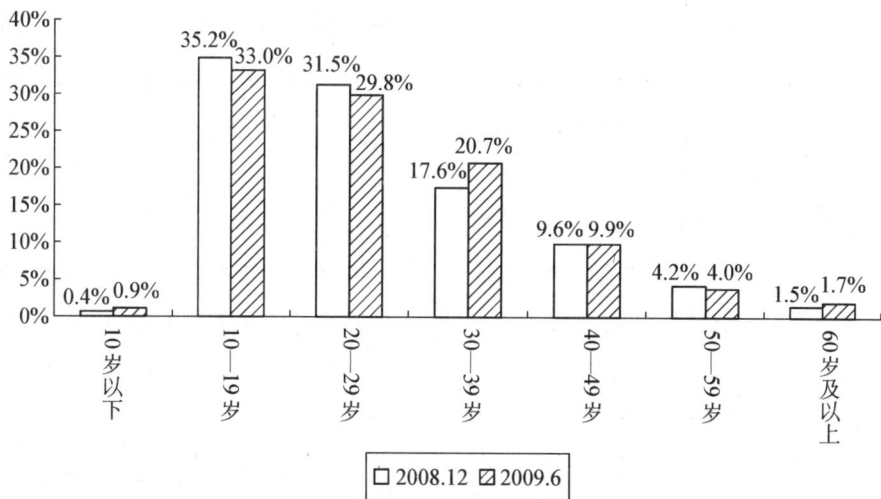

从上图可以看出,青少年已成为我国网民的最主要群体,是当之无愧的网民主力军。

2005 年,中国青少年网络协会通过实地问卷调查和网络问卷调查方式,在全国 26个省会城市和 4 个直辖市开展实地调查,同时在中青网、人民网和搜狐网进行网络调查,调查结果显示①:我国网瘾青少年约占青少年网民总数的 13.2%,另有约 13% 的青

---

① 资料来源:http://www.zqwx.youth.cn/web/zuizhong.jsp? id=66。

少年存在网瘾倾向;男性网瘾比例高于女性;13—17 岁的青少年网民中网瘾比例最高为 17.10%,初中生中网瘾比例最高为 23.2%。随着年龄的增长,上网成瘾的比例逐渐降低;网瘾形成过程呈现娱乐性目的逐渐增强的趋势,且娱乐性活动和实用性活动之间的差别也在逐渐加大。无网瘾倾向的非网瘾群体在娱乐性目的和实用性目的上的得分几乎没有差别,而重度网瘾群体在这两者上的差别最大,他们娱乐性活动的表现比实用性活动要明显得多。

　　2007 年,中国青少年网络协会再次进行调查,结果显示①:在所有被调查的青少年网民中,网瘾者约占 10% 左右,相比 2005 年的调查结果有所下降,但这也可能是因为中国网民总数增加的速度大于网瘾者增加的速度所导致;所有被调查的网民均存在一定人际关系不和谐的情况,而且,网瘾青少年在"家庭关系"、"师生关系"和"同学关系"中不和谐的比例均超过 20%,比非网瘾青少年高了近 10 个百分点;在上网目的方面,和 2005 年的调查结果相近,网瘾青少年和非网瘾青少年存在一定差别,网瘾青少年较倾向于娱乐性目的,包括"玩网络游戏"和"聊天或交友",而非网瘾青少年则较倾向于实用性目的,包括"获取信息"、"学习或工作"和"通讯或联络";在上网内容方面,网瘾青少年和非网瘾青少年对"娱乐休闲类"游戏均有较高的偏好,有超过 60% 的非网瘾青少年对"娱乐休闲类"游戏有较高的偏好,而网瘾青少年则对"角色扮演类"和"比赛竞技类"游戏有较高的偏好。

　　此外,近年来,网瘾在青少年中有向上和向下发展的趋势。向上是指越来越多的大学生因沉迷网络荒废学业被开除。东北一所大学曾一次处理 306 个因痴迷网络而荒废学业的大学生。学校领导说,没办法,再不开除学校办不下去了,学校被 13 个网吧包围。网瘾治疗专家陶宏开教授说,从 2005 年到现在,他办了十几期夏令营帮孩子戒网瘾,大学生比例越来越多。每次大概收 50 个人,最开始没有大学生,今年大学生有一半以上。一个大学生自曝四年网游经历:"那种几乎一直在网吧生活的大学生,每天全部消费要 30 多元,一个月超过 1000 元,主要用来吃饭、买饮料、点卡和网费。"向下是指越来越多的农村青少年沉迷网络。农村的 2000 多万留守儿童因生活空虚寄情网吧。下面是《财经时报》记者李国训的一段报道②:

　　每天早上 9 点,在与北京交界的河北省怀来县沙城镇的一处破旧的民宅内,就会

---

① 资料来源:http://www.zqwx.youth.cn/web/zuizhong.jsp? id=67。
② 资料来源:http://www.sina.com.cn。

隐隐传来网游玩家的喊杀声。这是一个比较典型的农村网吧:房间不大,空气污浊,40多台形状不一的电脑摆放在不同位置,有的键盘因为长时间不清洗,盘面上尘迹斑斑。清晨来临,一些熬红双眼的通宵玩家会低垂着头离去,更多的玩家则接踵而来,挤满整个房间。来这上网的以年轻人居多,其中还不乏面孔稚嫩的未成年人,他们有的上网查资料,但更多还是聊天和玩网游。这样的农村网吧在全国数量是惊人的。它们在给这些区域的弱势群体带来致富希望的同时,也在侵害其中相当一部分人的身心!

二、青少年网络成瘾的危害

2005 年 5 月 29 日的《北京青年报》报道了一件让世人震惊的自杀事件:一名沉迷于网络游戏虚拟世界的 13 岁男孩小艺(化名),选择一种特别的造型告别了现实世界:站在天津市塘沽区海河外滩一栋 24 层高楼顶上,双臂平伸,双脚交叉成飞天姿势,纵身跃起朝着东南方向的大海"飞"去,去追寻网络游戏中的那些英雄:大第安、泰兰德、复仇天神以及守望者……(这些英雄都是网络游戏《魔兽争霸》中的角色。)

当时目睹这一惨剧的一位清洁工,事后这样向记者感叹:"我从来没看见过这样一种奇怪的自杀,设计好那么标准的飞天姿势,而且带着笑脸,毫无痛苦!"

记者翻看了小艺留下的遗书,四页遗书里写下了很多游戏世界里的人物名字,落款为"守望者绝笔"。记者摘选了部分内容:

> 我要离开这个世界了,我相信会有转生,会有天堂、地狱,来世如果我还是人,我一定会是最好的孩子的!
>
> 我是个垃圾,真正的垃圾,什么都干不好的垃圾。我崇拜的是守望者,他们让我享受到了一种快乐的感觉。我有三个知心朋友——大第安、泰兰德、复仇天神,我在那儿可以更快乐。
>
> 师父,小徒弟走了,没有人能为您解气了,我真遗憾。以后,你要高兴地活着哦!
>
> 给暗夜小组的朋友们:保护好大自然,好好学习,好好玩,好好生活哦!

据记者了解,小艺在遗书中提到的大第安、泰兰德、复仇天神都是网络游戏《魔兽争霸》中的人物。暗夜是这款有名的网络游戏中的一个种族名称,守望者则是这一种族中的英雄,也是小艺在游戏中的虚拟角色。而暗夜小组则是小艺和其他四位爱玩网络游戏同学的代称。

四页遗书都留给虚拟英雄、网络好友,独不见亲人的名字。

小艺自杀后,家人在其遗物中发现了四个笔记本,洋洋数万言,都是小艺亲手抄写下的网络游戏故事,其中内容大多以第一人称叙述,情节充满了游戏的魔幻色彩。小艺自己扮演《守望者传》《英雄年代》故事中的主角,把自己全部融进了"神魔、精灵"世界。文中多次记录了"我"肉体死亡、灵魂升天的经历。

小艺的悲剧给了社会极大的震撼,给人们敲响了网络成瘾危害的警钟。实际上"网络成瘾"已经不是一个新词汇了,它屡屡见诸报端,经常出现在人们言谈之中,而且总是和一个个悲剧联系在一起。

对照小艺的悲剧,我们不难看出,小艺是一个典型的网络成瘾患者。他无法控制自己的上网时间,但每次长时间上网后,小艺总是深深自责,承认错误,认为自己"是个垃圾,真正的垃圾,什么都干不好的垃圾",可是他就是不能控制自己不去上网。另外,我们从小艺的遗书和他的笔记中可以发现,小艺在网络上获得了满足感和愉悦感,"我崇拜守望者,他们让我享受到了一种快乐的感觉"。网络,带给了小艺在现实生活中所没有的愉悦的感受,这使他对网络产生了好感、兴趣、依赖。网络,占据了小艺的整个心灵,在他的心理词典里,他是"暗夜种族"的英雄——守望者,他的好友是"大第安、泰兰德、复仇天神"等魔兽世界中的人物,他生活在"暗夜"中,而且生活得很快乐。然而,当小艺回到现实中时,现实生活不仅对他毫无吸引力,而且还给他造成了很大的压力,如学习成绩下降,父母对自己的期待很高等。为了逃避这个压力,寻找快乐,他又回到网络中去了。久而久之,恶性循环,小艺在网络游戏的沼泽中越陷越深,以至无法自拔,最终酿成悲剧。

时隔一年,2006 年 7 月 26 日《搜狐新闻》报道,三名天津网游少年,长时间流连于网络游戏之中,还加入了游戏中的帮派。一次,在与一伙来自太原的帮派"交战"中,他们所属的帮派惨败,"帮主"还被对方奚落,令帮内的众玩家十分不快,而他们三人也很窝火。之后,帮派内一名来自黑龙江的玩家在网上发出消息,称"不能忍气吞声",准备纠集二十多人从各地前往太原"雪耻",此提议很快得到众玩家的响应。而来自太原的帮派也毫不示弱地明示了双方玩家的见面时间和地点。于是这三名少年便向父母谎称去同学家玩,偷偷地踏上去太原的火车。在车上,这三名少年便开始计划抵达后如何解决食宿以及购买刀具防身和"火拼"时的细节。不过,幸好这三名少年的谈话引起了同车厢旅客孟先生的注意,最终这三人被警察说服并交代了事情的缘由,使得太原警方在"火拼"场所附近早作部署,防患于未然。网络游戏已经使这三名少年非常着迷,相比现实生活,他们更加关心网络世界中发生的事情。而且,由于青少年分辨是非能力不强,容易冲动行事。类似这三名天津网游少年参加帮派"火拼"的事件也屡见报端。如若不是警方及时介入,事态的严重性可想而知。

2009年4月9日,新浪网报道,一名15岁少年周荣在连续泡网吧三天后在上学路上猝死。周荣的父母悲痛地说,儿子长期沉溺于电脑游戏,经常出入黑网吧,而且清明三天假期除了晚上回家睡觉外,全部在黑网吧渡过。网吧环境恶劣,里边空气污浊,灯光黑暗,打杀声一片,使得周荣的心脏长期处于兴奋紧张的状态,久而久之,心脏负荷过重,从而出现猝死,而周荣去世的地方离该社区最大的黑网吧只有50米远。

据陕西省精神卫生中心主任师建国介绍,过度痴迷电子游戏会对身心造成严重损害。电子游戏成瘾的临床表现为:躯体方面,患者长时间沉迷电子游戏,难以控制,睡眠紊乱,过度兴奋,一旦停止游戏活动,便不能从事任何有意义的事情。心理方面,逻辑思维迟钝,对现实生活有一种疏远感,情绪低落、悲观、丧失自尊和自信心等。行为方面,游戏成瘾患者的人格发生明显变化,变得怯懦、软弱、自卑、自责、失去朋友和家人的信任,为了继续游戏活动,不择手段,甚至出现电脑狂暴症,即一旦电脑出现死机或故障,便会沮丧、焦虑,转而向电脑或向他人发泄无名之火,狂暴不止,严重时将键盘、鼠标摔得粉碎。网瘾青少年除了在家里和父母激烈争吵,叛逆反抗外,当他们在没有钱上网的情况下,往往会不择手段,甚至采用谋财害命的残酷手段,或者因为没有网络而结束自己的生命等极端行为。

北京军区总医院成瘾医学中心主任陶然在第七届网博会中国青少年网络发展论坛上也表示,他的单位共收治了5800多例网络成瘾的孩子,其中48%的有注意力缺陷。只要长期玩网络游戏每天6个小时以上,半年以后,个体的前额叶的葡萄糖代谢下降15%,通过核磁脑功能检查,其氧代谢下降了8%,导致的后果是,个体的社会化大脑的进程就被打乱了,社会化的大脑走向了游戏化、娱乐化大脑。如果玩网络游戏一年半以上,大脑的额叶会受到影响,青少年与人交往的能力、情绪表达的能力,特别是注意力均会下降。

"中国戒网瘾第一人"陶宏开教授表示,自己在美国从事18年青少年工作,从未听说过"网瘾"、"网吧"、"网游"这些字眼,而回国后,面对的却是黑网吧的泛滥、不良网络文化的猖獗。经过对全国百余座城市的调研,他发现70%的犯罪青少年与网瘾有关,

80％的网络游戏含暴力、色情、欺诈成分。北京法官妈妈尚秀云说,她经手的未成年罪犯里面,90％跟网瘾有关。陶宏开教授认为,鉴于网络的特性,其对青少年的毒害将百倍、千倍于不良印刷品。由于青少年生理、心理的不成熟性和非稳定性,网络对青少年的负面影响尤为突出。近些年来,因为沉溺网络不能自拔而发生的青少年退学、猝死,甚至自杀、他杀的事件屡屡见诸报端,无数家长为此寝食难安[①]。

第三节　青少年网络成瘾的心理干预方法

青少年网络成瘾已经成为全社会关注的问题。如何帮助青少年戒除网瘾,是每个人都应该关注的事情。根据前面危机干预策略中讲述的危机干预的策略,心理危机干预工作者应该主要从以下几个方面进行干预:确定求助者的问题所在、保证求助者的安全、给予求助者支持与关心、根据求助者的情况制定干预计划和目标,最后确定求助者危机已完全解除。

首先,我们要确立网络成瘾者的问题所在。一般而言,孩子出现网络成瘾危机的原因有很多,但不外乎家庭、学校以及学习等方面。当孩子承受不了来自家庭、学习上的压力的时候,他们可能会产生逃避的想法。而虚拟的网络世界不仅不会给他们带来压力,相反,他们还可以从那里感受到他人的温暖、支持和帮助。其次,根据求助者的问题,在保证求助者安全的前提下,我们应该给予求助者足够多的关心和支持,应用危机干预者的专业技能,如无条件倾听,与求助者共情等技能,做到:(1)促进他们情绪表达与宣泄;(2)增进对网络的认识;(3)调整与网络的关系;(4)学习顺应与适应失落之后的环境,找到新的生活目标。

目前,国内对青少年网络成瘾进行心理干预的方法主要有认知疗法、行为疗法、认知行为疗法、投射治疗、家庭治疗、团体心理治疗等。心理危机干预工作者应该根据网络成瘾者的问题所在,选择合适的干预方法。

一、认知疗法

认知疗法是美国心理学家 Beck 创立的一种心理治疗方法。该疗法认为当事人的心理紊乱是由错误认知观念引起的,对其错误认知观念进行矫正,可以促使其情绪和

---

① 顾海根主编:《青少年网络成瘾预防与治疗》,华东师范大学出版社,2007。

行为的改善。而且,青少年的可塑性较强,相对于成人而言,纠正青少年的认知相对容易一些。认知疗法在实践干预中运用的主要方法有:认知重建法、自我提醒法、自我辩论法、自我暗示法、自我管理法等。

1. 认知重建

青少年网络成瘾主要是因为他们认为网络给他们带来了很多快乐,以及青少年缺乏足够的控制力,从而在网络中越陷越深。因此,我们可以引导青少年去从事一些不是上网但同样很有乐趣的事情,如爬山、打球、参加一些社团或公益活动、逛街、看话剧、听音乐会、郊游、读一些有趣味的书刊、找朋友聊天、参加体育锻炼等,使他们在活动中体验到快乐的情绪,从而改变青少年坚定而又顽固的信念,如"游戏真棒"、"上网真好玩"、"我只喜欢上网"等观念,使他们树立正确对待网络的态度。

2. 自我提醒

拿出一张卡片,分别写出上网的好处与坏处,并按程度轻重排好顺序。将好处和坏处分别贴在显眼的地方,如电脑上、床头上、门上,每天花一定时间,尤其是在网瘾发作时,思考上网的好处与坏处。特别是上网的坏处,每天多时段默念或大声地念给自己听,让自己时刻记住上网的坏处。

3. 自我辩论

网络成瘾给青少年带来了各种各样的弊端,如成绩下降,被大家看不起,被别人羞辱,对不起自己的父母、亲人等。青少年可以在头脑中想象网络成瘾后这种不良后果及其严重程度。特别是在网瘾发作时让"理想自我"与"现实自我"进行辩论,让内心的道德感、责任感与罪恶感、失败感斗争,从理智上战胜自己,痛下戒除网瘾之决心,增强自己的戒网动机。

4. 自我暗示

如果又有了想上网的念头时,可以反复自我暗示,如"不行,现在应该学习,等周末再说","我还有其他的事情要做","我应该去找同学聊天,好久没和同学交流了",每当抵制住了诱惑,认真学习,渡过了充实的一天后,就进行自我鼓励,如"我今天控制住上网了,而且我今天很充实,很快乐,我不上网也能很快乐,我一定能控制住上网的,加油!"这样不断强化,形成良性刺激,加强自己的意志,使上网的欲望得到抑制。语言暗示既可通过自言自语,也可将提示语写在日记本上,或贴在墙壁上、床头上,以便经常看到、想到,鞭策自己专心去做。

5. 自我管理法

打破成瘾者紊乱的生活节奏,重新规范每天的作息时间,无特殊情况不打破规律,并在最易出现上网行为的时间段安排不同的活动,让更多更有意义的事充实自己的生活,感受生活的乐趣和意义。

之外,还可以制定一份时间表,合理安排学习和上网的时间,减少上网次数,每次不超过 2 小时,其间还要有一定的休息时间。另外,每次上网前花 2 分钟想一想要上网干什么,把具体要完成的任务列在纸上,然后用 1 分钟估计一下完成任务大概需要多长时间。假设估计要用 40 分钟,那么把小闹钟定到 20 分钟,到时候再看看自己的进展。还可以在网上设立"限时报警"服务,到时就自动下网或关机。

二、行为疗法

行为疗法是根据行为主义学者 Pavlov 和 Skinner 等人的经典性条件反射和操作性条件反射发展而来的。Pavlov 认为,非条件刺激能引发非条件反射,如咀嚼食物能引发分泌唾液等。Skinner 认为,当一个人因为做出某种行为而得到奖励时,这种行为发生的频率就会提高。反之,当一个人因为做出某种行为而受到惩罚时,这种行为的发生频率就会降低。行为疗法主要包括强化法、行为契约法、厌恶刺激疗法、放松疗法。

1. 强化法

在青少年控制住自己上网的冲动之后,就可以获得一定的奖励。奖励的形式可以是自我奖励,也可以是他人奖励。即视当天的进展情况而给自己一些小小的奖励或惩罚,但应注意其使用的内容应最好与上网无关。奖励和惩罚既可以由成瘾者自己执行,也可以请老师、同学、家长协助执行。如,当目标执行无误,就奖励自己吃一样喜欢的零食或买一件喜欢的东西,否则长跑 1000 米或做清洁等。

2. 行为契约法

成瘾者与家长共同商定戒网的行为契约,成瘾者签定契约并成为契约的遵守者,家长则担任契约的执行者,从而规范成瘾者的上网行为,也培养其自我约束能力。

3. 厌恶刺激疗法

当网络成瘾者在上网感到很欢愉时,让患者刻意联想上网成瘾后的种种恶果,如父母伤心的面容、成绩下降、被大家看不起、对不起自己的父母、自己长时间上网后萎靡不振的颓废样子,甚至可以让其配合在上网后精神不振时保持原样照张相,再与其以前精神状态很好时对比,让其厌恶自己的过度上网行为,从而激励自己找回自我,增强自我效能感,但注意不要泛化到厌恶整个自我。

4. 想象满灌法

想象自己上网成瘾后的种种极端后果,如成绩下降,被大家看不起,被别人羞辱,对不起自己的父母、亲人等,想象自己长时间上网后萎靡不振的颓废样子;让其厌恶"现实自我"的形象,并用"理想自我"激励自己。

5. 放松疗法

为应对戒网瘾过程中瘾发时出现的紧张、焦虑、不安、气愤等不良情绪,采用肌肉放松法、想象放松法、深呼吸放松法,以稳定情绪,振作精神。

行为疗法中对成瘾者的治疗应该遵循循序渐进的原则,以防引起网瘾者的不满情绪,以致抵触治疗。网瘾干预者可以提出一系列要求,通过连续不断的鼓励,使其逐步达到目标。根据目标行为的性质,有两种循序渐进的方式:第一,行为频率的循序渐进。如,让其将每周上网次数由七八次逐渐减为六次、五次、四次、三次……每次上网时间由 5 小时逐渐减为 4 小时、3 小时、2 小时,达到尽量在周末上网,每次不超过 2 小时的目标。第二,行为准确性的循序渐进。每个目标都应是其力所能及的,家长等要热情鼓励其做好朝目标渐进的每一步,确保其能通过不断取得进步而获得成功的体验,从而增强其自我效能感,并据此来衡量其上网行为纠正的程序,制定好下一步的目标。但要谨慎地计划步子的大小:若步子太大,实现不了;步子太小,浪费宝贵的时间。

三、认知行为疗法

认知行为疗法(Cognitive Behavior Therapy, CBT)是治疗网络成瘾应用比较广泛的一种心理治疗方法,主要是通过一组改变思维或信念和行为的方法来改变不良认知,达到消除不良情绪和行为的短程心理治疗方法[1]。邵君[2]认为,具体的认知行为治疗策略包括认知重构,行为练习和暴露治疗等。通常是将患者暴露于不好的刺激中,挑战他们的不适应性认知,并训练大脑以不同的方式思考问题。在治疗过程中,患者要接受心理医生教给他的观念和行为,并反复加以练习以使大脑得到新的学习,久而

---

[1] 叶秀红:《认知行为治疗在学生咨询中的运用》,载《中小学心理健康教育》,2008(13)。
[2] 邵君:《国内青少年网络成瘾心理干预综述》,载《上海青年管理干部学院学报》,2009(2)。

久之,这种练习就变成患者们自发或习惯性的行为。认知行为疗法包括给患者布置家庭作业,并要求其严格执行治疗方案。近来,认知行为疗法已被临床心理医生用于网络成瘾障碍的治疗中,成为治疗网络成瘾的主要方法。

李赓和戴秀英①通过设计研究组—对照组来研究认知行为疗法对青少年网络成瘾者的治疗效果。研究表明,认知行为治疗对治疗青少年网络成瘾有明显的效果,接受认知行为疗法的网瘾青少年的网络成瘾程度明显低于不接受认知行为疗法的网瘾青少年。

Young②通过网上采样的方式用"网络成瘾测验"(Internet Addiction Test,IAT)筛查网络成瘾者,并对筛查得到的114例网络成瘾者进行为期12周的认知行为治疗,而且还随访6个月。评估结果显示:第8周时大部分网络成瘾者可以控制他们现有的问题;第12周时能完全控制他们的症状;6个月随访显示大多数网络成瘾者能控制自己的网络成瘾行为并与治疗师建立信任关系,继续维持治疗。

四、家庭干预疗法

张国富③等研究表明,12—18岁的网瘾青少年遭遇父母拒绝否认显著高于正常青少年的父母拒绝否认;网瘾青少年的父母惩罚因子得分显著高于正常青少年的父母在惩罚因子上的得分,这说明父母的教养方式会影响孩子的上网行为。李永占④研究表明,家庭的组织性对青少年的网络成瘾有显著的负向预测作用,即家庭组织性越好,青少年网络成瘾的倾向越低。罗辉萍和彭阳⑤研究表明,网络成瘾组在家庭矛盾性上得分显著高于正常组;在依恋关系上,成瘾组的母爱缺失、父爱缺失、父亲拒绝、母亲消极纠缠、父亲消极纠缠、对母亲愤怒、对父亲愤怒得分均显著高于正常组,这说明,家庭环境的矛盾性和消极的依恋关系对青少年网络成瘾有显著影响。可以说,青少年网络成瘾意味着家庭功能的降低。生活在家庭功能正常的家庭中的青少年,其网络成瘾的概率较生活在家庭功能不正常的家庭的青少年的概率要低。因此,对青少年网络成瘾的

① 李赓、戴秀英:《青少年网络成瘾认知行为治疗的对照研究》,载《中国心理卫生杂志》,2009(7)。
② 辛秦、杜亚松:《青少年网络成瘾干预研究进展》,载《上海精神医学》,2009(3)。
③ 张国富、贾福军、许明智等:《网络成瘾青少年人格和父母教养方式调查》,载《中国神经精神疾病杂志》,2009(9)。
④ 李永占:《高中生网络成瘾与家庭环境关系初探》,载《中国心理卫生杂志》,2007(4)。
⑤ 罗辉萍、彭阳:《青少年网络成瘾与家庭环境、依恋的关系研究》,载《中国临床心理学杂志》,2008(3)。

干预有时需要采用家庭干预疗法。从调整家庭关系,改变父母家庭教养方式入手,从家庭整体来改变青少年的网络成瘾。

五、团体咨询疗法

团体咨询是建立在 Lewin 的心理场理论基础之上的。团体治疗是指在咨询师的指导下,为这些有着共同问题的青少年创造一个交流平台,使他们在团体中得到共鸣和感情支持,就共同的问题进行集体讨论,促进团员的共同发展,进而改善网络成瘾青少年的社交处境。团体咨询的人数一般控制在 6—8 人左右,人数太少,讨论氛围不浓;人数太多,容易引起团员们的戒备心理。在团体咨询过程中,咨询师主要起到引导讨论的作用,当团员都不说话的时候,咨询师要设法调动团员讨论的积极性。

团体咨询的活动方式比个别咨询时要丰富得多,活动方式是以小组的方式展开的,组员们互相的交流、讨论、游戏等,都是个别咨询时没有的。团体咨询可以使组员在良好的咨询氛围中体验到归属感、提供给组员一个相互交流和学习的机会、提供给组员一个表达自己意见和情感的场所、让组员在咨询中体验尊重他人及被人尊重的欢愉。团体咨询时间一般一周一次,一次 1—2 小时。如果咨询人员有特殊需要,时间可以进行调整。

团体咨询的步骤一般可分为:(1)组员之间互相介绍认识,如姓名、职业、爱好、来参加团体咨询的原因以及希望从中得到的收获;(2)自我介绍完之后,咨询员引导讨论的话题,如上网的利弊、如何把握上网的时间等;(3)寻找网络成瘾的原因,引导组员发表自己的意见,并组织讨论;(4)每次进行的主题不宜过多,每个主题应该要求每个人都发表自己的看法,积极地参与,对于积极性不高的组员咨询师可以适当地点名要其发言;(5)对每个组员的状况进行调查,并预告结束咨询的时间;(6)结束咨询。

第四节　青少年网络成瘾干预案例分析

案例一:网瘾少女生活焕然一新[①]

1. 背景介绍

小玲,女,18 周岁,某校高二年级学生。敏感多疑,性格内向,为人单纯,智力正

---

① 资料来源:http://www.huzhu.info/article.php? id = 893。

常。人长得白白净净的,个子比较娇小。在班里成绩一般,高一刚入学的时候稍微好一些,而后来略有退步。在校常规方面表现良好,也是听从老师的管理的,就是经常离家出走而去上网,但最终一般都会自己回家。

家庭成员有父母、妹妹和弟弟。父母两个人都是做小本生意的,整天非常忙碌,文化程度不高(妈妈是初中毕业,爸爸是初中未毕业就由于家庭的经济原因辍学),还有一个上小学二年级的弟弟和一个上小学四年级的妹妹,与她的年龄差距比较大。父母的教育方式很专制、粗暴,认为孩子就是要听家长的,不听就要教育;认为自己的女儿很小、很单纯,而外面的世界太复杂太乱了,不要多和外界接触,多呆在家里,女孩子就要有女孩子的样子。所以小玲和父母的关系很紧张,经常很少说话。

小学初中学习成绩中等,没有担任过班干部,和同学关系还可以,有几个较好的朋友。高中时期人际关系一般,跟同学的交往不是很多,经常独来独往。

2. 表现出的主要问题

经常离家出走,在咨询前政教处就有她六次离家出走的记录(从高一开始到现在),而且出走的时间一次比一次要长,开始是消失半天,后来是一整天不见人影,再后来就是好几天,最后一次是离家六天,没有跟任何人提到过,而且大部分时间都是在网吧渡过的。

迷恋网络,特别是中考结束的那个暑假,迷恋上网络聊天和视频,经常通宵上网。其中发生了两次特别的事情:一次是视频聊天,看到好笑的事情,控制不住自己的情绪,一直笑,把嘴笑歪了、抽筋,后来是送到医院治疗,好长一段时间嘴巴才恢复正常;还有一次是由于上网时间过长,结果导致肾亏和身体极度疲劳,幸亏被父母及时发现,送到医院抢救。

与父母的关系很紧张,曾经因为父母将家里的网络停了而拿起菜刀与父母对干,与父母的沟通非常少,经常被父母辱骂和殴打。

3. 心理社会因素分析

父母做生意很忙没有时间照顾她,与父母的沟通很少。弟弟妹妹又很小,觉得没有什么共同语言,感觉就自己一个人,很孤独。

父母的教育方式不对,非常专制和粗暴,经常打得她身上青一块、紫一块的,好多天才能消失,还经常冷言冷语加以讽刺。但父母对她的学业又是非常关心,常常是一考完,就每个任课老师都打电话过去问成绩,若是退步回家就要打骂。有时父母会看她的一些比较私人的东西,小玲觉得隐私权被侵犯了。

学业成绩下降,有些知识不懂,缺乏学习的积极性,且对自己的未来也很茫然,做事从来是没有计划性的。特别是周末喜欢不回家而到网吧上网,迷恋上了网络。

逆反心理,觉得父母不要我做的我偏要做,喜欢和父母对着干。

性格内向,不善交际,高中的人际关系不是很融洽。

4. 既往健康状况与咨询史

父母双方家族也没有精神病史和遗传病史,身体健康状况良好,就是去年上网时间过长导致肾亏和身体极度疲劳被送到医院抢救。以前没有接受过任何形式的心理咨询。

5. 咨询过程及分析

第一阶段:主要是运用尊重、理解和同理心等心理咨询技巧,了解个案的基本情况,建立良好的咨询关系。

因为是政教处的老师介绍给我的,我们第一次见面是在政教处,当时小玲被老师领过来一直都是低着头的,而这次是离家出走一个星期以后,学校要她在家休息几天以后才来学校的。到心理咨询室,我开始介绍了心理咨询的一些基本常识,让她知道有些事情我能帮助她。但我发现她一直坐立不安,两只手一直插在大腿间,我问是因为紧张还是别的原因,结果她说自己刚下课就让老师叫过来了,还没来得及上洗手间,我马上让她去了。回来她就问我是怎么知道,我笑着说我是心理老师嘛,我们的关系好像一下改善了。刚开始基本上都是我说的,但后来我问她一些她个人的喜好时,她的话慢慢多了起来,也就比较能说了。这次咨询主要是运用了自我表露技术和具体化技术,了解小玲的一些具体情况,还谈到了小玲的人际交往问题,我向她建议了几个人际交往的小技巧,让她回去也试试。从这次谈话中我觉得她的精神并没有什么问题,是正常的。

第二次心理咨询的时候,我们主要就她最后一次离家出走的前后经过和心理健康量表的测量两个方面展开。小玲告诉我离家的前一天由于自己痛经就向班主任请假,刚好医务室老师不在,就到外面买药,吃完药感觉舒服些但头很晕,就坐在店里休息很久。挺晚了就突然有些不想回学校就呆在外面,等天黑回家父母说她老毛病又犯了,她说自己不舒服,父母不相信。在争吵的过程中,父母都打了她,两人都是死命拧她大腿,弄的青一块紫一块的,还说她这个德行连做民工都没有人要。晚上睡觉的时候越想越觉得自己委屈,第二天早上就带了一些零用钱离家出走了。住在一个网上认识的朋友那里,每天就是上网、看电视、听音乐,过了六天觉得实在是没有多大意思也就回家了。我还给她 20 多分钟的时间做了 SCL - 90 量表，发现平均分为 1.69 与常模一致。九个因子上都没有异常情况，就是忧郁和人际关系敏感两个因子分数稍微高些，这从一定程度上反映了小玲现在存在的问题，也证实了我之前的观察是对的，小玲的心理健康水平总体是正常的。

第二阶段：运用心理测量等手段，确定问题所在，帮助小玲和她父母解决双方的问题，让小玲拥有一个比较轻松的家庭氛围。

第三次面谈，主要就网络问题展开。小玲与父母发生争执或被殴打时就寻求在网络中发泄，因为在网络能得到理解和尊重。我让小玲做了一份我改编自匹兹堡大学 Young 设定一组评估网络成瘾的检验标准，共八项，结果发现有五个回答"是"，结合她以前的行为表现，结论是网络成瘾。我们还谈论了小玲对网络的一些看法和理解以及上网的感觉，发现她上网并不是被网络本身所吸引，而是为了逃避现实到网络聊天发泄。

第四次面谈与第三次面谈时间间隔比较长，这是由于她周三和周五都要考试没有时间来咨询，但都是主动来和我说，一次还和她聊天近 20 分钟，说我给她介绍的几种交往小技巧挺好用的，有时能和同学较好地相处了。我感觉两人的咨询关系已经较稳定信任，有些朋友的感觉，所以后来询问她与父母的关系，使用了较多的具体化技术和高级共情，发现她主要是家庭问题而引起的网络成瘾，所以我后面的咨询没有将重点放在网络成瘾上，只要家庭问题解决好了，我相信小玲的网络成瘾症状也会转好的。

小玲的父母都是用很专制、粗暴的方式来教育她，有时甚至殴打她。经常将她一个人关在家里不让出去，也不可以和朋友出去玩，也不让她上网，怕影响学业。她很不服气，有时放学了就故意和父母作对不回家，到网吧上网。她说那次上网将嘴巴笑歪了，自己觉得不可思议，其实那次没有笑多久，只是自己比较倒霉。至于送到医院抢救的那次是由于自己期中考试退步很多，回家被父母责骂，自己只是说了几句话，父母就更加生气一起殴打她了，自己一气之下溜出去上网了，由于身上钱都当押金了，就没有吃饭一直上网，结果就过度疲劳了。小的时候还能感受到父母对自己的爱，但现在感觉父母真的非常狠心，说打就打一点都不留情，自己都有些被打得心寒了，有时父母不让做的自己偏偏故意做，想想大不了就是被打一顿，没什么了不起的。

这里我运用认知疗法使小玲认识到她对父母的一些错误的认知，以下是对话的片段：

咨询者:"那你是怎么觉得你的父母不爱你了呢?"

小玲:"因为他们会打我,有时下手还很重。"

咨询者:"别人的父母从来都不打自己的子女吗?"

小玲:"不是的。"

咨询者:"打孩子的父母是不是就是不爱这个孩子了呢?"

小玲:"不一定的。"

咨询者:"那你的父母打你就是因为他们不爱你了吗?"

小玲:"应该不是的。"

咨询者:"那你想想他们一般打你都是发生在什么情况下的。"

小玲:"一般我出去不和他们说一声回来又很晚,有时还到网吧上网时,还有就是觉得我不听话。"

咨询者:"那就是说你父母打你不是针对你的,而是你有一些不合他们理想的事情发生才会的。"

咨询者:"你很晚回来时,你父母有找过你吗?"

小玲:"有的,有一次还找了很多老师和我的同学,第二天上学还被班主任说了呢。"

咨询者:"那你觉得他们为什么找你呢?"

小玲:"担心我,他们说我太单纯了,怕在外面有什么危险发生。"

咨询者:"你父母不会担心别人,但担心你,这是为什么呢,这不是就是因为他们爱你吗?"

小玲:"也许吧,他们还是爱我的。老师,你不知道当他们打我,有时真的很疼的。"

这里引导她情绪宣泄,将被父母打骂的痛苦都说出来,并要理解关心她,让她知道父母打她是父母的不对,但他们是很可怜的。他们有爱,只是不知道该如何去爱,这就要我们教他们如何去爱了。

第五次面谈,在那个周末我和小玲一起到她家,和她父母单独谈话。我告诉小玲父母小玲沉迷网络的根本原因是家庭教育方式的不当引起的。她父母也说打孩子是为了她的健康着想,真想不到差一点因为上网把命丢了,现在还要上网,现在的孩子真不知道想些什么,网络有什么意思呀,又不能当饭吃。我向她父母解释了现在的孩子为什么喜欢上网,还告诉他们适量的上网,不仅不会影响健康,对小玲的发展也是有好处的,引导她父母要多和她交谈,让孩子感觉到父母的关爱,不要只知道打骂孩子,应该有一种积极和谐温暖的家庭氛围。她父母还说了她小时候的一些事情,说了那时和谐的家庭关系。我还说了我今后辅导的一些想法,得到了她父母的认同和支持,答应我下次咨询的时候他们也会来试试的。

第六次面谈,是在咨询室,小玲和妈妈来了,爸爸因为要看店,所以没有来。我本来是想利用角色扮演技术,让他们能够更好地理解双方,重现小玲离家六天前的那个晚上的事情,让她妈妈扮演小玲,小玲扮演她妈妈,我在旁边引导他们进行对话。在对话的过程中小玲哭了,说也不全是妈妈的不对,这件事情自己也有责任,而她妈妈就赶紧说自己也不好,当时真的不知道小玲痛经,因为平时不是这个时间的,要是知道肯定不会这么做的。后来小玲和妈妈说了很多发生在她们之间的事情,知道很多都是由于没有很好地沟通造成的。虽然她的爸爸还没有来,但我知道他们的关系已经向好的方向发展了。本来我们约定让小玲的爸爸和她一起参加一个亲子沟通活动,但因为他家里临时有事没能来。

第三阶段:帮助小玲和她父母制定一个很简单的行为契约,进行行为矫正。

第七次面谈,经过前面几次的面谈,小玲和父母的关系有了很大的改善,我们又约在一起,让他们在平等的地位上,共同讨论,制定了一个很简单的行为契约,规定了小玲和父母双方的职责,父母和小玲为合同的双方,我是证明人,前提条件是不准小玲离家出走,不准父母打骂小玲,主要内容如下:

小玲的行为价值表	
日常表现情况(以一周小结一次)	获代币情况
每周上课5天不上网	三颗星
外出向父母报告,同意再出去	一颗星
本周没有离家出走,放学准时回家	三颗星
本周上课认真,完成作业(班主任评价)	四颗星
参加家庭座谈会	一颗星

代币价值表	
外出和同学玩	一颗星
周末上网一次两小时	一颗星
买一样自己喜欢的小东西	三颗星

建议小玲和父母每周开一次家庭座谈会(形式可以各种各样,如一边看店一边聊天,还有就是吃火锅聊天或看电视聊天,但时间不能少于半个小时)。每个月积累的代币到学期末可以等价换成现金(一颗星相当于十元钱)。而我的咨询到这里差不多也告一个段落了,但是这样一个问题比较多的学生,是需要长期心理辅导的,这只能说我的第一阶段已经差不多完成。所以我要求以后小玲一个月来面谈一次,汇报这个月的生活情况和行为契约的执行状况。

6. 效果分析与体会

(1) 效果分析

现实效果:心理咨询近三个月,她的表现比以前好了很多,没有出现过离家出走的行为,和同学关系也好了很多很多,最明显的是人变得比较爱说话了,感觉快乐了。特别是这次期中考试进步较大,政治课成绩还在班里第三名。现在很少上网,和父母的关系也好了很多,没有发生打骂事件,虽说有时有些小口角,我相信这也是正常的。

他评效果:现在班主任以及政教处的老师都说她现在好多了,在校表现不错,感觉人的精神也更好了,不再独来独往了。她的父母也说她在家里话多了,有时还能帮助他们一起搬东西看店,他们之间的关系好了。同班同学也说她开朗了很多,参加班级活动积极很多,上个月还参加了学校运动会的比赛。

自评效果:小玲说和我谈话有一种焕然一新的感觉,觉得自己的生活是一片光明。尤其是和父母的关系,感觉回到小时候的那种生活,父母是那么关心自己,喜欢自己。非常感谢我的帮助,觉得自己是一个幸运的女孩,得到了那么多人的关心和帮助。

(2) 反思与体会

经过几次比较良好的交谈与心理测验,发现她有网络成瘾,但造成这种行为更深的问题是家庭问题,甚至可以说是家庭暴力。最后我修改了自己的咨询方案,从家庭问题入手,再辅之以网络成瘾的辅导。从中我认识到心理咨询要有足够的耐心和信心,不要急于下结论或安排咨询方案,要深入了解问题才能作出正确的诊断。

行为契约的制定我不是很满意,感觉想法不是很全面。我原先是准备了比较多的选择的,但学生和家长最终选择是以物质奖励为主,对此我觉得对激发她内在动机不是很好,虽然说操作起来比较方便。其实行为矫正运用到学生身上是很有效果的,但我发现实际操作太难了,如果没有别的老师或家长的帮助,根本无法进行,有时感觉心理辅导老师的力量实在是不够大。

心理咨询者在咨询时一定要注意力集中,仔细观察来访者。像小玲第一次咨询时发生了一个上洗手间的插曲,这里若不是我提出来,小玲很可能就会一直憋着,这样她的注意力就不能很好地集中。还有就是我观察到了这个现象,让小玲有一种被关心的感觉,知道我是很用心去做这件事的,对我的防御意识就会减弱,有利于咨询的顺利进行。

案例二:因网瘾辍学六年的少年

1. 背景介绍

晓冶(化名)曾是一个文静的孩子,学习成绩在班里居中游。读初中时,因为沉溺于网络游戏,成绩随之逐渐下降。网瘾 6 年,辍学至今。

和很多家庭一样,晓冶开始玩网络游戏的时候,父母并没有太多干涉。但随着晓冶熬夜的次数越来越多,父母开始苦口婆心地规劝,可晓冶越听越烦,最后干脆戴上耳机打游戏,甚至还出现了逃学现象。

于是,父母禁止晓冶使用电脑。可父母前面关,晓冶后面开。如果父母强行关掉电脑,晓冶就会像疯了似的摔东西。父母无奈,索性把家里的电脑送了人。于是,晓冶就去网吧玩游戏,常常连续几天窝在网吧不回家,除非父母找到他,带他回家。

晓冶玩网络游戏的巨大成功让他充满了自信。因为在网络游戏中,他是"大侠",是"盟主",有自己的"工会",弹指间可决定别人的生死。以前,在他还愿意和父母交谈时,曾经自豪地宣布:他要制作中国最好的网络游戏。他最常说的一句话就是:"我是第二个陈天桥",长大了要去编写游戏程序。晓冶的父母则一再告诫他:"你连初中都没有毕业,根本不具备担任游戏制作中任何一个重要工作的条件。"但晓冶认为这是父母对自己不信任,"他们从来就看不起我,我成绩不好说我,我考了 100 分又说'谁谁都连续考了多少次 100 分'。我玩一会儿游戏就说我'玩物丧志,今后找不到工作只能去要饭'。哼,我一个人靠打游戏在外面活得也挺好,今后我就干游戏这行了,游戏业可是朝阳产业。"他认为熟能生巧,只要不断地玩游戏就能实现自己的美好理想。

他无法改变父母,父母也无法改变他。于是,亲子战争越演越烈。伤心的父母用保险柜把现金和存折锁起来想从经济上断绝他上网吧的经费。晓冶则趁父母不在家时把家里的DVD搬出去卖掉换钱。于是,父母不得不把家门换了锁。但晓冶仍然能够依靠自己打出的游戏"装备"换钱维持打游戏的费用。

但由于长期日日夜夜上网,身高1.86米的晓冶体重只有45公斤。看着儿子日益瘦弱的身躯、越来越畸形的脊柱,晓冶的父母心痛如绞。为了帮助晓冶解脱网瘾,有一次,妈妈买来晓冶从前最爱看的书、做了晓冶平时最爱吃的菜,然后从网吧把晓冶骗回了家,锁住了家门,百般哄劝晓冶。可离开了网络游戏的晓冶,已经失去理智,他先是暴跳如雷,摔自己身边一切可以摔的东西;然后是不吃不喝,以沉默、绝食进行反抗;当他看到父母铁了心不让自己上网,又打开煤气以自杀相威胁。晓冶的父母百般无奈。最终,他们狠狠心把18岁的晓冶送到了精神病院治疗……

晓冶出院后,网络成瘾症不但没有得到控制,反而对父母的敌意更上升到了顶峰,并一次次企图自杀,晓冶的父母不得不放弃工作,昼夜看守自己的儿子。后来,听说北京有了专门医治网络成瘾的门诊,晓冶的父母又哄骗晓冶千里迢迢去北京治疗。

2. 案例分析

确定问题:经过询问与观察,我们和晓冶一起讨论问题的所在。我们发现晓冶在现实生活中尤其在学习上,存在一定的自卑,他认为他的父母总是对他不信任,看不起他,而且父母和晓冶之间的沟通出现了问题。然而,晓冶对自己在网络游戏上取得的成功充满了自信。一边是父母看不起自己,认为自己没有出息,一边是自己在网络游戏中的呼风唤雨,得意潇洒,可想而知,晓冶的重心会偏向哪边。晓冶在虚拟的网络游戏中取得的成功使他对未来的生活过于自信,年少的晓冶并不知道即使要成为第二个陈天桥,也要先学习知识。单纯将玩网络游戏定为未来谋生的手段,甚至人生理想实现的方式,是行不通的。针对晓冶的问题,我们下一步就要制定干预的具体目标,帮助晓冶远离网络游戏,成为一个健康向上的人。

制定干预的具体目标:(1)近期目标:认清网络游戏的利害,远离网吧。(2)中期目标:在家调养,培养晓冶其他方面的兴趣。(3)远期目标:使晓冶彻底远离网络,巩固其自信心和上进心,使其成为好学、有责任心的人。

制定具体的干预措施:

首先,虽然网络给晓冶带来了很大的成就感,但是由于过度沉迷于网络游戏也给晓冶带来了各种各样的弊端,如成绩下降,被父母看不起,被别人羞辱,对不起自己的父母、亲人等。我们引导晓冶在头脑中想象网络成瘾后这种不良后果及其严重程度。同时,从晓冶想要成为第二个陈天桥的理想出发,帮晓冶一起分析陈天桥的成功历程,让晓冶意识到,想实现理想,只靠玩好网络游戏是不太可行的。然后,当晓冶特别想玩游戏的时候,我们就让他在"理想自我"与"现实自我"之间进行辩论,让内心的道德感、责任感与罪恶感、失败感斗争,从理智上战胜自己,痛下戒除网瘾之决心,增强自己的戒网动机。

其次,对晓冶提出一系列要求,通过连续不断的鼓励,使其逐步达到目标。根据目标行为的性质,有两种循序渐进的方式:第一,行为频率的循序渐进。如,让其将每周上网次数由七八次逐渐减为六次、五次、四次、三次……每次上网时间由 5 小时逐渐减为 4 小时、3 小时、2 小时,达到尽量在周末上网,每次不超过 2 小时的目标。第二,行为准确性的循序渐进。每个目标都应是其力所能及的,家长等要热情鼓励其做好朝目标渐进的每一步,确保其能通过不断取得进步而获得成功的体验,从而增强其自我效能感,并据此来衡量其上网行为纠正的程序,制定好下一步的目标。

再次,让晓冶在其他活动中寻找快乐,如欣赏一曲优美抒情的音乐,去运动场跑步、打球,读一些轻松愉快、有趣味的书刊,或与朋友一起逛街、散步、看电影、郊游等等。晓冶喜欢看书,家长可以培养晓冶阅读的兴趣,使晓冶逐渐远离网络。同时,鼓励晓冶重新走进社会,从事一些有意义的活动,如学习各种编程等,鼓励他为理想而奋斗。

最后,积极和家长进行沟通。要求家长积极配合干预工作。当晓冶取得进步的时候,家长要给予真诚的评价,而不是打压嘲笑。同时,网络成瘾的干预是一个循序渐进的过程,告诉家长不要着急放弃,给家长信心。

另外,我国网络游戏产业虽然发展迅猛,但在各方面都还落后于世界同行。网络游戏的策划开发和游戏企业的经营管理方面的高端人才严重短缺。结果,一方面开发的游戏的艺术性、娱乐性和教育性等不能有效地结合;另一方面游戏引进技术落后,品种少,使一些色情、暴力的游戏有机可乘,直接危害青少年健康成长。像晓冶这样一个20 岁的年轻人因为网瘾从 14 岁辍学至今,父母为其心力交瘁。青少年网瘾的确是一个让全社会都棘手的问题。

对于网络成瘾的原因,专家一般认为是社会和家庭给孩子们造成了难以承受的压力。由于承受了过大的压力,孩子们往往会自己寻找一个渠道来发泄,这时网络就成了他们的第一选择。一旦他们对这个发泄渠道产生依赖,便可能成为网瘾患者。很多网瘾的案例也反映了这一点。

当然,目前我国网络游戏的开发水平和发达国家相比还有不少差距,民族网络游戏产业发展的关键是人才。所以,大力培养我国的网络游戏人才也是网络游戏业的当务之急。像晓冶这样的孩子如果能够正确地引导,是有望成为网络游戏业的人才的。而现在父母一味制止只会使网瘾治疗的效果不彰。如何针对不同青少年的特点有效开展网络成瘾干预需要危机干预者的智慧和用心。

案例三:陶宏开教授网瘾干预访谈[①]

四川南充考生张非,曾先后考上北大、清华,后因上网成瘾,又两次从北大、清华退学。2007年,再次考上清华大学的张非受到了陶宏开教授的关注。

下面是陶教授谈话治疗张非网瘾的片断。

青年周末(以下简称"青周"):听说您前段时间去南充给张非做了心理辅导。

陶宏开(以下简称"陶"):Yes。浙江卫视的《公民行动》请我去的。在这之前我还不知道这事。我觉得这个案例很特殊,可以通过它来教育更多的青少年,就答应了。去帮张非这一趟真不容易。7月1日早晨8点45先坐飞机到成都,紧接着坐三个多小时汽车去南充,饭都没顾上吃。天特别热,汽车开过了很多山路,我62岁的人了,累得都快倒下了。

青周:对张非的第一印象如何?

陶:张非事先知道我要去嘛,看到我进去就站起来跟我握手。他理了一个平头,衣着很普通,穿着圆领短袖T恤,皱巴巴的,看来不太会料理生活。他的脸色很苍白,一看就有深度网瘾。他的眼睛一个劲地眨,不太善于直视别人的眼睛。我看得很清楚,他没有任何责任感。他父母坐旁边,非常痛苦。张非看我的眼光还比较柔和,一看到他父母,就很这个的样子——陶宏开模仿张非:头往上一昂,斜睨着"父母",接着翻一个白眼,露出厌恶的神情。

青周:听说张非的性格很内向。您跟他沟通顺利吗?

---

① 资料来源:http://news.sina.com.cn/c/2007-07-26/122513532785.shtml。

陶:刚开始他比较拘谨,表情也很复杂。但很快我们就沟通得很好了。他跟我谈心,忘了摄像机的存在。他还哭了。他妈妈说,他从来不哭。那天哭得很惨。后来他拉着我的手,可亲热了。我一共跟他接触了十几个小时。7月1日下午谈了两个小时,7月2日上午又聊了两个多小时,还去了他家和伯父家看了看。

青周:您怎么做的,能很快让他感觉亲近?

陶:我要热情,但要自然,不是一上去就抱着他:哎呀,你好! 他认同我以后,我才能开始切入。一开始,我看他佝偻着坐在那里,就说,你怎么这么坐着? 他说,习惯了。我让他看我,我当然坐得很直了。我让他摸我脊椎,告诉他我62岁了。我跟他开玩笑,你这样连女朋友都找不到,谁要找个小老头啊? 他乐了。我让他试着坐直,他就挺起来了。他爸爸、妈妈看着很高兴。这孩子记忆力很好,从那儿开始他就一直坐得很直。后来去《实话实说》做节目也坐得很直。他笑的时候,眼睛又眨。我说,你眨眼睛就说明你不是真正地笑。他反问,我眨了吗? 我说,张非你没有对着镜子照过你自己。这样的话你很难找到工作哦。你去面试,也对着老板不停地眨? 他又笑了。我把气氛缓和,不是说一去就跟你说我来戒你网瘾,来解决你心理问题,那样他肯定烦死了。我是来跟你聊天的。

青周:您具体怎么就网瘾跟他沟通的呢?

陶:我对他说,网瘾不是你的错。他问:那是谁的错呢? 我让他自己分析。他说:父母的错! 我就跟他谈了很久,让他认识到,这是个教育问题。我说没有完美的社会,没有完美的教育制度,也没有完美的人。一个人要成功,要不断否定自己的不足。社会不可能完美,但我们努力,社会可以更好。然后我问他多大,他回答:我24岁了。我说,你父母教育不当,老师没有正确引导,社会上也有坏的影响,还有别的原因吗? 他有点不好意思:我也有错。——我让他自己说,我才不说呢。我再问他,你觉得你的问题在哪里? 他说自己很散漫。我又分析,你为什么这么散漫? 他答不上来了。我问他妈妈。他妈妈说,哎呀,他好散漫啊,完全不会自理,一塌糊涂,从小就这样子。我问她,你没教育他吗? 她说,我教育啦,他还是做得不好。我再问,教育不好怎么办? 她说,那我只有帮他做了。哈! 问题就在这里。孩子做得不好,你就说,笨蛋,去去去。那他永远做不好。他们都笑了。

青周：后来张非为什么哭了？

陶：我跟他谈责任啊。张非说了自己也不好，我就说，不管你多不好，父母都不离不弃，你讨厌他们，拒绝他们，他们还跟着你到处跑。他说，他们要这样嘛！我问，那你呢？父母对你负责，你也对父母负责吗？他还说，我负责啊。我问他，责任这个词是什么意思？他说责任就是义务。我告诉他，不能用另外一个词来解释。责任就是有意识地把自己的一言一行和家庭、社会的前途和幸福联系起来。他听了拼命点头。我问他，你是这么做的吗？他说从来没想过。我问，自己、父母、社会，你最爱谁。他说，父母。因为他们养育了我。我说，你错了！张非不服：我怎么错了？我说，你首先要自爱。他觉得自己当然爱自己了。我反问：你怎么爱了？考进北大退学，考进清华又退学，这是爱自己吗？一个人不爱自己，就谈不上爱父母，爱别人。他哭了，我也很感动。

青周：跟张非沟通对您来说并不难？

陶：关键让他自己认识到问题。他认识到了，把这些病毒在阳光下晒一晒，清除掉。他后来自己跟我说了四个否定：否定退学、否定网瘾、否定散漫、否定不尊重父母。

青周：您跟他交流，短期有效，长期怎么办？

陶：其实我跟他讲得很少，这么大的课题，几个小时怎么够？要完全改变自己需要三个阶段：感触、感动、感悟。你看湖南卫视的《变形计》，把几个孩子互换，城市的网瘾少年弄到农村。孩子去了看到生活的差异，感触：哇，那么穷啊，水都不够喝。第二步就是感动：孩子在农村父母面前哭了，感谢他们的关爱。但这是不够的，还必须要理顺他们的思路：以前父母给你那么好的条件，你为什么不哭？农村"父母"给你 20 元钱，你就那么感动？节目没有做到第三步。网瘾很难断根，就像你发烧，病毒不清除，只用冰块是不行的。张非开始感悟了。但仅仅是个开始。他还需要持续的帮助。关键自己管自己，自我教育。走的时候我写了一个公式给他：决心－恒心＝零；决心＋恒心＝成功。我说，我相信你有决心，但我不相信你有恒心。他要了我的联系方式，说有什么问题就给我打电话。

青周：您走了之后他跟您联系过吗？

陶：过了不久他到北京录《实话实说》之前，跟我联络了，讲了一些他的心理活动。

青周:什么样的心理活动?

陶:他担心媒体说他"考霸",把他说得一无是处。我告诉他,不是别人说你一无是处,而是你自己是不是一无是处? 他说,我不是。我说那就好了,你不是,别人也不能把你说成那样。既然这个节目是《实话实说》,那你就实话实说。我感动了你,实际上你也感动了我。因为我们素不相识,你能把心里话坦诚地告诉我。

后记:张非的父亲告诉记者,陶宏开跟张非交流之后,张非改变很大。去年夏天,被清华录取的张非把自己关在房间里,不愿和家人说话。今年呢? 张非陪着父母去买菜,帮父母做家务。前几天他妈妈病了,觉得家里的东西不合胃口,没吃早饭。张非破天荒跑出去给妈妈买点心,买回来他妈妈还是不吃,他一直给她喂到嘴里。

"张非现在在家就看书,看电视,完全没想打游戏的事情。"张非的爸爸说。昨天张非刚从南充和老师、朋友聚会回来。他出门的时候带了 150 元钱,还买了点东西,回来还剩了 90 多元。"他在南充待了 4 天,没乱花一分钱。他没再去碰游戏,出去就仅仅用了车费。"

第八章
呵护青春：家庭
——青少年心理危机干预的护航者

第一节　家庭——危机发生前的保护者

从个体出生起，家庭便赋予个体包括种族、阶级、宗教、经济状况、地区等在内的多种社会特征，而这一切又是通过父母产生作用的。父母是青少年的第一任教师，提供心理健康的第一课堂，家庭教育为青少年的心理发展奠定了基石。父母成熟的个性、稳定的情绪、美满的婚姻是子女发展的最好温床。正确的教养方式是达到孩子良好发展的必要手段。

一、家庭教育：孩子远离心理危机的保护神

家庭是孩子成长的摇篮，是孩子远离心理危机的保护神。家庭气氛和家庭教育对于每个人心理的发展、性格的形成都起着十分重要的作用。为了青少年的健康成长，每一个家庭都应重视家庭环境对青少年心理状态成长的影响。青少年是个体从童年向成年发展的过渡时期，是容易出现心理和行为异常问题的时期。当前，随着改革开放的进一步深入，社会经济不断发展，人民的生活水平得到大幅度的提高，精神文化生活也逐渐丰富起来。但是，青少年的心理问题却越来越突出。家庭对青少年的心理健康起着举足轻重的作用，家庭应当成为预防青少年心理危机的第一道屏障。

许多家长错误地认为，自己家庭经济状况不如别人或自己的职业不好、文化水平不高，是导致家庭教育不良、孩子发展不好的原因，实际上并非如此。一位美国学者曾

对一万多名肤色不同、经济条件各异的孩子进行了一次大规模调查。调查结果显示：孩子们对父母和家庭的要求放在首位的并不是经济、物质条件。他们对吃的、穿的、用的和玩的东西似乎都不大在意，相反，却很关注自己的家庭精神生活。我国某市劳教部门对接受劳教的 236 名失足少年进行了一次失足原因调查，结果令人吃惊①：在 236 名少年中，家庭破裂或已达到破裂边缘的、父母之间经常争吵的占 43.6％；家庭生活涣散、盲目追求物质享受，即所谓"享乐型家庭"占 37.7％；对子女放任自流、溺爱娇惯或任意体罚的家庭占 28.4％。作为父母，不管所能给予孩子的物质条件如何，自身职业和文化如何，都可以培养出优秀的孩子，重要的是有良好的家庭气氛和较正确的家庭教育方式。

日本性格心理学家诧摩武俊的研究证明：专制型家长要求孩子必须一切听从家长，用权力和强制性的训练使孩子听命，信奉"棒头底下出孝子"、"不打不成器"。其实，长期在父母的高压政策下的孩子易形成幼稚、依赖、神经质的心理，他们的独立性和自主性较差，有些幼儿可能变得更加依赖、无主见，有些则可能变得更加反抗、暴烈。溺爱型家庭中父母对孩子的爱缺乏理智和分寸，过度包容孩子的错误行为和要求，致使孩子易形成任性、幼稚、反抗、神经质等心理特征。放任型家庭中父母往往认为"树人自然直"，对孩子漠不关心，放任自流，养成孩子冷酷、攻击、情绪不安等心理。严厉型家庭中家长对孩子寄予过高的期望，认为必须全力以赴保证孩子的学业，为此无视儿童的独立性与自主性，设置许多清规戒律，并过多和过早地对孩子施行正规学业教育。

在民主型家庭中，家长平等地对待、尊重孩子，家长与孩子能相互交流各自的看法，对孩子不成熟的行为进行限制，并坚持正确的观点，使平等尊重与适当限制相结合，有利于儿童独立性、自信心与能动性的养成，具有直爽、亲切、爱社交、能与人合作、讲友谊、爱探索等特点。因此，父母要爱孩子，理解孩子，并用合理、科学的教养方式和教养态度来对待孩子。民主权威型的教养态度是比较可取的教养态度。父母只有充分尊重孩子，从孩子的生理、心理特点、个性差异出发，因材施教，这样才有可能达到所期望的教育效果，有利于儿童身心健康发展。父母要非常注意鼓励孩子的独立自主和进取心，鼓励孩子提出与自己不同的见解；父母如果对孩子指导而不支配，自由而不放纵，那么孩子便会变得合作、友善、自控和富于想象力，并有较好的适应环境的能力，而

---

① 资料来源：http://www.cqlxbj.com/xljk/et/news2006627145427.htm。

且孩子在父母这样的教育下，容易感到安全、有自信心，会比管教过严或过松的孩子更活跃、开朗、自然而外向。[①] 所以家长应充分发挥人格魅力，建立民主、平等、相互尊重的亲子关系，给每个孩子以宽松、尊重、支持、鼓励的发展空间，促进其人格的健康发展。以往的经验和研究证明：父母管教子女较为理想的方式可用八个字予以归纳，这就是"控制、期望、沟通、关爱"。这一结论对家庭教育具有重要的意义。

任何一个好父母，都应该是非常关心和了解孩子的内心感受的，他们知道孩子对自己的要求。曾有一个美国学者作过一项"孩子对父母要求"的条件，结果发现，孩子们对父母的最重要的十条要求是：

1. 孩子在场时，父母不要吵架；

2. 如有两个以上的孩子，父母对每个孩子应一视同仁；

3. 不能对孩子失信或撒谎，说话要算数；

4. 父母要相互谦让，不可互相责备；

5. 父母与孩子之间要亲密无间；

6. 孩子的朋友来作客时，要表示欢迎；

7. 对孩子不能忽冷忽热，更不能动不动就发脾气；

8. 家里应该尊老爱幼，决定全局的事应该征求全家人的意见；

9. 家庭要重视文体活动，节假日或星期天要到户外游玩；

10. 父母有缺点时孩子也可以提出批评，应该欢迎孩子提不同意见。

从这十条要求不难看出，孩子对父母的要求更多的是希望父母之间相处要和睦，要尊重孩子的意见和看法，一家人要经常在一起活动，总结一下就是父母之间关系要好，父母和孩子的关系要好。

2009 年 11 月，由黑龙江省家庭教育学会组织的"孩子最喜欢和最不喜欢的 10 句家庭教育用语"评选活动，其结果公布如下[②]：

"孩子最喜欢的家庭教育用语"主要包括："孩子，我爱你"、"我们相信你能行"、"你太棒了"、"别难过，下次再努力，你一定会做得更好"、"谢谢你，真是个懂事的好孩子"、"孩子，对不起，这件事我错怪你了"等。

"孩子最不喜欢的家庭教育用语"包括："你真笨"、"你简直是个废物"、"你长个猪

---

① 邓丽群：《论和谐亲子互动关系的构建》，载《四川理工学院学报（社会科学版）》，2008(5)。

② 资料来源：http://www.jyb.cn/basc/sd/200911/t20091125_326009.html。

脑子,什么事都做不好"、"你这辈子算没出息了"等带有责怪、侮辱的语言。作为家长,一定要多说鼓励孩子的话,不说伤害孩子自尊、自信的话。

因此,家庭教育的第一要诀就是营造良好的家庭气氛,采用正确的亲子沟通和家庭教育方式。

二、身教重于言传

200 年前,美国康涅狄格州有一个叫嘉纳塞·爱德华的人,很有学问而且注重自身修养,对子女教育也非常重视。至今他的家族已传 8 代,其中出了 1 位副总统、1 位大使、13 位大学校长、103 位大学教授、60 位医生、80 多位文学家、20 位议员。在长达两个世纪中,竟没有一个后代被关、被捕、被判刑的!相反,200 年前纽约州有个名叫马克斯·菜克的人,是一个不务正业的酒鬼、赌徒,对子女不管不教。他的家庭至今也繁衍了 8 代,在这 8 代子孙中,有 7 人因杀人被判刑,有 65 个盗窃犯、234 个乞丐,因狂饮死亡或残废者多达 400 多人[①]。

上面的例子说明了什么?是因为遗传的作用?研究者发现长辈和父母的言传及身教是使这些"家族行为"代代相传的重要原因。父母不仅要重视自己对孩子说的话,而且还要重视自己的行为是否和自己说的话一致,即言行要一致。孩子的行为习惯,大都是在父母的影响下养成的。

台湾著名学者、年过八旬的柳北岸先生不但精神矍铄,而且记忆力好得惊人。谈起童年趣事,他一桩一桩说得眉飞色舞;聊及旅行趣闻,他一件一件讲得兴高采烈;说起读书心得,他更是一则一则说得兴味盎然。思路之清晰,描绘之生动,着实令人自叹不如。他的儿子蔡澜先生这样评价父亲:"父亲不老,只因他终生读书。"柳北岸先生有一间书房,墙壁四周镶嵌着高达天花板的书橱,橱内密密麻麻地放满了古人和今人的书。对于他来说,一日不可无书。他的儿个孩子,分别是艺术界和教育界的佼佼者,他们都是手不释卷的爱书人。这一份爱书的品质,是柳北岸先生当年颇费苦心而又不露痕迹地对他们培养而形成的。柳北岸先生回忆起如何教育孩

---

① 资料来源:http://edu.people.com.cn/GB/8216/79137/79341/5682142.html。

子时笑眯眯地说：

> 我买了大量的书，放在地上，任由孩子们看。他们把书翻得乱七八糟，东南西北丢得满天满地，我一声不响地替他们收拾。隔一段时间，又买进另一批新书，任由他们翻。我从来不逼他们读，可是，他们见我读得津津有味，而满屋子的书又伸手可及，一个个都自动地成了爱书人。①

父母是孩子的第一任老师。从孩子呱呱坠地开始，孩子便开始接受家庭的熏陶。对孩子而言，家长是他们模仿学习的对象或重要他人。许多家长总抱怨孩子不爱读书，如果我们的每一个家庭都像柳北岸先生一样爱读书、给孩子营造一个良好的读书氛围，孩子怎么会不爱读书呢？有许多家长可能会说自己文化水平低，做不到像柳北岸先生一样，但做到让孩子感受到你对知识、对书本的热爱应该是完全可能的。有的父母会抱怨自己的孩子没礼貌，总是顶撞自己，一点都不体恤含辛茹苦将他们养大的父母。孩子是父母一手养大的，为什么还会顶撞自己的父母？错，可能不全在孩子身上，父母可能也有错。处于青春期的孩子，创造力很强，模仿力也很强。在生活中，父母的一言一行对孩子都具有潜移默化的影响。父母要求孩子言行端正，品德优良，就必须先从自己做起。如果父母自己的言行都不端正，对家里老人不尊敬，那么以什么要求孩子言行端正呢？孩子又怎么会听父母的话呢？

如果父母用自己的实际行动维持家庭的温馨和和睦，会让孩子感觉到内心很踏实。孩子通过模仿父母这种待人友善、尊老爱幼的行为，自然会受到大家的欢迎，人际关系也会处理得很好。因此，对家庭教育来说，身教重于言传。

三、用 EQ 型方式处理孩子的负性情绪

家长与孩子联系密切的基础是能够分享和支持对方的情绪感受。有心理学家认为，当孩子因为某件事有了负性情绪，父母一定要把支持孩子情绪感受放在第一位。即使家长对这一事件本身非常恼火，对孩子负性情绪的关注也要超越对事情的批判。这是说：把事情和对孩子的爱分开。无论是因为什么原因使得孩子有了负性情绪，家长就算完全不能接受该事情，也应该对孩子在情绪感受上给予无限支持。当孩子有负

---

① 资料来源：http://baby.sina.com.cn/edu/09/1611/0900150420.shtml。

性情绪时,交换型、惩罚型、冷漠型和说教型四种传统的处理方式都是没有什么效果的。一定要采用 EQ 型方式处理孩子的负性情绪。

所谓"交换型"处理孩子负性情绪的家长,往往忽略孩子的情绪和表现,用糖果或其他孩子在乎的东西把孩子从负性情绪中抽离,这会导致孩子由于没有得到实质的帮助而产生怀疑、迷惘的感觉,久而久之孩子会产生不自信,感到有很大压力。

所谓"惩罚型"处理孩子负性情绪的家长,对孩子的负性情绪表现不满,甚至强烈反感,把负性情绪看作是犯错误的行为,要孩子"坚强",恐吓、斥责,而对孩子负性情绪的产生原因不作深入了解,从而导致孩子不相信自己的判断,自尊心受挫,不会调整自己的情绪,难以集中注意力,表达自己的情绪不自信。

所谓"冷漠型"处理孩子负性情绪的家长,虽然接受孩子的负性情绪,但是并不理会孩子的负性情绪,或者让孩子自己处理,使孩子认为父母不懂得引导孩子情绪处理,从而导致孩子很沮丧、无助,无法自己处理负向情绪。

所谓"说教型"处理孩子负性情绪的家长,往往会忽略孩子的情绪,把注意力集中在大道理上,认为让孩子明白大道理,负性情绪就会消失,这样会导致孩子认为父母不懂得帮助孩子进行情绪的处理,家长的喋喋不休更制造了双方关系的冲突。

最有效的处理孩子负性情绪的方式是 EQ 型。EQ 型情绪处理方式可以舒缓孩子的负性情绪,还可以帮助孩子从事件中学习以后做得更好。EQ 型的家长会接受孩子的负性情绪,然后通过语言交流,与孩子一起共同了解情绪的原因。家长会表达自己的看法,但不作评判;让孩子明白所有负性情绪都有正面的意义,这样做会让孩子感觉到家长真正理解了他们的情感,并且很尊重他们的情感。

EQ 型家长处理负性情绪的步骤一般如下:(1)接受:家长说出一到两句话,表示注意到孩子的情绪,邀请孩子坐下来谈谈(接受有情绪的他/她);(2)分享:家长必须先分享情绪,后分享事情内容,让孩子平静下来,然后再问孩子具体细节;(3)肯定和引导:找出事件中一些可以肯定的地方,认同孩子的感受或行为,然后引导孩子看到行为可能带来的负面效果;(4)策划:与孩子谈论如何可以做得更好,尽量引导孩子自己想到、说出更有效的处理事情的方法。

在 EQ 型家庭中,家长平等地对待、尊重孩子,家长与孩子能相互交流各自的看法,对孩子不成熟的行为进行限制,并坚持正确的观点,使平等尊重与适当限制相结合,有利于儿童养成独立性、自信心与能动性,具有直爽、亲切、爱社交、能与人合作、讲友谊、爱探索等特点。

四、营造美满的婚姻关系促进孩子快乐成长

对许多夫妻来说,结婚前往往因为向往着婚姻的美好而结合。而当两个人结了婚之后,往往发现婚姻并不像想象中的那么唯美。每天都需要为生计为孩子而忙碌奔波着,为油盐柴米而仔细思量,发现要维持婚姻的美满并不像想象中那么简单。久而久之,难免失去了对婚姻的新鲜感。俗话说,七年之痒,当两个人在一起生活久了的时候,便会感觉生活平淡无聊乏味,进而出现婚姻危机。然而,当两个人在一起生活有了孩子之后,婚姻就不再是两个人的事情,而是父母和孩子共同的事情。父母关系的好坏会直接影响孩子的健康成长。曾经有位老师说过,父母能给孩子最好的礼物就是一段美好幸福的婚姻。父母彼此恩爱,互相照顾,会给孩子心理上带来莫大的安全感。如果两个人的婚姻出现问题,总是大吵大闹,整个家处在摇摇欲坠中,面对名不副实的家,孩子内心会非常恐惧,非常没有安全感,害怕父母丢下自己不管。

> 雯雯以前是个文静、听话的孩子。可是随着父母感情不和,争吵打骂不断,无形的心理压力使她无所适从,认为自己是个多余的人。当父母关系恶化,最终离婚又给她心灵上造成重大的创伤。她变得沉默寡言,忧郁退缩,经常用恐惧、怀疑的眼光看着别人。上课时注意力不能集中,一问三不知。整天提心吊胆,一副惶恐不安的样子,学习成绩也明显下降。①

面对众多像雯雯一样的孩子,为人父母者需要好好思考一下,为何他们出现了心理问题?孩子年龄尚小,对于父母吵架、离婚的事情不能正确理性地看待。父母感情不和,会使孩子感觉到自己是多余的。在家里,孩子找不到归属感,长此以往,孩子很容易自卑、敏感、退缩,或是结交社会上一些不良青年,逐步走向堕落的深渊。同时,父母双方对孩子的成长都有不可替代的作用。一般来说,父亲给孩子带来安全感,使孩子自信,能动性强;母亲给孩子带来关心、体贴,使孩子感到温馨、快乐。缺失任何一方都有可能使孩子的心理发展失衡。不能和父亲生活在一起,使得孩子不够自信,胆小怕事;不能和母亲生活在一起,使得孩子不懂得关心体谅别人,人际关系处理不好。因此,要记住:一段美好幸福的婚姻对孩子是非常主要的。

---

① 资料来源:http://www.wnxk.com/jiazhang/pinglun/2008072312681.html。

第二节　家庭——危机发生后的支持者

一、危机发生后家长要有危机干预意识

　　有这样一个案例①：年纪很小的兄弟两个人在家里玩，家里有一支猎枪，两个人很好奇，哥哥拿着玩时，无意中扣动了扳机，击中了弟弟。弟弟被家人送去了医院。哥哥当时很茫然，因为很小，他只记得枪响后，一群人手忙脚乱，弟弟就再也没有回来。他知道自己闯了祸，可又不知道怎么办，特别希望父母能骂自己一顿，甚至打一顿，但是父母从医院回来后，什么也没说，什么也没做，就像什么都没发生一样。哥哥觉得父母一直不原谅自己，觉得特别对不起弟弟，最终导致了人格分裂。

　　根据这个案例，父母不和哥哥谈论他误杀弟弟的事情，其实是为了不让哥哥觉得内疚，采取从此不再提的方式。然而，哥哥却认为是因为父母还没有原谅自己，所以不和自己讨论这件事情，再加上自己对弟弟的愧疚感，久而久之，内心的痛苦积聚到自己无法承载的地步，以至最后人格分裂。作为父母，应该考虑到这件事情对"哥哥"的影响是非常之大的，采取遗忘的方式是不能解决问题的，甚至还有可能导致更坏的结果。当发生类似的事情的时候，父母应该有危机意识，认识事情对孩子的影响，及时和孩子交流沟通，告诉孩子父母的想法。在这个案例中，父母要强调这只是一个意外，父母其实并没有责怪他，爸爸妈妈还是会像从前一样爱他的。当孩子遇到心理困惑的时候，父母及时对孩子传达爱的信息是非常重要的，可以让孩子在绝望的黑暗中看见一线曙光，寻找解救自己的出路。

　　而类似这样的情况，在现实生活中并不少见。我们经常可以发现，每当孩子想要打听自己家里的一些事情的时候，他们总能听到这样的回答："大人的事情，小孩子不要管，好好读书就可以了。"因此，无论家里发生了什么事情，或者孩子犯了多大的错，酿成了多么严重的后果，家长都会有意无意地隐瞒孩子。有时家长认为是在保护孩子，但其实孩子内心的困惑并没有被解决，而是一直伴随着孩子成长，这对孩子健康成长的影

---

① 资料来源：http://www.yzswx.net/? artid=9133&F=view.html。

响是莫大的。当孩子长大到一定程度时,他们已经有了自己的思考,倘若家长还是什么事情都隐瞒他们的时候,他们就会开始胡思乱想,有时还会责怪自己,甚至不能原谅自己,直至出现严重的心理危机。

值得一提的是,当孩子遭遇性侵犯时,有些家长可能会认为这是一件非常可耻的事情,为了不让外人知道孩子被人欺辱,保护孩子的名誉,他们更可能会隐瞒事实,不会及时将孩子转介到相关部门去接受咨询,而且为了保护孩子不受到二次伤害,家长可能从此以后再也不在孩子面前提及这件事情,以为这是对孩子的最大的保护。针对这种情况,我们能够理解家长对孩子的那一片关爱之心。可是,有时错误的关爱可能会断送孩子一生的幸福。孩子遭遇了性侵犯,他们内心肯定非常痛苦,并出现一系列不良反应,如恐惧、恶梦、焦虑、抑郁、暴食或厌食、药物滥用、自杀或企图自杀等。如果家长将孩子遭受性侵犯的事藏起来,孩子心中的痛苦将永远无法得到释放,最终则有可能会酿成悲剧。当孩子遭遇性侵犯的时候,家长应该给予孩子更多的爱,让孩子明白这件事情是个意外,孩子本人没有任何过错。要告诉孩子:任何人都不会因为这件事情而看不起你,你还是我们最爱的孩子,爸爸妈妈永远都站在你这边爱护你,那个做坏事的人一定会得到法律的制裁的。虽然我们对孩子要多给他们鼓励,不用过激的话刺激他们,但是这并不等于当家里发生重大变故或者孩子犯了什么错误时,家长出于保护孩子的本能,为了不想给孩子造成伤害,对这件事情绝口不提,以为时间可以冲淡一切。殊不知,这是对孩子最大的伤害。同样,除遭受性侵犯这样的危机事件之外,孩子在遭遇亲人死亡、重大的天灾人祸等事件后,父母也一定要有危机干预意识,及时对孩子进行心理疏导。如果家长觉得不能够胜任这个工作,那就需要将孩子转介到专业的心理咨询机构进行咨询。

二、孩子有问题有时根源在家长

刘某是个小学四年级的女生,两年前随四处打工的父母从浙江来到上海这座大城市。父母希望她能进重点中学,将来出人头地。为此,他们规定刘某每学期成绩要前进 5 名,而且要在尽量短的时间内,在班上取得前几名。为了这个目标,她努力读书,但由于底子薄、基础差,要想达到要求简直难如登天。在巨大的压力下,刘某的成绩不进反退,于是父母就常常打骂她,可是小姑娘生性内向,总在心里想:父母把辛苦赚来的钱都花在了自己身上,读不好书是对不起父母，实在该死。终于有一天，她用小刀割开了手腕①。

其实，大多数父母都是爱孩子的，每位家长都希望孩子按照自己心中理想的目标快乐地成长，但是当孩子的行为没有达到自己的要求时，如果家长的方式不当，可能会加剧孩子心理危机的程度。有时候孩子有问题，根源往往在家长。上面的例子是一个典型的亲子沟通出现问题的案例。刘某是一个非常懂事听话而且体恤父母的孩子，可是刘某的父母并没有感觉到孩子的这份心，反而责怪她没有用功读书从而使得成绩倒退，辜负了他们对刘某的期望，经常打骂刘某，最终酿成了悲剧。像刘某这样性格内向的孩子，如果家长多多关心他们，平时多和他们沟通，互相了解彼此的想法，多给他们机会表现自己，教育时注意他们的身心特点，不用过激的话来刺激他们，经常给予他们鼓励，相信能够降低他们的自卑心理，从而减少悲剧的发生。

当孩子出现偏差行为或当孩子处于危机状态时，家长应该反思一下自己的做法，问一问自己有没有错误的地方，同时要有正确的处理孩子问题的方法，切忌火上浇油。以孩子的网络行为为例，随着网络信息技术的飞速发展，越来越多的青少年喜欢上网，但是家长并不希望自己的孩子长期沉溺在网络世界中，孩子与家长之间的分歧因此而产生。为了不让孩子上网，有些家长会严厉批评孩子的上网行为，认为整天上网不好好学习不会有什么出息，而处于青春叛逆期的孩子认为家长对自己的批评是对自己的不了解和不尊重从而并不理会家长的意见继续上网。家长发现言语上的批评并不能阻止孩子继续上网，便会开始采取行动，如将电脑或者电脑网线藏起来，情绪激烈的家长可能会直接把电脑砸碎。但是这样仍然不能遏制住孩子上网的行为，反而会增加孩子的逆反情绪，跑到网吧继续上网从而导致一系列的严重后果。类似事情，屡见报端。父母对孩子的不良行为痛心疾首，这也是对孩子爱的一种体现。但是这种爱，是一种错误的爱，不能给孩子提供任何帮助，反而会促使孩子更加迅速地走向堕落。面对孩子上网过度的行为，很多专家都提出了很多可行的方法。当家中还没有电脑而孩子喜欢在网吧上网时，有条件的家长可以给孩子买一台电脑放在家里，防止孩子去网吧上网。网吧的环境太过于嘈杂和浮躁，在那样的环境中长时间上网不仅会严重影响孩子的身心健康，而且容易使孩子结交不良社会青年，染上社会上的某些恶习。父母可以将买回的电脑放在客厅里，大家都可以看得到的地方，一方面可以保护孩子的健康，使

---

① 资料来源：http：//www.jxllt.com/？F＝dmlldy5odG0＝&artid＝MjgzOQ。

孩子远离网吧那种嘈杂的环境,另一方面还可以监督孩子上网。另外,无论父母是否有条件给孩子买电脑在家中上网,父母都应该多和孩子沟通,了解孩子上网的真正原因。其实,孩子出现问题,大多是家长的问题。大多数孩子迷恋网络并不完全是因为网络具有非常大的吸引力,而是孩子在现实生活中找不到令他快乐的事情,这可能是因为父母关系紧张,父母对孩子的要求过于严格,给孩子的压力太大,父母太忙而无法顾及孩子等,这些原因导致孩子在现实生活中找不到归属感,从而转向网络这个没有任何压力的虚拟世界。

针对孩子的问题,父母应该首先检讨一下自己,孩子出现行为偏差是否和自己的某些不恰当的言行有关,如果是,那么父母需要及时调整自己的行为,以帮助孩子的心理恢复到正常水平。父母可以多和孩子聊天,用尊重和肯定的态度,了解孩子的心理动态,帮助解决孩子最近遇到的心理困惑。青春期是孩子成长的关键期,这个时期的青少年内心非常敏感,容易产生各种心理危机,家长要有对孩子进行心理危机干预的意识,当孩子的情绪行为不正常时,要多和孩子沟通,多了解孩子内心的想法,尊重孩子的情绪,而不是严厉地批评孩子。

三、心理危机干预方法:家庭式心理咨询

当孩子已经出现心理危机的时候,父母也不要慌张,更不要放弃,而应该对子女采用民主的方式,循循善诱,讲清道理,用解释、讨论、疏导、点拨、提醒,来帮助孩子控制和修正自己的言行,这样,父母在孩子的心目中才会有威信,父母提出的正确要求才能被孩子接受。因此,当孩子出现心理危机时,家长一定不要互相埋怨,这样对孩子的心理不会产生任何帮助,反而会适得其反。家长应该互相支持、鼓励,争取给孩子营造一个良好的家庭氛围,让孩子感觉到家庭的温馨,使孩子喜欢家的感觉,从而减少甚至杜绝自闭或者叛逆的行为。如果青少年的心理已经出现了非常严重的危机,家长也不要放弃。当今社会,已经涌现了很多专业的知名的心理危机干预机构,大部分省市也都设有专门的心理危机干预中心。

当孩子出现问题时,有时不仅孩子需要进行咨询和治疗,整个家庭都需要进行系统的家庭咨询和治疗。对由于家庭原因导致的心理问题进行咨询时,目前主要采用家庭式心理咨询或家庭治疗。所谓家庭心理咨询就是将家庭看作一个系统、一个整体,认为家庭成员不是孤立存在的,而是相互联系、相互作用的。某个家庭成员的行为和情绪会影响其他的家庭成员;反过来,这个家庭成员的行为和情绪也会受其他家庭成

员的影响。从这种观点出发,家庭心理咨询认为某个家庭成员出现了心理行为问题或者症状并非他个人的问题,而是与他所生活的家庭环境有关,这个家庭成员只是通过他把家庭的问题表现出来而已。因此,如果想改变这个家庭成员的心理行为问题或者症状,就要把家庭环境与他一起进行改变。

咨询的主要步骤有:

步骤1:事先预约

预约之前,父母一定要咨询孩子的意愿。如果孩子愿意来,就可以和咨询师预约时间。如果孩子不同意来咨询,就不要勉强安排。

步骤2:积极配合咨询师的咨询

咨询师在与孩子谈话前,可能会先和父母交谈一下,以了解事情发生的基本情况和父母的态度,此时父母一定要如实回答问题,因为这样最有利于帮助咨询师找到问题的根源,咨询的效果也会是最好的。

步骤3:积极参与系统的家庭治疗

咨询师会在征得孩子同意的基础上,让孩子向父母汇报他的收获、对父母的看法和期望;父母也要谈他们听了孩子的汇报后的想法;最后,咨询人员会向父、母、孩子分别提出建议。

下面举一个案例:咨询师帮助一个女孩的父母寻找女儿不愿意上学的原因。

咨询师:请您回忆一下自己是以什么样的态度和教养方式对女儿进行教育的。

父母:女儿过去一直都很听话,但是现在却不愿上学,也不愿意见人,怎么劝说也没有用,让我们感觉反差很大,简直是无法接受,使得我们心灰意冷,以至于看女儿呆在家里,就尽量晚些回家,希望用冷落她的办法促使她尽快回学校读书。

咨询师:您觉得这样做之后有效果吗?

父母:没有任何作用,但也没有别的办法。

(为了让他们理解女儿,咨询师让他们换位思考)

咨询师:假如您是您女儿,这时最需要的该是什么呢?是冷淡还是关爱?

父母:我想应该是关爱,不应该因为她不去上学就对她故意冷淡。

如有必要,咨询师会采取上述同样的办法,贯彻"系统论原则",让全家人都参与进一步的家庭心理咨询。家庭心理咨询还包括孩子的教师、孩子的祖父母、外祖父母的参与,让孩子的父母转达咨询者的意见,让他们积极配合,以便使孩子的心理危机障碍尽快排除。有时,咨询者还会到孩子的家庭去访问,其目的是为了在非常自然的情景下,了解该家庭的人际关系。此时,父母也没有必要刻意掩饰什么,只需要表现出最真实的家庭面貌就可以了。

步骤4:咨询师对咨询结果进行初步评估

下面是一个完整的家庭咨询案例①。

A某,16岁,男,独子,初三学生,因学习困难,初二留级复读一年;因临近"中考",学习焦虑感上升,注意力不集中,解题速度慢,学习成绩差,一学期五门功课不及格;在门诊做智力测验(WISC)智商为86,体格检查和神经、精神检查未发现明显异常;系早产儿,父母均为工人,长期练习气功,曾让A学气功未被接受;为了提高孩子学习成绩,迎接中考,父母携子四处求医,但均无明显的"阳性"症状发现,A自觉有"精神障碍",不能继续学习,在父母的陪同下,来心理门诊求治。

治疗过程与分析:

(1)对家庭问题的评估:家庭治疗的第一步是要对家庭进行诊断评估,了解患者家庭的交互作用模式、家庭诸因素与患儿学习困难的联系、患者的求治动机,以便明确治疗的目标。以下是治疗过程中的一段对话:

咨询师(以下简称师):"能否告知我,是谁介绍你们来这儿求询的?"

(关注患者的转诊背景,以便迅速同家人"接合";A未回答,其父母在对面的长沙发上相背而坐,父亲欲言但被母亲抢过话题)

母:"我们带着孩子去过好多医院求治,吃了不少药,但未能提高孩子的学习成绩,医生推荐到心理咨询门诊寻求帮助,你们可有提高学习成绩的办法?"

师:"那要取决你们全家人是否能积极参与治疗……"(提高家人积极参与治疗的动机;在介绍家庭治疗的性质后,转向A询问)"你最近感觉怎样?"

---

① 资料来源:http://www.examda.com/shgzz/beikao/fudao/20090521/091350830.html。

（2）扰动家庭中的问题系统：扰动是指通过提问、解释等技术手段，干扰、搅动患者家庭中的原有规则，激发家人思考，形成家庭的新观念、新目标和新行为。第二次治疗开始，咨询师先单独与 A 交谈，了解到 A 所称的"精神障碍"是指已有长期的频繁手淫习惯（每周 2 次），已被父母知道，自觉"元气丧尽"，"愧对父母"。咨询师向 A 解释手淫行为的发育性质，使其排除罪恶感，再请父母参与讨论。以下是治疗的片断：

师："你们说孩子有精神障碍吗？"

母："当然有，他注意力不集中，学习不专心，总是胡思乱想。"

师：（打断母亲的话，控制强者，辅助弱者，问父亲）"假设孩子有青春期的生理冲动，发生自慰行为，你怎么看？"

父："孩子长大了，恐怕这些行为不是异常吧？"

母："孩子这些行为太频繁了不影响身体？ 你还在迁就他！"

师：（又一次打断母亲对父亲的埋怨，转问 A）"你还记得第一次自慰行为发生的情景吗？"

A："嗯，是小学二年级时在书摊上看到女孩的裸体图片。"

（父母愕然地面面相觑，虽知道孩子有手淫，但难以相信这么早就发生了，孩子手淫已有 8 年！ 是社会上的不良因素害了他！）

师：（及时小结，改变话题）"孩子上小学时学习并不差，可见学习困难还有其他的原因……你们希望孩子将来做什么？"

父："希望他通过中考，升入普通高中。"

母："希望他能上大学，不要像我们，没有权，又没有钱。"

师：（对 A 问）"你的想法呢？"

A："我觉得自己不是读书的料，他们的要求太高……"

父母：……（无语，但若有所思）

咨询师进一步地解释，孩子目前的学习困难并不是手淫导致的结果，而是与父母过高的期望水平相关；孩子未能参与对自己前途的设计，学习无动机，开始用厌学的方式来对抗父母的要求，以"精神障碍"患者的角色来缓解家庭的压力。父母在教育问题上不一致的态度和方式使孩子有机可乘，厌学情绪和学习困难表现加重。

（3）家人之间的对话和对未来的讨论：随后的两次治疗在咨询师主持下

进行了家人之间的相互对话,让亲子之间互换角色想问题,使父母逐渐明白他们为孩子拟定的目标并不切合实际,认识到教育态度不一致对孩子会产生消极影响;孩子也逐渐明白自慰行为并不是精神障碍,与学习困难无直接联系,扮演患者的角色以逃避学习既不能解决问题,还会伤害父母的良苦用心。咨询师又布置了新的家庭作业,要全家人共同拟定或讨论孩子的成长方案,把未来的路开拓得宽一些(咨询师只提建议,不代替家人作最终决定)。

经过四周共 4 次治疗,获得了短期效果:孩子与父母共同拟定了学习成长方案,把中考和上普通高中作为第一目标,进职业高中为第二目标,参军或就业为第三目标……父母能够相互合作,对孩子的教育态度和方式一致,不袒护,不斥责,为孩子创设良好的家庭心理环境;孩子也树立了学习的自信心,能够集中注意力,自慰行为逐渐减少,并通过咨询师的进一步指导训练,掌握了一些学习方法与考试技巧,充满信心地迎接中考。

第三节　离异家庭孩子的心理危机干预

这是一个发生在我国甘肃省兰州市的悲剧①,但这个悲剧本来是可以避免的。

2009 年 2 月。一个寒风凛冽的夜晚,兰州市七里河黄河大桥上车来人往,一切如同往日。然而,悲剧发生了:一个少年被一男子扔进了黄河中,就在路人还未回过神时,该男子也纵身跳进了黄河,转眼间消失得无影无踪。当地警方接到报案后,立即派民警驾驶快艇赶往事发现场。但经一个多小时的搜寻,未能找到落水者。令人惊讶的是,两天后,金昌市某派出所来了一位名叫樊兆焱的自首男子,声称是他将亲生儿子从兰州市七里河黄河大桥扔进了黄河。他现年 38 岁,系金昌市金川区人事局机构编制委员会办公室副主任。樊兆焱的儿子明明(化名)现年 12 岁,在金昌市某实验小学就读。

事情的缘由是这样的:樊兆焱毕业于原兰州师专,毕业后任教,与同样在小学任教的姜某相识并结婚,明明是他们的独生儿子。但明明出生后,夫妻双方由于种种原因,

---

① 资料来源:http://news.xinhuanet.com/legal/2009 - 02/25/content- 10891563.htm。

感情逐渐破裂。经过 10 多年的争吵、忍耐,这段婚姻最终以失败告终,樊兆焱与姜某离婚,明明被判给姜某抚养。

樊兆焱与姜某离婚后,认识了同样因为感情问题而离婚的刘某。后来,樊兆焱与带着一女孩的刘某组建了新的家庭。与刘某再婚后的樊兆焱,依然牵挂和惦记着自己的亲生儿子明明,经常把儿子带至自己的新家学习和玩耍。但经历了父母离异的明明和许多离异家庭的孩子一样,心灵的创伤使他更加沉默寡言和孤僻,而有时还是一副桀骜不驯的样子。樊兆焱希望儿子健康成长,与前妻协商后,将明明带回了自己的新家抚养。

据樊兆焱的朋友介绍,在樊兆焱的新家中,明明对其后母刘某及其女儿充满了敌意,经常会做出一些令人匪夷所思的举动来。而为了化解明明的敌意,刘某也做过很多尝试,她对明明给予了热心周到的关心和照顾,尽可能地顺着明明,但这并未能拉近他们之间的心理距离。

对于家中发生的一切不愉快,樊兆焱感到非常无奈:作为父亲,他不愿意看到自己的儿子不快乐,他觉得自己欠儿子的太多;作为丈夫,他也不愿意因为自己带来的"第三者",让妻子受到委屈。夹在中间的樊兆焱经常左右为难。

案发前,明明曾在家中与父亲发生激烈的争吵,并向父亲提出了让继母及其女儿离开家,让父亲和母亲复婚的要求。儿子的这个要求更让樊兆焱觉得家庭的矛盾已经到了无法化解的地步,近乎绝望的他头脑中产生了与儿子一起轻生的念头。案发前夕,在黄河大桥上,樊兆焱再一次就儿子提出的条件与儿子商谈,结果再一次发生了激烈的争执,随后他失去理智,将儿子从高高的黄河大桥扔了下去……

本案令人扼腕令人心疼。因为这一家都是优秀者,都是好人。樊兆焱曾经是金昌市某区人事局机构编制委员会办公室副主任,工作敬业,待人热情忠厚。与刘某再婚后的樊兆焱,也依然牵挂和惦记着自己的亲生儿子明明,每天接送明明上学。两位妻子,前妻是小学教师,后妻是区人事局干部。尤其后妻待继子明明也不错,她做过很多尝试,对明明给予了热心周到的关心和照顾,尽可能地顺着明明。12 岁的儿子明明在校表现也不错,成绩优秀。

因为父母离异而使明明心灵上受到极大创伤,并最终酿成悲剧的事实告诉我们,家庭对青少年的心理健康起着举足轻重的作用,家庭应当成为预防青少年心理危机的第一道屏障。然而,随着社会的发展和传统家庭结构的变化,我国社会生活中特殊家庭的比例也在日趋增加,因此,关注特殊家庭孩子的心理健康已经义不容辞。所谓特殊家庭,是指与一般家庭有别的出现父母离异、分居、再婚、死亡、父或母犯罪坐牢等问题的家庭。目前,有的学者把父母异地打工,孩子托人代养的家庭也纳入特殊家庭之列。① 特殊家庭中以离异家庭占多数。本书主要探讨离异家庭的心理危机干预方法,但这些方法对其他特殊家庭孩子心理危机的干预同样有借鉴意义。

一、离异家庭孩子身心发展的特点

离异家庭由于其内部人际关系发生的急剧变化,往往给子女造成严重的心理危机,家庭的内战变故在他们心理上留下了阴影。因家庭的变故,孩子可能会觉得父母不再爱他们了,他们整日生活在矛盾之中,有时甚至感到自己是个多余的人,并会经常因为一些家庭琐事无端烦恼和焦虑。更为严重的是,由于父母离异给孩子的心灵造成了巨大的创伤,打破了他们心理上和感情上的平衡,因而也容易带来行为上的偏差。尤其对青少年来说,随着青春期发育,他们在心理上和情绪上都难以经受得住父母离异所带来的痛苦、挫折和失望。家庭的不完整、亲情的淡漠,给这些孩子带来了严重的自卑感。心理脆弱,性格怪僻,缺乏同龄孩子的热情与活力。据我们所了解,近年来青少年离家出走和违法犯罪现象日益增多,其中一个重要原因就是父母分离,家庭破裂。

下面是一个初二学生的自述:

我3岁时父母离异,我被判给父亲。父亲把我扔到乡下奶奶家,奶奶非常疼爱我。

6岁时,我被父亲接到他身边,在城里小学上学。我学习很好,也很用功。当时我父亲已结婚,后妈经常在我父亲耳边说我的坏话。父亲不喜欢我,放学后让我一人在家学习,不让我出去玩。父亲还经常打骂我,父亲要求我必须在班里考前10名,不然就打我,一般每次考试我都能考前几名,有一次我考试考了第12名,他就打我,是用皮带抽的,抽坏了两根皮带。他要我每天跑15圈(每圈大约1公里),风雨无阻。有时我不愿意跑也得跑。

这次我考得不理想,我很害怕。父亲平时常常说:"如果你考不好,你想

---

① 王金云:《特殊结构家庭子女网络成瘾的性别差异及其成因探析》,载《河南大学学报(社会科学版)》,2008(4)。

一想我会怎么处治你?"我很羡慕我们班的同学,他们都能得到父母的关爱,有时考得不好,他们的父母会说:"不要紧,你要努力,下次会考好的。"

我活着就是受罪,我很孤独,我想离家出走,我恨我的父亲,我想杀了他,也想自杀!

王玲凤[1]就特殊家庭子女的心理健康状况做了很详细的研究,基本结论如下:特殊家庭子女在学习认知、人际适应、行为、情绪、性格、自我概念等各个方面以及总体心理健康状况方面均显著劣于普通家庭子女;特殊家庭子女的自我概念最差,其次为学习认知问题较多,再者是性格缺陷和情绪问题。

据重庆医科大学第一附属医院心理卫生中心的罗庆华对来自特殊结构家庭的300名网络成瘾青少年的调查显示[2],网络成瘾的患者与父母其中一方生活在一起的占32.95%(包括父母离异、丧偶、分居);与爷爷、奶奶或外公、外婆生活在一起的占27.62%;与再婚的父亲或母亲生活在一起的占25.63%;父亲或母亲因犯罪坐牢的家庭的子女占13.70%。

据联合国统计[3],近几十年来许多国家的离婚率都有迅速上升的趋势。美国每年有100多万的儿童面临或正在经历父母离异,英格兰和威尔士每年也有14.7万多的儿童成为离异家庭儿童。而据中国国家统计局的统计[4],1985年中国离婚对数为45.8万对,1990年为80.0万对,2000年为121.3万对,2008年为226.9万对。从绝对离婚对数可以估计,中国离婚率的增加趋势也很显著。据中国妇联统计,中国67%的离异家庭涉及孩子。离异家庭对儿童发展的影响已经成为不可忽视的社会问题,也是心理学家们研究的焦点。

据调查,73.5%的离异家庭的孩子由于家庭的特殊性,心理不够健康,具体表现有以下几种[5]:

① 王玲凤:《特殊家庭子女心理健康状况的调查分析》,载《中国特殊教育》,2007(3)。
② 王金云:《特殊结构家庭子女网络成瘾的性别差异及其成因探析》,载《河南大学学报(社会科学版)》,2008(4)。
③ Bream V., Buchanan A., Distress among children whose separated or divorced parents cannot agree arrangements for them. *British Journal of Social Work*, 2003,33(2),227-238。
④ 中华人民共和国国家统计局:《中国统计年鉴》,中国统计出版社,2009。
⑤ 靳慧娟:《离异家庭子女的心理健康状况及教育对策》,载《中国校外教育(理论)》,2008(7);丁芳:《离异家庭子女心理问题产生的家庭影响因素及其教育对策》,载《理论与现代化》,2008(3)。

自卑 离异家庭的孩子往往觉得自己没有别的孩子幸福,因此,害怕与同学谈起自己的家庭,害怕与同学接触,自卑感很强。

敏感 因为心灵受过创伤,所以离异家庭的孩子比其他孩子更敏感,更脆弱,防御心理更强,他们就像小刺猬一样,浑身长满刺儿,别人稍有"冒犯",强烈的自我保护意识就会使他们不顾一切地用刺狠狠地扎人。

抑郁 很多孩子因父母离异而伤心痛苦,长时间闷闷不乐。

憎恨 有的学生对离异的父母充满憎恨,憎恨父母不顾及他们。这种憎恨久而久之就会扩展到对学校和社会的不满。

学习困难 离异家庭子女情绪的变化,必然会给学习带来困难,这是学习困难产生的内在因素。对儿童来说,他们的学习在一定程度上依赖于父母的督促和帮助,自觉性较差,而父母离异后,儿童多半无人管教,这是造成学习困难的外在因素。因此,大部分离异家庭子女在学习成绩上明显不如完整家庭的子女。已有的调查表明,许多离异家庭子女经常无故旷课、扰乱课堂秩序,作业马马虎虎,抄袭别人,甚至不完成作业,所以,他们中的不少人逐渐成为班级里的差生。

社会性发展不良 离异家庭子女社会性发展不良,突出表现在同伴关系、亲子关系等人际关系上。他们行为表现的反应较为被动,包容需求比较倾向于期待他人接近自己,支配需求比较倾向于期待他人引导自己,感情需求比较倾向于期待他人对自己表示亲密,特别是当他们产生自卑、孤独、压抑等消极情绪时,这种倾向就会表现得更为强烈。当然,当这种被动需求得不到满足时,他们的人际关系需求也会向主动方向转化,但这种转化更多地只是局限在意向上,而不是那么强烈地表现在行动上。

二、离异家庭孩子心理危机的成因

单亲家庭青少年的心理危机主要来源于父母教养方式的偏差,父母教养方式是指父母在养育子女的日常活动中表现出的一种行为倾向,是父母教育观念和教育行为的综合体现。研究表明①,单亲家庭青少年整体心理健康水平低于双亲家庭青少年,父母教养方式中的父亲拒绝、母亲情感温暖、惩罚、偏爱、干涉对单亲家庭青少年心理健

---

① 胡雯洁:《单亲家庭教养方式对青少年心理健康影响因素的归因研究》,陕西师范大学硕士学位论文,2006。

康水平有直接影响。

一般而言,单亲家庭对孩子的教养方式有如下四种①:(1)冷淡、放任型,父母对孩子冷淡、忽略,使孩子感到孤独、害怕,逐渐形成冷酷无情、富有攻击性、放荡不羁、自以为是的性格,情绪极不稳定,易怒,反复无常,对别人漠不关心;(2)虐待、发泄型,多出现在文化层次较低的家庭,父母将自己对婚姻破裂的不满情绪发泄在孩子身上,稍有不顺心或碰到挫折,便以"打"代"教",极易造成孩子暴戾、蛮横的性格,对世界充满仇恨,甚至有报复的倾向;(3)溺爱、迁就型,家庭解体后,一些单亲父母往往将所有的爱倾注给孩子,对子女一味迁就,孩子逐渐任性、自私,不听劝导,乱发脾气,行为放肆,甚至不尊重含辛茹苦养育他们的父母;(4)埋怨、批评型,这类家庭往往因家庭破裂而对子女寄予厚望,对子女要求极其严格,往往干涉孩子的行为,稍有不从便唠叨、埋怨甚至严厉叱责。在这样的教育下,孩子可能被动、消极、缺乏竞争性,也可能引发逆反心理,与父母对峙。而在各种影响青少年成长的家庭因素中,父母教养方式尤为重要。良好的家庭人际关系和家庭气氛有利于个体早期人格的健康成长;相反,不良的亲子关系,家庭成员之间关系紧张,缺乏对子女监管,以及过分严格、易变或宽容的教养方式,则可能引发青少年各种心理行为问题。

周莉、罗月丰(2006)就离异家庭对子女造成的影响作了详细的研究②,得出的结论是,造成离异家庭孩子心理危机的因素主要有如下几个方面:(1)教育功能欠缺。离异家庭难以给青少年带来更多的安全感,也无法给予青少年更多的情感满足,青少年无法从另一个性别的父母身上学习到更多的东西。孩子可能很难学到不和他们一起生活的父亲或者母亲的性别角色,从而导致孩子与他人交往时遇到困难。(2)家庭气氛缺少温暖。大多数家庭在父母婚姻破裂之前,其家庭氛围都非常的恶劣,要不大吵大闹,要不互不理睬,这样的家庭氛围对孩子的伤害非同小可。每个孩子都希望放学回家之后能看到家里一片祥和的景象,父母恩爱,对孩子尊重疼爱,家中充满欢声笑语,而不好的家庭氛围则会导致孩子害怕回家,逃避回家,孩子宁可去网吧上网或者找一些朋友喝酒聊天也不想回家看到父母在争吵之中。久而久之,孩子对父母的争吵已经麻木,迷恋上网,因为网络可以给他们提供一个安宁的环境,朋友可以给他们安慰,尽管他们的这些朋友可能是社会上的一些小混混。(3)把孩子当成私有财产。有些父

---

① 张开荆:《单亲家庭青少年不良情绪的成因分析及对策》,载《辽宁教育行政学院学报》,2006(2)。
② 周莉、罗月丰:《离异家庭影响青少年心理健康的因素与建议》,载《中国青年研究》,2006(10)。

母离异后,不允许孩子和对方说话、见面,如果孩子背着他们和对方见面,他们会认为这是孩子对自己的背叛,轻则对孩子发怒,威胁孩子说"如果再和对方见面就不要你了"这类的话,重则打骂孩子。(4)在孩子面前说对方的坏话。有些家长经常在孩子面前说对方的坏话,如对方怎么怎么不好,怎么怎么对不起自己,怎么怎么移情别恋,怎么怎么抛弃孩子不管等等。虽然这些话只是家长用以发泄自己心中不满的一种方式,但这些话对孩子的影响却是深刻的,因为孩子心智发育不够成熟,分辨是非的能力不强,很容易听信一面之词而对自己的母亲或者父亲中的一方充满敌意,甚至对其他人都充满了不信任感。(5)过分关注、补偿孩子。许多家长会出于自己的婚姻失败而对孩子充满愧疚之情,对孩子的要求总是不加分辨百依百顺,这种溺爱孩子的方式,将会导致孩子形成很多毛病,如遇事不负责任、过于自私、叛逆等等。

有研究表明①,在少年时期(12~17岁),由于子女的社会性有所发展,子女若失去父母的任何一方,越轨行为的比例都较大。心理学认为,人格异常的形成与恶劣的家庭环境有关,特殊家庭由于家庭破裂或缺位往往成为其子女性格畸形发展的温床。事实上,绝大部分生活在特殊家庭里的青少年在自己的个性发展中,常常感到空虚、寂寞、惶恐不安和焦虑,感情冲动好斗,常常产生不正当的行为,从而危害社会。

三、离异家庭父母对孩子心理危机的干预方法

儿童的成长离不开家庭,一切善良、美好的品质和优良的素质都是首先在家庭中萌芽的。因此,为了孩子的健康发展,父母应努力追求合理、积极的教养态度,一旦子女出现心理异常现象应该尽早寻求心理咨询师的帮助,努力营造和谐的亲子关系,弥补孩子情感上的缺失。如果父母婚姻面临破裂,无可挽回时,一定要尽可能减轻离婚对孩子的影响。

首先,父母要妥善处理离婚事件,尽可能减少离婚对孩子的伤害。针对离异父母与各年龄段的孩子如何讨论离婚,一位儿童精神科的医生提供了以下几个方法:(1)向孩子承认父母已决定分开。孩子已觉察到父母之间有些不对头,若能平静而简单地与他谈谈即将分居的事,将有助于减轻孩子的忧虑。(2)向孩子承认大人也难免犯错,包

---

① 王祖侠、郑燕:《单亲家庭学生心理特点分析及健康教育措施》,载《中国科技信息》,2005 (17B)。

括他的父母。总有一天,孩子要接受这个事实——父母只是凡人,这是他成长的一部分。这样做起初可能会让孩子接受不了,但告诉他事实,总比让他以为父母是完美的、不会犯错的圣人要强。(3)向孩子保证,父母的离异绝对不是因他造成的。让孩子知道自己无论父母在生气或不耐烦时说过什么话,父母离异的原因始终是出自父母身上,而与他无关。这样做有助于减轻大部分孩子在双亲关系出现问题时所承受的内疚感。但父母也必须小心,在减轻孩子的内疚感时,不可把错误推到配偶身上。父母在谈话中,不可使用"坏"和"好"这样的字眼。可以告诉孩子,父母亲就是无法相处了。在这段情绪混乱的时期,绝对不适合对配偶作任何评判,尤其是在孩子的面前。(4)最重要的一项,是向孩子保证,不管父亲与母亲差距有多大,他们俩仍会像从前那样爱他。许多孩子在最初的一段时间里可能都非常不适应,这时候,要多与他们接近,并倾心交谈。要让他们明白,可能与同龄人相比,他们会感到委屈,但过后他们可能会高兴地发现:自己比同龄人获得了更多的锻炼机会,更加自立、有责任感、善解人意。父母要不断传递给孩子这样的观念:一个人一生的幸福在很大程度上并不取决于他经历过什么,而取决于他(她)怎样用行动和对生命的至诚塑造自己的未来。生活中意想不到的变化对我们产生何种影响,并不取决于这些变化本身,而取决于我们对这些变化的态度和应对策略①。

其次,父母离婚之后,无论孩子选择和谁生活在一起,都应该尊重孩子的选择,而另一方则应该经常和孩子交流沟通,关心孩子的生活、学习、健康等等。经常和孩子参加一些亲子活动,培养和孩子之间的感情。和孩子生活在一起的一方,不应该在孩子面前说另一方的坏话,应该表示出对另一方的理解与尊重,让孩子感到自己不是多余的人,自己也是有爸爸妈妈的孩子。

下面引用的是一个在网络上看到的感人故事(原文较长,本文作了删编)。原作者是一个离异家庭的孩子。其父母离异的时候正值他小学毕业升初中,有研究表明,离异对青春期的男孩的负面影响更大,但在这个故事中,由于其父母,特别是其母亲的明智和宽容,正确处理了这桩原本很可能危及儿子健康成长的婚姻危机,从而挽救了孩子,变两败俱伤为双赢、多赢的结果。特别要将这个故事献给正在离婚或将要离婚的夫妻,相信"你们也能做到!"

---

① 资料来源:http://hi.baidu.com/jap1977/blog/item/28598e355c2df588a71e1226.html。

将离婚做到"最好"①

在我 12 岁那年，我的生活发生了一场大变故——妈妈和爸爸离婚了。促使妈妈作出离婚决定的原因是爸爸和别的女人发生了纠葛。

在我的心里，我的父母是非常优秀的。他们都很爱我。我一直为有这样的父母和家庭而骄傲。现在，这个骄傲突然破碎了。我认为，这是爸爸对妈妈的背信弃义，虽然我知道爸爸非常爱我，但我很有些恨他。

他和妈妈离婚以后，就只身到一个发达国家打工去了。

而妈妈，为了我能够享受到父爱，表现出了她人格非凡的宽容和豁达。

当时，我正好小学毕业进入中学。一天，母亲无意中看到了我填写的入学表格，我在"家庭成员"栏目中只填写了母亲。晚上我做完作业后，母亲郑重地对我说："儿子，你愿意像一个大人那样和我谈谈吗？"我答应了。妈妈问我："想不想爸爸？"我怀着非常矛盾的心情说，我很想念以前的那个爸爸，而对现在的这个爸爸，我却爱不起来也恨不起来。我说着说着就已哽咽失声："现在，有同学问起我爸爸，我就说他早死了，参加援外工程时死的，是因公殉职。"

妈妈听我说完早已泪流满面，沉默了许久才开口。她说，从我们双双作出离婚决定的那一刻起，就双双对你产生了伤害，这个责任，不应该都推给你爸爸。妈妈忍住眼泪说："这些，你长大以后就会理解的。而且，还会帮助你走好自己今后的道路。只是，你没有必要因此就记恨爸爸。你爸爸是爱你的。我们离婚，解除的是我们的夫妻关系，你和爸爸的父子关系永远也不会解除……"

妈妈郑重地对我说："你说没有爸爸，你爸爸听了会很伤心，我听了也很伤心。因为，我虽然和他离婚了，但你是妈妈和爸爸的爱情结晶。你也要有勇气承认这一点，你有爸爸……"

那天，妈妈讲了许多。尽管我并不完全理解，但我也能听得出，妈妈在努力让我摆脱他们夫妻恩怨带来的感情负担，让我理解和接受爸爸对我并没有改变的父爱。

父亲出国打工后按时寄来我的抚养费。每次寄钱后，他就打来一次电

---

① 曹杰：《离异双亲给了我整个世界》，载《文学少年（中学版）》，2006(11)。

话。在电话里，他总是事无巨细地向妈妈打听我的情况。而我呢，就是赌气不接他的电话。一次，他来电话，恰好是我接的，他几乎哀求道："小杰，你就不能先和我说几句话吗？"但我还是马上向在厨房做饭的妈妈喊："妈妈，他来电话了。"

妈妈和爸爸通完电话以后，对我说："你让你爸爸伤心了，他在电话里哭了……"

我听了，心里也很不好受。其实，说我有多么恨爸爸，并不是事实。每次听他在电话里对妈妈絮絮叨叨问我的情况，我心里也酸酸的，很不好受。只是我觉得，让我对父亲表示父子之情，简直就像是公开宣布对妈妈的不忠和背叛。

但是，就在那天晚上，恰恰是妈妈在说服我要一如既往地尊重爸爸，尊重爸爸给我的爱。当晚，在妈妈的建议下，我给爸爸写了一封问候平安的信。以后，爸爸和我之间的通信不断，都是真诚又平和地互相传递着关心和爱护。

两年后，爸爸回国了。妈妈又一次无条件地答应了爸爸提出的要求——每月和我过一次周末。因为爸爸重新组建了自己的家庭，我提出，可以和他一起过周末，但是，绝对不会迈进他的那个新家的家门。妈妈却对我说："你可以提出这个要求，但是不要当成要挟你爸爸的条件。我以为你和你爸爸多交流才是主要的……"正是有了妈妈如此的宽容，如此的殷切嘱咐，我可以随时告诉妈妈我去爸爸家了，也可以随时当着妈妈的面给爸爸打电话，甚至，爸爸到家里来，当着妈妈的面为我辅导高考功课。在我19岁那年，我以优异的高考成绩考进了北京航天航空学院。

他们是一对分手的夫妻，但他们都没有把离婚的恩恩怨怨，把他们破坏性的情绪传给我。他们从来没有向我说过一句互相诋毁和谩骂的话，他们没有让我因为他们的离异而产生痛恨，更没有让我为他们的分手而自惭形秽。他们都最大限度地让我感受着双亲的抚爱，都最大限度地使我在心理和感情上保存了双亲的完整。当然，他们的离婚事实，让我对于爱情、婚姻，也多了一份自己的判断和理解……

第九章
守卫青春：学校心理危机预防与干预系统

与家庭、社会相比较，在青少年的发展中，学校往往能提供更多的、主动的、及时的、预防性和治疗性相结合的心理危机干预。本书在现代心理辅导理论的指导下，结合浙江省若干所学校的实践，尝试在学校建立全面、系统的心理危机干预体系，以期能为青少年学生提供更有效的心理危机干预。

第一节　构建全面的学校心理危机干预系统

关注学生健康成长不仅要从根本上提高人的健康水平，培养挫折耐受力，塑造健全人格，而且要针对实际上已经发生的现实问题采取有效的措施。针对身处高变化频率、短变化周期、高竞争性、高压力的青少年，在学校建立一个有效、完善的心理危机干预系统是必要和重要的。根据国内外专家提出的理论①，以及浙江省学校心理健康教育的实际情况，我们认为学校心理危机干预系统的基本架构应包括以下四个方面的子系统：预防系统、预警系统、应激系统、维护系统。

一、建立学校心理危机干预的预防系统

该系统以预防为主要工作目标，以一般的学生为对象提供发展性心理健康教育以全面增进学生心理健康，提高其适应环境的能力。心理危机干预预防系统的成员主要

---

① 周红五：《学校心理危机干预系统的构建》，载《中小学心理健康教育》，2005(4)。

包括校长、心理健康教育教师,以及班主任、任课老师。

校长的角色与任务:为学生营造良好的、有益于学生学习与成长的学校环境。比如,校长可通过校园美化、绿化、开辟知识窗、宣传画廊等形式为学生提供优良的学习生活环境,有益其身心健康发展。

心理健康教育教师的角色与任务:心理健康教育教师通过心理健康课程或心理健康团体讲座、广播、心理小报等形式来宣传心理健康的知识,全面提高学生心理健康水平,使之掌握一般心理问题的调适方法,增强其耐挫能力及适应环境的能力。据了解,浙江省初中普遍开设心理健康教育课程,一般为每周 1 到 2 课时,而高中一般不开设心理健康课,但心理健康教育教师每学期为学生提供 4 到 5 次的有关心理健康方面的专题讲座,这在一定程度上普及了心理健康知识。

班主任、任课教师的角色与任务:班主任和任课教师可在日常教育教学工作中渗透心理健康教育的理念,通过进行有效的教学,充实教学内涵、教学方法多元化、评价多元化来培养学生的学习兴趣及良好的学习态度与习惯,并协助解决学生的学习困难。同时,良好的师生关系是养成学生健康心理的重要保障,作为班主任和任课教师一定要与学生建立良好的师生关系,多正面鼓励学生,同时通过班主任和任课教师,与家长保持较好的沟通与联系。

二、建立学校心理危机干预的预警系统

学校心理危机干预的首要任务,就是积极预防在学校管理范围内重大恶性事件的发生。该系统要能在尽可能早的时间内预警可能出现的冲突性事件,并能给予及时的疏导,要能对学校管理范围内的有心理危机倾向的高危人群进行必要的监控和疏导。心理危机预警系统的成员主要包括:直接领导者、班主任、心理健康教育教师以及"心理互助员"等。

学校心理危机预警系统的直接领导者应是学校心理危机干预领导小组,由学校政教主任、副校长、校长等共同组成。主要是引导学校心理危机干预预警工作的方向,审核和推动各部门预警工作的展开。

由于班主任与学生接触密切,直接掌握学生各方面的情况,因此班主任能时刻关注着班级学生的心理和行为动态,如发现有异常情况,能进行个别谈话或开展主题班团活动,及时对学生进行正确的引导。比如,浙江金华八中班主任开展心理危机干预主要通过以下途径:结合班级、团活动开展心理健康教育、在学科教学中渗透心理健康

教育的内容、对学生进行个别辅导、团体辅导。班主任开展心理危机干预主要通过班级、团活动、学科渗透和营造良好的班级心理健康教育环境以及主动与家长沟通,为学生创造良好的家庭心理健康教育环境等多种途径展开。某校有位班主任发现班里的学生互相沟通较少,同学之间关系淡漠,有一次两个学生闹矛盾都哭到他那里来了,针对这种情况,他在班团活动的时候组织学生进行一些团队活动,通过活动增进同学交往,加强学生的团结与协作意识,渐渐地学生的矛盾在活动中消融了,班级的凝聚力也增强了。同时,班主任要重点关注一些特殊学生及碰到困境的学生,在他们心理出现异常时进行及时帮助或和心理教师沟通共同处理学生的问题。

学校心理健康教育教师是学校心理危机预警系统中的骨干力量。目前,浙江省的中学大多有一到两名专职心理教师,具备一定的专业技能,主要在心理辅导室对学生和教师进行个别辅导。另外很多学校还有一批持有中小学心理健康教育上岗证书的兼职教师,他们也懂得一些心理辅导技巧,能为学生提供辅导与帮助。另外心理健康教育教师还可从学校的心理辅导电话热线、心理辅导室个别来访、心理信箱、校园网中的论坛(BBS)等来获得相关的预警信息。学校心理健康教育教师要认真做好有冲突性事件爆发倾向(自杀、自残或暴力)人员的心理危机干预,其岗位责任之一就是要为学校教育管理者及时提供学生和教师的心理健康状态以及存在的主要心理问题倾向。比如长兴实验初中的心理健康教育教师在每学期期初、期中、期末各对学生进行一次"中学生心理健康综合测量"并对特别需要的学生进行个别的测量,这为及时发现有异常的学生并对其进行早期干预提供了保证。

"心理互助员",是在各班级学生之中挑选一些性格比较开朗、交往能力较强的学生,进行一定的心理辅导知识和技能培训,与在本班中发现有可能发生心理危机的同学和朋友,组织成心理互助团队,帮助他们渡过心理困惑和难关,并把情况比较严重的案例告知心理辅导老师。比如在长兴实验初中就建立了良好的"心理互助员制度",他们采取了每周由心理互助员做出书面记录和总结材料交由心理辅导室督察;每两个星期进行一次全校心理互助员会议,对所发生问题进行总结、培训;每学期评一次年级最佳心理互助员等多样化的措施。据反映,该校有多起心理危机事件由于"心理互助员"的及时帮助与报告,使危机事件得以缓和,为相关教师及时进行干预争取了时间。

除了以上的一些人员之外,有的学校还将"德育导师"、"结对教师"也纳入心理危机干预预警系统并取得了良好的成效。比如长兴中学,德育导师是他们学校的一大特色,也是该校心理危机干预系统中举足轻重的一部分。德育导师与学生的沟通主要有三种形式：

1. 定向的受导学生。这种定向的学生是导师学生双向选择最后多方协商决定的。一般这类学生有潜在的心理危机，并且有了一定的求助意识，他选择了某个导师可能就意味着他在遇到心理问题时愿意和导师交流。

2. 自主受导学生。长兴中学每周都有一个德育导师目录，上面公布了该周导师的联系方式以及擅长辅导的内容，这样每个学生根据每个导师的特点及自身的需要来自主选择导师，这样当他（她）遇到危机问题时，可以有一个明确的求助对象及求助方式。

3. 寝室受导学生。因为长兴中学的住校生占很大的比例，寝室是他们生活的一个重要场所，寝室成员关系、寝室卫生值日等问题常常也会引发一些心理危机，并且在寝室这样一个特殊的场所，学生可能会有一种小团体氛围，比如一个寝室如果有成员最近状态异常，那么其他成员可能会把这种情况告知寝室的德育导师，共同商量如何帮助其渡过心理危机。另外德育导师还对其受导学生公布其 QQ 号码、e-mail、联系电话等，这样使得学生随时随地都可以找到老师进行心理求助。长兴中学的德育导师是学校班主任工作必要而有效的补充，导师与班主任紧密配合，依据"用心沟通、以德树德、竭诚交流、以情动情、刻意磨练、以志励志、修身垂范、以行导行"的育人原则，既教书又育人，既管教又管导，其德育导师不仅在学习上关心帮助学生，还承认青少年学生的个性差异，尊重青少年学生的身心发展特点和认知水平，从思想、生活、心理素质、道德品质等各方面关注学生的成长。在实践中他们的这项改革与创新很好地解决了由于心理健康教师与班主任缺乏沟通，导致延误心理危机干预时机的现实矛盾，值得其他学校在心理危机干预工作中学习与借鉴。

另外，学校还应组织心理专家或专职心理教师对全体教师进行预警识别知识的讲座。预警识别主要是指教师对引起学生危机事件和状态相关诱因的敏感性和对学生危机行为的辨别，它是学校教师对危机性质进行判断和及时干预的前提。

三、建立学校心理危机干预的应激系统

学校心理危机干预的主要任务就是，当在学校管理范围内发生重大恶性事件（自然灾害、灾难性事故、传染性疾病、暴力冲突、自杀、自残、自虐等）时，学校心理危机干预应激系统要能及时、有效地对事件当事人或人群进行干预，同时协助有关部门对于当事人或相关的人群（同学、教师）和亲属人群（家长、亲戚）提供科学有效的心理援助

和心理辅导。学校心理危机干预应激系统主要包括领导指挥组、专家指导组、专业工作组等。

领导指挥组是由教育系统领导和学校负责人组成，主要包括省市县教育局局长、各级主管心理健康教育的负责人、校长、副校长等。危机系统建立之后的效力，依赖于他们是否接受过心理健康教育、心理咨询、心理危机干预等方面的理论与技术的培训。领导指挥组的成员应包括心理健康教育的专家、有高级职称的心理健康教育教师、有高级职称的学校医务人员等。

学校心理危机干预应激系统的专家指导组是在学校心理危机发生时由上级心理健康教育指导中心派往事件现场的、负责指导学校心理危机干预的专家工作组。包括心理健康教育专家和医院神经科医生。主要责任是：①对现场从事心理危机干预的指挥领导人员、心理健康教育教师、学校医务人员等提供心理危机干预方面的技术指导和监督；在必要时，直接进行现场干预；②对心理危机干预效果进行评估；③收集和整理与当事人或人群相关的心理健康资料、与心理危机干预操作过程相关的资料；④对事件发生后的维护性心理危机干预提供方案或建议；⑤为上级教育管理部门和心理健康教育指导中心提供与事件相关的心理危机干预专项研究报告。

学校心理危机干预应激系统专业工作组的主要任务就是在事件现场对当事人或人群开展心理危机干预、提供心理援助和心理疏导。教师主要由本校的和本地区的学校心理健康教育专职（兼职）教师、已获得心理健康教育教师上岗资格证书的教师组成。在他们的下面建立若干个临时性的工作小组，分别负责为事件现场外围的人或人群（同学、教师、家长）提供适当的心理援助和疏导。这些小组的成员由接受过专门心理健康教育培训的学校德育工作者、班主任和教师中的骨干教师、团队学生会干部、学生中的"心理互助员"等组成。

同时，在危机事件发生时我们认识到校方的处理方式是否合理是至关重要的。校方处理时首要的是速度，其次责任分工明确，达到及时高效的处理效果。我们从危机事件处理总流程、采取怎样的处理方式及态度、如何安抚受害人家属以及如何应对外界，尤其是媒体报道等几个方面加以探讨：

1. 危机事件处理总流程

当学生发现危机事件时应迅速向班主任或其德育导师、结对教师报告，根据情况，在第一时间展开紧急处理，并迅速告知政教处及分管校长。第一时间发现人也要尽自己所能进行紧急处理，同时寻求帮助。

消息到达学校领导时,当值领导判断事件程度,若认为严重,则迅速派人通知其他相关人员,比如校长、分管校长、心理教师等。以最快速度赶往现场,和班主任或德育导师、结对教师一起处理,了解情况。心理辅导教师或该生德育导师等人也应同时对当事人或目击者进行心理安抚。

学校领导及相关人员马上成立紧急应对小组。综合处理该事件,同时,及时通知家长。如果必要,协同家长一起进一步处理。初步处理后上报相关部门。在校内统一口径,征得家长意见后,对外公布该事件及处理情况。

妥善处理事后,弥补原有的漏洞,由相关领导来做。同时消除该事件对周围师生乃至整个学校的心理影响,一般由心理教师或班主任、德育导师或结对教师来进行。

2. 处理的具体方式及态度

在处理过程中,当受害人的人身安全与学校财物发生冲突时,坚定不移地站在人身安全这边。如果与学校例行的规章制度相违背时,破例,灵活行之。换句话说,就是不惜一切代价,保证人身安全。

3. 安抚受害人家属

及时通知当事人家长,在快速高效处理的前提下,尽量让家长参与其中。

行动第一,同时要在言语上尽可能安慰家属。如果家属有过激举动及指责,甚至提出无理要求,以安抚对方情绪为先,表示会承担一切责任,负责到底。坚决避免一切正面冲突,严禁指责家长的任何言行及过失。

在最后处理补偿或赔付过程中,一些细节问题及学校能相对比较容易做到的方面灵活处理,尽量满足家长。如果存在严重分歧,无法调和,请双方都信任的社会权威机构来评判。

4. 从容应对外界,尤其是媒体

随着现代通讯技术的发展,媒体对人们生活产生的影响也越来越大。但媒体的利益与学校利益并不完全一致,如何协调是关键。在校园危机初步紧急处理后,及时对外公布,寻求外界的积极合作。以下是几个注意点:

(1) 公布时要注意,应不带评价地描述事件经过。该事件中体现出来的校方不足之处,外界是能从该事件中看出来的,校方要主动说出来,积极承担应负的责任。

(2) 对于有争议的地方,只如实描述学校情况(做法、环境等),对与错,是与非,让外界去评价。对于受害人好与坏,是与非,学校要说出受害人确实好的一面,对于不当的地方,只是描述事件经过,不作任何评价和看法,由外界自己看,而受害人在该事件以前做过的不良行为一般不由校方正面提起。

（3）在对外界公布前,征求家长意见,一起公布,但内容单列,这样表示家长意见不等同于学校决定,同时让外界知道学校不是蛮横单干。

（4）在及时处理的基础上,主管领导及亲历该事件的师生充分和媒体合作,告诉自己亲眼看到的情况,应该实事求是,不加猜测及"听说"。除此之外,尽量避免采访其他学生。

（5）严格检查所有来访人员的证件,记录其单位、地址及联系方式,并告知如果事件有新的进展会及时通知。等事件结束后,给所有来访记者寄去感谢信,从而结束媒体的影响,防止有后续的负面报导。

四、建立学校心理危机干预的维护系统

学校心理危机干预的维护系统是指在重大恶性事件发生后给当事人或人群,以及给与当事人或人群相关的人或人群提供补救性的、维护性的心理危机干预的系统。维护系统的主要任务是:①由于种种原因,在重大恶性事件发生时,危机干预人员无法到达现场,因而采取事后补救性的干预。比如,学生自杀未遂,被抢救回来后的心理危机干预。②重大恶性事件发生后,对当事人或人群的继续跟踪、维护性的心理危机干预。③重大恶性事件发生后,对与当事人相关的人或人群的维护性的心理危机干预。心理危机干预维护系统主要包括领导指挥组、专业工作组等。

领导指挥组主要由校长、分管校长、政教主任等相关成员组成,在必要情况下由心理健康教育部门相关领导参与,主要是安抚当事人情绪,并对其他学生进行相关教育,号召各班级召开主题班会等活动。

专业工作组主要是专职心理教师以及已取得心理健康教育上岗证书的教师或有着丰富经验的班主任和相关教师等,专业工作组的一项重要任务就是要科学区分和鉴别出已患有比较严重的心理障碍或心理疾病的学生,要及时向上一级心理健康专业工作者求助,或及时转介到当地医疗卫生部门。

专业工作组要有计划、系统地开展心理健康教育系列活动,如团体心理辅导活动课、心理讲座、心理健康教育展览等都是进行维护性心理危机干预的重要手段。尤其在牵涉到的相关人群数量比较多的情况下,学校要根据所发生事件的性质和特点开设有针对性的心理健康教育活动系列,帮助不同的人群认识事件的性质、了解事件对自

己心理的影响、宣泄或转移内心的心理压力、掌握自我心理状态调节的技术。比如,学校中有学生、教师病故,那么可以对班级学生有针对性地开展主题为"珍惜生命、关爱生命"的心理活动课。另外,对与当事人关系密切的个体要及时进行个别辅导,并与其班主任和德育导师、结对教师合作,寻求最佳辅导方式。

从以上所述可见,我们所倡导建立的学校心理危机干预系统是颇为全面且具有很强实践操作性的,同时也能立足各校实际情况充分挖掘学校潜力,发挥各学校特色。例如浙江长兴中学就很好地将"德育导师制"融入他们学校建立的心理危机干预系统中。据统计,长兴中学德育导师三分之二具有心理健康教育教师上岗证,这也为德育导师更好地进行学生心理危机干预提供了专业可能性。在预警系统中,德育导师通过定向的受导学生、自主受导学生、寝室受导学生及通过 QQ 号码、e-mail、联系电话等形式,使得学生随时随地都可以找到他们的导师进行心理求助,使危机事件得已早期发现、早期干预。另外在应激系统和维护系统中德育导师也发挥着重要作用,这些举措凸显了长兴中学在心理危机干预方面的特色,同时也为目前浙江省某些学校专职心理健康教师缺乏的实际困难提供了一种新的工作模式和工作策略。当然在这过程中我们还应通过组织、培训教师了解心理健康相关知识,增强教师重视心理健康的意识,保持教师自身心理健康,及提高教师辨识特殊学生的能力等,努力提高德育导师在心理健康方面的专业素养,以期能更好地发挥其在心理危机干预中的重要作用。

同时,我们认为学生团队中的"心理互助员"制度也卓有成效,即教师在各班级学生之中,挑选一些性格比较开朗、交往能力较强的学生,进行一定的心理辅导知识和技能培训,使他们成为"心理互助员"。通过他们能及时在班级中发现可能发生心理危机的同学,"心理互助员"与这些同学组织成心理互助团队,帮助这些可能发生心理危机的同学渡过心理困惑和难关,同时能把情况比较严重的案例及时告知相关教师,使危机事件得以早期发现。据学生反映,以往他们遇到危机事件不敢告诉老师,怕被同学误会"打小报告",但作为"心理互助员"在接受完相关的辅导、培训后才恍然大悟,原来发现同学心理有较严重问题,就应当及时向学校有关方面通报,这是对他/她最好的帮助,而不是原先认为的"告密"。据长兴实验初中心理健康教育教师反映,该校好几起危机事件由于"心理互助员"及时发现,及时报告,危机情况得以缓解和消除。

当然,我们在实践中也发现了一些问题比如有些地区的很多学校没有专职心理健康教育教师,许多相关的心理健康工作由其他老师兼职,比如政教主任、校医、团支部书记等,而他们自身就有许多的本职工作,这势必造成心理健康工作被放在相对次要位置的局面,在建立了心理危机干预系统后很多具体的工作不能很好地进行、开展,因此我们认为浙江省在心理健康教育教师的培养上还应加大力度,尽快给予学生心理健康问题高度重视,以免给学生的心理健康发展带来更大的危害。

第二节 建立以预防为主的学校心理危机干预三级预防机制

目前而言,我国很多学校都忽视了学校心理危机干预系统的建立,往往在危机发生后束手无策,追悔莫及,也有个别学校认识到了心理危机干预的重要性但其工作也仅仅局限于开展心理危机的应激或维护性干预,对心理危机干预的预防、预警工作做得非常不够甚至是完全没有开展。而相关研究表明很多青少年心理危机的发生是可以通过事先的预防来消弭的。

同时,我们在研究中还发现尽管很多学校认识到心理危机干预工作的重要性和迫切性,在学校中开设了心理健康课程、设立了心理咨询室、配备了心理健康教育教师,但仍然无法将心理危机干预工作纳入整个学校日常教育教学系统中去,往往将学校心理危机干预工作与日常的教育教学工作割裂,认为心理危机干预是个别心理健康教育教师和分管领导的责任与工作,往往在悲剧发生后才来追查原因与责任。殊不知心理危机干预是一项系统工程,它不但牵涉到学校中的每位教师与学生,且还与家庭与社会有着密切的相关,需要大家的共同关注、参与和合作。因此针对这种现状我们初步尝试在学校中建立以预防为主的心理危机干预三级预防机制,以确保学校心理危机干预系统的顺利运行,令每位相关教师、管理人员明确自己的权责与任务,使心理危机干预工作真正落到实处。

我们应用 Roberts 提出的公共卫生、人类服务、精神卫生专业方面的现代三级预防策略:一级预防、二级预防和三级预防①,即:

一级预防——事先有目的地策划一些项目和活动来预防某些危机的发生。如:父母教育项目用来预防父母对孩子的漠视或虐待,艾滋病的教育项目预防艾滋病毒的传播,为预防在大学校园中约会时发生绑架而开展的教育项目,对青少年男女进行有关青少年怀孕方面的教育等,都是一级预防的例子。

二级预防——即设计某些策略,尽量对危机进行早期干预以预防问题发展得更为

---

① Gilliland B. E. , James R. K. 著,肖水源等译:《危机干预策略》,中国轻工业出版社,2000。

严重。二级预防的例子有：为有家庭矛盾或离家出走的青少年提供咨询服务，以控制离家出走的行为；建立旨在制止家庭中殴打行为的咨询服务，设计和执行受害者救助项目来维护受害者的权利。

三级预防——综合采用危机干预策略来控制危机的扩大。例如开通自杀热线，提供足够的公共信息服务，使每个服务区内的有自杀意向的人都能把拨打热线电话作为自杀外的另一种选择。

以此为理论基础，我们根据各校的心理健康工作的实际，建立了学校心理危机干预三级预防机制。

一、建立学校心理危机干预的初级预防机制

学校心理危机干预初级预防以一般学生（也含适应困难学生）为对象，提供一般心理健康辅导以增进个人心理健康。初步干预的主要工作目标为预防；主要工作内容是建立有益于学生学习与成长的学校环境，举办全校性有益身心健康的活动（如心理健康课程、讲座、展览、演讲等），增强学生自我心理调适的能力，为老师、行政人员提供心理咨询与协助；参与人员是全体教职工。

我们以浙江省箬横中学的心理危机干预三级预防方案为例，可了解到在初级预防机制中参与的各级人员与主要工作及重要职责。

表7　浙江省箬横中学的心理危机干预初级预防方案

预防机制层级	各级教师	权　责
初级预防	任课教师	1. 掌握学生出席情形，学生缺席应详实记录并立即通报 2. 进行有效的教学：充实教学内涵、教学方法多元化、评价多元化 3. 培养学生的学习兴趣及良好的学习态度与习惯并协助解决学生的学习困难 4. 了解学生学习情形，观察辨识学生行为，及时提供给班主任及结对教师参考 5. 发现学生问题，协助解决并通知班主任及相关行政人员 6. 在日常教学中渗透心理健康教育的理念

预防机制层级	各级教师	权 责
初级预防	班主任	1. 搜集并建立学生的基本资料,充分了解学生 2. 调查了解班级学生的生活状况 3. 开展与学生个别谈心、主题班会、发放"爱心卡"等活动,进行初级辅导工作 4. 民主、科学管理班级,建立班级常规,营造良好班风并协同各处室管理班级事务 5. 处理班级学生一般的困难问题 6. 处理班级学生偶发事件及违规问题 7. 与学生家庭联系,常做家庭访问及家长座谈 8. 与任课教师做好沟通、协调工作
	德育处	1. 协助学生增进自我认识及生活适应能力 2. 依据相关文件辅导、管理、教育学生,并明确公布施行奖惩制度 3. 实施安全教育与青春期教育 4. 组织教师进行心理健康辅导实务及咨询理论培训 5. 对德育导师进行管理与指导 6. 组织开展家长委员会工作,对家长进行定期的家庭教育培训 7. 召开学年及全校性班主任会议,及时了解学生情况,同时向分管校长汇报 8. 建立"特困生"档案 9. 德育导师是结对学生在校的"德育监护人"
	学生处	1. 办理新生始业教育 2. 组织各类大型师生主题教育活动,如:心理健康普及教育、学生励志教育等 3. 建立"留守生"档案 4. 对参加"百名教师进千家"活动的结对教师,各类活动进行指导与管理
	校团委	1. 设计多元性社团激发学生潜能,营造良好校园文化氛围 如:快乐星期天、"留守学生"之家、周末影视论坛等 2. 进行学生干部、班级小心理辅导员的培训 3. 创办心理辅导报"心灵家园"
	"百名教师进千家"活动结对教师	1. 了解结对学生的学生心理状况 2. 及时对结对对象进行心理疏导 3. 处理结对对象中的偶发事件、开展个别谈心 4. 生活中结对教师不定期地组织学生进行"情感教育",如:如何孝敬长辈、为父母做力所能及的事、团结伙伴等 5. 家访、交流、辅导对结对学生进行追踪帮教 6. 定期对每个家庭进行学校时况的介绍,如:学校政策、发展方向、学生管理及学生相关的信息介绍增加家校联系 7. 结对教师要及时地整理个案与填写家校联系册

预防机制层级	各级教师	权　责
初级预防	德育导师	1. 引导学生树立正确的人生观、世界观、价值观,培养和提高学生的思想政治和行为素养 2. 帮助学生形成良好的道德品质,经常检查和督促学生的行为习惯 3. 负责学生的学业指导,指导学生掌握良好的学习方法,培养良好的学习习惯,帮助学生解决学业上的困难
	分管校长	1. 协助班主任、心理健康教育教师进行相关心理健康辅导工作 2. 建立学生、教师结对制度 3. 举办教师与家长座谈会,建立良好的家校联系,教育家长认识以下行为的好处:每天询问他们的孩子一天的活动情况,和一天里他们所经历的想法等 4. 规划办理全校性心理危机初级预防工作 5. 组织培训学校教职员工了解高危学生标准,比如:受害者的亲密朋友或亲戚;有精神病史的学生;曾经经历过重大损失的学生;创伤目击者;认定自己仍处在危险中的学生等
	心理健康教育教师	1. 学生心理健康档案的建立、整理与运用 2. 利用心理健康辅导、教学进行各种班级心理健康辅导工作 3. 必要时与家长联系及会谈 4. 保持与社会团体、社会资源的联系(镇心理危机干预委员会、医院、社区等) 5. 进行各种心理健康咨询、开设电话心理热线、设置"悄悄话"信箱 6. 实施各项心理测验或身心健康调查 7. 拟订学校教师心理健康辅导工作手册 8. 组织对学生进行性知识普及教育,如:羞答答的玫瑰静悄悄地开——青春期教育讲座

附:箬横中学"百名教师进千家"师生结对帮扶活动

(一)指导思想:

坚持"精神关怀"的育人原则,加强师生家校沟通,鉴于以上思考,我校针对空穴家庭的学生(我校称为留守生),开展了"百名教师进千家"师生结对帮扶活动,指定专人教师与留守生结对,给予精神层面的关怀与指导,在为学生解决实际困难的同时努力构建学生健全人格和健康的心智,加强心理干预工作,切实解决学生成长过程中所遇到的问题,推进"社会主义和谐社会"建设。

(二)指导机构:

学校成立"百名教师进千家"活动指导小组

(三)实施的具体工作:

1. 活动参与者:全校教师均参与"百名教师进千家"建设。

2. 结对帮扶对象:原则上确定下列学生为"上访、结对、帮扶"对象:

A. 身心有缺陷的学生

B. 家庭经济贫困学生

C. 家长外出经商的空穴家庭的学生(我校称为留守生)

D. 单亲家庭学生

E. 学习困难生

F. 品行表现较差的学生

G. 其他需要帮扶的学生

(四)对参与帮扶结对教师的基本要求:

1. 热爱帮教对象,无条件地接纳帮教对象

2. 充分理解帮教对象,学会移情思考处理问题

3. 努力提高自身的帮教技能,全面了解帮教对象的基本情况,加强与帮教对象的沟通,及时提供帮教服务,关心帮教对象的学习、生活及心理健康状况,及时表扬与鼓励。

帮教工作要求:

1. 全体参与教育工作的教师对帮教对象本人及家庭全面深入访谈。了解掌握帮教对象本人及其家庭基本情况,建立帮教对象档案,填写由校帮教工作指导小组制作的《帮教学生基本情况登记表》。

2. 全体参与帮教工作的教师,根据被帮教对象的实际情况,拟定《帮教工作计划》报校帮教工作指导小组审批。工作计划应包括:即每一位科任老师与本班的十位学生结对,关心爱护这十位学生的成长,与他们交心、谈心,与学生结对的老师是这十位学生在学校的监护人,其职责是"思想上引导、生活上劝导、学业上辅导、心理上疏导、家教上指导",根据学生在学校的学习、生活情况,进家庭访问。家访次数要求:每学期分期中、期末至少两次进家庭访问,每

月至少一次与家长电话或书信联系,与家长共商该生的教育方法和措施,还家访以本来面貌。并且填写家访记录表,学校在学期末由德育处负责考核。

箬横镇家长外出现象比较多,由于父母不在孩子身边,不少孩子都交由老人照顾或托他人管。父母的远离让这些孩子在成长过程中缺少应有的情感上的关注与呵护,这将对孩子的人格、心理发展产生不良影响。因此箬横中学在心理危机干预三级预防工作中开展多方面、多渠道的家庭、学校相联系的心理危机干预。他们主张家庭心理预防应在学校的指导下,主要采取"教、帮、监"等方式。"教",就是学校通过家长会或家长集会给家长或其监护人讲授青少年心理保健的相关知识;"帮",就是帮助具有家庭缺陷、家庭缺乏温暖和关爱的青少年改善心理环境;"监",就是对一些可能遭受家庭心理侵害的学生,对其心理的发展,通过专门的机构实行重点监控。开展心理危机干预工作以来,箬横中学的这些举措受到了家长的好评,并且该校由于结对教师、班主任及时与家长沟通,成功干预、化解了八名学生的心理危机。

二、建立学校心理危机干预的二级预防机制

心理危机干预二级预防针对濒临偏差行为及适应困难学生进行较为专业的心理咨询,提供危机调适与早期改变。二级干预的主要工作目标为介入及改变;主要工作内容是进行个别心理健康辅导、咨询、小团体辅导;主要参与人员为持个别心理辅导上岗证的教师。我们以浙江省金华五中为例,其具体参与人员与职责可见下表:

表8 浙江省金华五中的心理危机干预二级预防方案

预防机制层级	各级教师	权 责
二级预防	班主任、年级组长、结对教师	1. 配合任课教师,有不明原因连续旷课达三日以上者通报政教处,并请心理健康教育教师配合追踪辅导 2. 配合心理健康教育教师进行班级辅导或个别辅导 3. 辅导适应不良学生 4. 辅导及管教违规行为、严重问题及适应不良学生并请心理辅导教师予以辅导 5. 配合各处室进行危机事件及个案处理

预防机制层级	各级教师	权 责
二级预防	分管校长政教处	1. 建立校园危机处理小组并训练学生各项伤害事故之应变措施 2. 建立班级危机处理通报系统,训练班级"心理互助员"危机意识及应变之处理 3. 辅导学生并参与危机学生个案会议 4. 接受并处理学生申诉事件
	心理健康教育教师	1. 进行小团体辅导 2. 构建辅导资源网络(与市心理健康研究所、校外医院、社区联系) 3. 受辅学生之追踪辅导 4. 个案家庭的访问及约谈 5. 特殊家庭的访问、协调与辅导 6. 提供其他教师辅导信息与辅导策略 7. 学生之个别咨询及辅导 8. 成立个案心理健康辅导团体(班主任、任课教师、心理健康辅导教师、结对教师等)

金华五中的心理危机干预工作立足教育,重在预防,目前已建立了完善的早期预警制度,包括学生心理健康普查制度、学生心理健康汇报制度、心理健康教育教师学生心理危机报告制度。对于进入《学生心理危机预警名单》的学生或突发心理危机的学生,学校根据其心理危机程度实施心理危机干预,心理危机干预工作由班主任、年级组长、结对教师、分管校长、兼职心理健康教育教师等人员进行,分别开展了个体及团体心理辅导,并且与相关家长、机构配合共同来进行心理危机干预。自从开展心理危机干预工作以来,该校学生心理咨询中心根据教师、学生提供的危机信息及时干预,化解了六名学生的心理危机;根据心理健康教育教师及相关教师提供的情况,建议让一名学生进行休学治疗;对一批心理危机的高危个体进行了密切关注。

三、建立学校心理危机干预的三级预防机制

心理危机干预三级预防,针对偏差行为及严重适应困难学生进行专业的矫治辅导及身心复健,以提高学生对环境的再适应能力。三级预防的主要工作目标为复原;主要工作内容是进行个别心理辅导、转介、追踪、个案管理等;主要参与人员为相关老师、

心理健康教育教师、各校级领导、社区相关资源单位。我们以浙江省杭州市安吉路实验学校为例,其具体参与人员与工作职责可参见下表:

预防机制层级	各级教师	权　责
三级预防	分管校长、政教处	1. 校园紧急事件之危机处理(附安吉路实验学校处置学生打架斗殴事件预案) 2. 医疗保险、平安保险之申请 3. 精神疾病、传染病、食物中毒等突发事件之处理及追踪
	心理健康教育教师	1. 危机或意外事件发生后之个别或团体心理辅导 2. 学生严重行为问题(精神疾病及心理疾病)之转介与矫治及追踪 3. 针对个别学生之需求进行个案管理,以整合各人员间的合作与分工
	班主任、结对教师	1. 了解辅导情况 2. 配合辅导措施协助进行危机处理(如班级辅导或个别辅导)

表9 浙江省杭州市安吉路实验学校的心理危机干预三级预防方案

附:安吉路实验学校处置学生打架斗殴事件预案

为维护校园安全稳定,保证学校教育教学顺利进行,结合学校实际,特制定本预案。

● 组织、领导与职责

(一)组织

学校成立由陈树清副校长任组长,校部主任任副组长,协理员以及年级组长为组员的工作小组。

(二)职责

把握安全稳定形势,加强安全防范;严密关注重点对象,及时收集整理动态信息;组织好校园治安巡逻,及时发现、妥善处理事故苗头,防止学生打架斗殴;严格门卫管理,加强对校外人员的治安检查;加强与当地派出所的联系,配合整治校园周边治安环境,维护学校正常治安秩序。

● 工作原则

预防和处置突发性事件,重在预防。一旦发生突发事件,要全力以赴,认真迅速依法处置。在工作中应遵循如下原则:

(一)坚持预防为主的原则。维护稳定工作要提前部署,要重视和加强信息工作,及时发现不稳定因素,要及时了解掌握师生的思想情绪和关心的热点问题,切实加强思想政治教育和管理工作,充分发挥年级组长、班主任的作用,强化责任意识和责任追究意识,依靠广大师生,采取有效措施,及时消除诱发突发事件的苗头,切实保持学校的安全稳定。

(二)坚持责任制原则。对校内发生打架斗殴的事件,有关负责人应在十分钟内迅速赶赴现场,要果断处置,尽快平息,杜绝事态扩大。掌握宜疏不宜激,宜散不宜聚,宜快不宜迟。要及时疏导导致突发事件的各种矛盾,不能激化矛盾;要及时疏散介入突发事件的各类人群,避免人群聚集;要及时采取各种有效措施,快速决断,不可迟缓,维护现场秩序、抢救受伤人员,在有限的时间和空间内将危害降到最低限度。准确判断突发事件的类型和性质,若需公共救助,则迅速报告公共救助部门申请救助,同时报告有关职能部门。及时配合调查,在查清事实的基础上,坚持依法办事和分类处理的原则,在控制事态的基础上,尽快查明原因,严格区分不同性质的矛盾,提出善后处理意见,并认真总结经验教训。

安吉路实验学校的心理危机三级预防系统侧重于全校教职工参与的初级预防,经过近几年的实施,全校教职工都具备了很强的心理危机预防意识,警觉地发现了两起有自杀倾向的心理危机,并通过二级预防的有效干预(利用每天中午"大朋友辅导室"的个别面谈辅导),疏解了学生的心理危机;同时,针对一段时间内学校里出现的与校外不良青年混同一气频频滋事的学生小团体,学校启动了心理危机三级干预系统,结对教师、班主任、年级组长、心理健康教育教师、政教处和分管领导等全都参与进来,密切关注关心这些学生,定期找他们个别谈话,并协同派出所做好突发暴力事件的处理工作,通过老师们长期耐心帮扶,这些学生都能逐渐与不良校外青年疏远,回归到学校课堂中来,并能不断规范自己的行为,顺利毕业。

第三节　预防为主的校园心理危机干预三级预防机制的特点

前面我们阐述了校园心理危机干预三级预防的基本概念和要素,每个学校在具体操作时都可根据实际情况进行改革和创新,我们认为所建立的以预防为主的校园心理危机干预三级预防机制应该具有以下几个特点。

一、重视心理危机干预的初级预防

心理危机干预可分为预防性、治疗性和补救性三个层面,而目前许多学校的心理危机干预多数还是停留在应激、补救层面,预防性的危机干预机制还远没有普及。不论是对于学生人身健康还是心理问题,都应强调预防的重要性。为积极做好心理问题高危人群的预防和干预工作,做到及早发现、及时预防、有效干预,防范自杀和伤害他人事件发生,应当充分重视心理危机干预的初级预防。以箬横中学为例,参加初级预防工作的人员有:任课教师、班主任、德育处、学生处、校团委、结对教师、德育导师、心理健康教师、分管校长等,并且每位参与人员的权责明确,比如任课教师的权责中就有:掌握学生出席情形,学生缺席应详细记录并立即通报班主任;了解学生学习情形,观察辨识学生行为,及时提供给班主任、心理健康教育教师参考;发现学生问题,协助解决并通知班主任及相关行政人员;在日常教学中渗透心理健康教育的理念等项权责的界定。这些责权就能为心理危机事件早期发现、早期干预提供相应的制度保证。

二、激励全校教职员工的积极性、充分发挥学校的主导作用

建立心理危机干预三级预防机制应建立一支专业人员参与,专业人员、兼职人员与班主任相结合的多层面的心理工作队伍,这是有效防范学生心理危机的重要条件。同时,学校在心理危机三级干预机制建立中充分重视教师心理健康状况与相关心理健康知识的普及,比如安吉路实验学校是这样做的:初级预防工作中分管校长的一项任务就是组织培训学校教职员工了解心理健康相关知识,增强教师重视心理健康的意识,保持自身心理健康;提高教师辨识特殊学生的能力及与学生进行有效谈心的技巧。

三、增强学生心理健康的自我调适能力、发挥学生主体意识

在心理危机干预工作中应以增强学生的自我心理调适能力为依托和手段。比如有的学校通过班会、集会、讲座和不同形式的宣传、心理辅导报告、专家心理辅导等方式,不断提高学生心理健康的自我判断能力,保护能力,调适能力。同时结合学生的年龄特点,在各年级开设心理辅导课和心理训练课,提高学生心理危机的自我防范意识。这是预防和减少学生心理危机的最重要的目标之一。另外少先队、团组织也可通过设计多元性社团激发学生潜能,营造良好的校园文化氛围;组织策划"雏鹰假日小队"和"雏鹰争章活动",培养学生人际交往合作能力和社会实践能力;开办"少年团校",提高学生思想认识,树立远大理想和正确人生观等有益于学生身心的活动,从而有效满足学生在自我认识、自我完善、自我发展上的需要,减少心理危机发生的可能性。

四、注重家庭心理危机预防

专家、学者已经注意到,青少年的心理问题许多与其早期的不良家庭生活经历,以及家庭不良的教育观念、教育方法有关,学生的许多心理问题最早起因于家庭。我们的研究中也显示家庭因素是学生发生心理危机的重要诱因。可见,家庭应当成为预防青少年心理危机的第一道屏障。然而家庭心理建设的难点在于:父母受不同教育观念、社会价值观念的影响和驱动,他们很难充分考虑和认识青少年的心理成长的需要,甚至以自己的需要代替孩子的需要,或者为了自己的需要,不惜牺牲孩子的需要。因此,学生心理危机的家庭预防,任务是非常艰巨的。为此学校心理危机干预三级预防中可通过多方面的途径和方式来做好这项工作。比如,学校可通过举办教师与家长座谈会、建立良好的家校联系制度、教育家长关注学生心理健康问题、组织开展家长委员会工作等活动来加强家校联系。我们的实践也证明了加强学校与家长的沟通能更好地预防学生危机事件的发生。比如金华五中的心理健康教育教师发现个别学生有异常的行为、举动后,及时与学生家长沟通,多次进行心理危机干预,在家校共同努力下,学生安全渡过了危机阶段。另外温岭箬横镇由于经济发展迅速,很多家长外出经商,孩子往往委托爷爷、奶奶或亲戚朋友代为照看,箬横中学针对这些空穴家庭的学生(该校称为留守生),开展了"百名教师进千家"师生结对帮扶活动,指定专人教师与留守生结对,经常与学生的监护人沟通,平时给予学生无微不至的关怀与指导,在为学生解决实际困难的同时,关注学生健全人格和健康心智的培养,切实解决了学生在成长过程中所遇到的问题与困惑。

五、充分发挥学校的已有特色

建立心理危机干预预防机制,应充分发挥本校卓有成效的工作特色。比如安吉路实验学校在建立心理危机干预三级预防机制时将该校"结对帮扶活动"结合在一起,这不仅体现了自己学校的工作特色,也使心理危机干预更为有效。"结对帮扶活动"是结合该校德育主干课题"全纳教育"而开展的一个长期活动,"全纳教育"的主旨是"不放弃一个学生",它鼓励全校教职工全员参与到"结对帮扶活动"中来,帮助自己任教的班级中需要帮助的学生(如行为有偏差的学生、单亲家庭学生、亲子关系恶劣的学生、身心有缺陷的学生、学习困难生及家庭经济困难的学生等)。全体参与教育工作的教师对帮扶对象本人及家庭全面深入访谈,全面了解掌握帮教对象本人及其家庭基本情况,建立帮教对象档案,填写由校政教处拟订的《结对学生基本情况登记表》及《帮扶记录表》,发现心理有偏差的学生立刻告知班主任及心理健康教育老师,以便能对该生进行及时有效的心理疏导。应该说这项活动对学校心理危机干预工作是有着积极的促进作用的。另外如长兴中学的德育导师制也在学校心理危机干预中发挥了重要作用。

第十章
快乐青春：社会和政府在心理危机干预中的作用

第一节　建立社会心理危机干预系统

一、建立社会心理危机干预系统的必要性

　　青少年是每个国家希望的一代，无论哪个国家，对青少年的重视程度都毋庸置疑。随着时代的发展，青少年的物质生活水平已经得到了很大的提高，但是他们的精神生活却不与他们的物质生活同步发展。现代青少年在心理上产生这样或那样的问题都是可能的，关键是在他们面临各种心理困扰的时候能否得到及时的心理支持。

　　在一些发达国家和地区寻求心理援助，就像人们得了感冒，要看医生要吃药一样的平常和普通。台湾心理学家杨国枢曾就心理学在经济发展不同国家受到重视程度不同，概括了"心理学三品说"，即在经济落后的地方，心理学是奢侈品；在经济中等发达的地方，心理学是调味品；在经济发达的地方，心理学是必需品。① 而心理危机的干预在经济发达地区更是得到普遍的重视，他们认为及时而有效地处理心理危机，不仅能解除人们当时的痛苦，而且可以预防许多精神疾病的发生、发展。所以，一旦"应激"事件出现，他们的心理危机干预应激机制就会迅速启动，心理危机干预的反应是非常快的，心理危机干预的力度也是非常强的。

---

① 马湘培：《高校应提升心理危机干预的能力——经历 SARS 反思高校心理咨询》，载《广西政法管理干部学院学报》，2003(6)。

根据资料显示,我们发现,许多发达国家如美国对各种类型的青少年心理危机干预的研究已非常深入,且已形成了由学校心理学家、社区社会工作者和各种心理危机干预中心相结合的比较全面而完善的心理危机干预网络,危机干预的实践也从针对个体进行干预和治疗发展到在整个社会系统背景下的危机预防和危机处理。危机干预是一个国家和地区精神文明与社会发展的重要标志之一,应引起全社会的重视与投入。世界著名精神卫生专家呼吁,除了现有的专业危机干预之外,还应广泛建立社会服务网络,让所有具有心理危机的人都能得到及时疏导和有效干预。

　　而我国这项工作才开始起步,随着这几年青少年危机干预工作的开展与不断发展,我国青少年心理危机干预社会服务网络严重不足的现实矛盾日益凸显。尽管我国学者已开始关注某些类型的校园心理危机干预,如大学生心理危机干预,但很多重要相关领域仍未引起足够的重视。尽管很多触目惊心的数据显示我国青少年心理危机问题近年来有明显上升趋势,令人遗憾的是青少年心理危机的严重性仍未引起研究人员和全社会的广泛关注。而时下流行的、正在积极开展的青少年心理危机干预系统的建立也仅仅限于学校、家庭范围,整个社会甚至是有关专业工作者对青少年危机管理及危机预防的重要性还没有得到广泛的重视,致使我国青少年心理危机干预研究与社会发展极不同步。以上种种事实提醒我们,建立社会心理危机干预体系已刻不容缓。

二、建立社会危机干预系统的方式

　　我国社会已经拥有从中央到地方的高效、统一的社会管理系统。在此强大的基础之上,应该顺应现实情况,利用各种社会力量,建立和扩展心理卫生及社会支持系统。从社会组织角度看,除了单位、社区、街道、村镇、工会、共青团、妇联、红十字会等正式组织之外,合法社团、合法宗教慈善机构、志愿者组织,也应该包括在应急动员力量之内。从职业角度看,我国现有的心理卫生队伍的规模正在逐步扩大,但急需扶持。尤其是需要建立国家职业执照制度,将精神科医师、心理学者、社会工作者整合为一支团结善战的队伍。遗憾的是,到目前为止,我国尚无心理学者、社会工作者的明确职业定位。而在发达国家,这两种职业已经是成熟的、受到社会公认和广泛接纳的职业,对社会的正常运转和保障人民生活质量起着举足轻重的作用。在危机发生时,他们的作用也十分显著。

　　在制定全社会青少年心理危机干预系统时,应该在指导思想和具体内容中体现对社会心理危机干预服务网络的重视,为精神科医师、心理学者和社会工作者留出发挥作用的位置。这些专业心理危机干预工作者其工作范围可以涉及:(1)心理卫生工作者加入危机事件应急系统,成为指挥或咨询、督导执行人员;有条件的情况下,设立专门的心理问题处理部门负责心理干预措施的制定和落实。(2)心理卫生工作者参加危机事件的监测与预警系统,针对重点地区、人群,结合自然环境变化和人群生产、生活及社会运作的风险因素态势,运用观察、现场调查、回顾性调查、前瞻性调查、媒体分析、文献资料分析等方法,向决策部门和公众提出预警报告和相应心理干预的建议。(3)由心理卫生工作者制订应急处理工作方案。这些方案应包括:针对个体和群体的危机干预技术;沟通交流技术;支持性心理治疗技术;心理健康教育和咨询技术;识别严重心理障碍和建议转诊、会诊的技术;常用精神科药物使用技术;现场控制技术,以及应急处理队伍心理健康管理技术等;以上技术均应有相应手册。(4)突发事件应急处理专业队伍的建设和培训,如在医疗机构的应急技术培训中,应该有社会心理干预内容。

另外,在应对突发事件心理危机时,新闻媒体也可以起到很大的作用。新闻媒体可以利用自身能够快速传播新闻的功能,及时向民众报道灾难的实况,以降低由于人们道听途说而导致民心惶恐的可能,从而使整个社会在危机面前冷静、稳定,尽量减少灾难给人们带来的心理危机。

目前,有些大城市,如广州、重庆和沈阳等已出现了一些心理危机干预机构,如心理危机干预中心、心理危机干预热线、"献爱心"志愿者协会,乃至心理危机干预进社区等。如,自 2005 年 8 月 21 日起,重庆市心理专家将进行社区巡回咨询,免费对孩子们进行心理危机干预。并且,重庆市还专门建立了青少年心理危机干预热线(023－66644499)。

无独有偶,2005 年 10 月 10 日——"世界精神卫生日",共青团广州市委、广州市预防和减少青少年违法犯罪工作办公室、广州白云心理医院共同创建了广州市青少年心理危机干预中心,并开通了广州市首条青少年心理健康热线(020－83182110)。据介绍,该中心将采用最先进的心理 CT 设备,为青少年提供免费心理健康检测服务;24 小时开通青少年心理健康热线,由专业医生为青少年及其家属提供在线心理辅导。同时,还将深入社区和学校开展心理卫生知识讲座,向有自杀行为者和正在经历其他心理危机的个人及其家人提供帮教和治疗服务。

这些社会心理危机干预机构的建立,起到了心理危机干预和治疗的作用,收到了较好的社会效果。值得一提的是,一些人大代表也开始关注青少年的心理危机问题。如鉴于日益严峻的青少年自杀倾向,全国人大代表王日新提交了关于"制定《中华人民共和国预防青少年自杀法》"的议案,议案中表示要整合家庭、学校、社会各方面的力量,明确政府、家庭、学校、青少年公职单位和其他社会组织在各自的职责范围内参与预防青少年自杀工作的内容,并规定建立政府领导、部门合作、社会参与的工作机制,完善我国青少年心理危机干预机制。但就目前而言,其被重视的程度和范围还是很有限,普及性仍然很低,只能在一些大城市觅到其踪影。然而,我们在研究中发现,随着社会经济的飞速发展,许多原本平静的小城镇却面临着比大城市更多难以解决的青少年心理危机问题,如何尽快解决经济相对发达、教育等相关条件相对落后这一现实矛盾,也是值得我们深入思考的。

第二节　建立以政府为主导的青少年心理危机干预系统

我们认为,青少年心理危机干预其整体的社会性作用之所以得不到很好的发展,主要原因之一是尽管大家已认识到青少年危机干预的重要性和必要性,可是苦于没有参与的渠道,没有发挥作用的平台。目前发挥作用的主体基本限于家庭、学校这两方面,而这只是其中的两个层面而已,青少年心理危机干预是一项系统工程,没有其他各个相关层面的参与与配合,无法发挥其整体作用。因此我们要致力于构建以政府为主导的青少年心理危机干预系统,在危机事件发生前就逐步建立起危机应对网络,以便在危机事件发生时和发生后,能够调动、协调、整合社会力量进行及时、有效的危机干预,令青少年危机干预工作向着系统的、合作的、积极的、预防的策略方向发展。

因此我们开展了将政府纳入青少年危机干预系统的有益探索。我们认为,在我国从政府层面重视青少年心理危机干预,能够调动和整合各方力量,使相关单位和个体都为青少年的健康成长提供支持,这是青少年心理危机干预的综合模式。下面我们以浙江温岭箬横镇的青少年心理危机干预实践为例来进行阐述。

箬横镇是温岭市"一个中心,五大块区"发展格局中的东部中心镇,区域面积 108 平方公里,115 个村(居),14.4 万人口。2004 年全镇实现工农业总产值 74.1 亿元,财政收入 1.1 亿元。现有省三级重点中学 1 所,省示范性技校 1 所,初中 5 所,小学 27 所,幼儿园 39 所,学生数 14132 人,教职工 931 人,形成了幼儿教育、基础教育、职业教育、成人教育互为一体的教育体系。先后有 5 所学校被评为省文明单位、示范学校,1 所学校被评为市示范学校。

然而近年来,随着家庭观念和功能的变化、升学竞争与课业负担的加重,身心尚未成熟、社会经验不足的学生肩上的压力越来越重,该镇青少年心理问题与危机事件也日益增多。花样的年华,本应如花般地绽放,但偏偏是在这样的好年龄,一些人却走上了一条不归路。下面让我们看看该镇众多青少年危机事件中的几例。

2004年4月9日,该镇初中学生小亮,因上课不专心,被老师叫去谈话近20分钟,下午继续上课至3点50分放学回家,5时左右在家里自缢身亡。2004年6月20日,小学五年级学生小兵,课间休息时因琐事与同学发生争吵,被劝架后,一气之下从班级所在的三楼教室南窗跳下,造成左手肘部关节粉碎性骨折。2003年12月该镇某校17岁的女生小岚因与社会青年发生不正当关系而致怀孕,焦虑中与该青年离家出走,一年无音讯。2004年6月产下婴儿,同年12月才回到家中,学业荒废,身心俱损。这一个个令人震惊、伤痛的案例强烈提醒箬横镇政府重视青少年心理危机并对心理危机进行及时、有效的预防和干预。因此我们在箬横镇进行了心理危机干预研究的实践探索,以期建立一个由政府、学校、家庭、社区、医院等构成的多方位的心理危机干预系统网,为该镇青少年的健康成长营造优良的社会、学校、家庭环境。

在探索开始之前,我们在调查中发现,箬横区域内的7所中学和27所小学,基本上没有设立专门的心理健康教育课程,虽然有几所学校开展了一些心理健康活动,但这些活动的组织者都是兼职的,缺乏辅导的针对性和干预的专业性。不少学校的心理健康教育只是摆设,对培养学生健康的心理素质没有发挥应有的作用。针对该镇的实际情况我们在以下几个方面尝试着开展了我们的工作。

一、建立一支较为固定、人员素质优良的心理健康教育工作者队伍

针对箬横镇的实际情况,主要采取"请进来,送出去"的形式,即请心理专家通过上课、讲座等形式对广大教师进行心理健康知识的普及、培训,同时送个别优秀教师接受专门理论与实践培训,形成一支心理健康教育骨干教师队伍。迄今,箬横中学及箬横镇中学已先后从教师中挑选了具有一定心理学基础,热爱心理健康教育工作的优秀教师多次参加了省、市相关部门主办的学校心理健康教育教师培训及高级研讨班,取得了较好的效果。今后还将采用人才引进、专家讲座、参观学习等多种形式来提高这支工作队伍的专业素质。

二、建立青少年心理危机干预网络

在箬横镇我们建立了镇政府、学校、家庭、社区、医院、个人多方位全员参与的青少年心理危机干预网络。我们的目标是从针对个体进行干预和治疗,发展到在整个社会

系统背景下的心理危机预防和心理危机处理,初步尝试了青少年心理危机干预的实践。该镇青少年心理危机干预网络中相关机构与人员设置如图3所示:

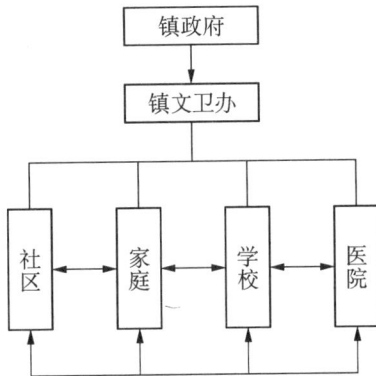

图3 箬横镇青少年心理危机干预机构、人员设置图

三、建立箬横镇青少年心理危机干预三级预防机制

下面我们以初级预防为例:

预防机制层级	各级单位及成员	权　责
表10　箬横镇青少年心理危机干预初级预防机制		
初级预防	镇文卫办	1. 指导各下属学校、社区心理健康教育工作,提供政府支持 2. 营造良好、和谐、有益身心健康的文化环境 3. 开展全镇范围的心理健康知识普及大型活动(如图书、海报、宣传手册展示) 4. 在日常文教工作中渗透心理健康教育的理念 5. 指导、开展镇家长学校活动,加强家校联系 6. 规划办理全镇性心理危机初级预防工作
	小学部心理健康教育负责人	1. 与各个小学分管心理健康教育的工作人员做好沟通、协调工作 2. 指导、协调各小学有关心理健康教育方面的活动 3. 针对小学生的特点策划、开展、协调全镇小学家长学校心理健康教育活动 4. 开展适应小学生身心发展的心理健康教育活动(认识我是谁等活动) 5. 与其他心理健康教育负责人沟通、合作

预防机制层级	各级单位及成员	权　责
初级预防	初中部心理健康教育负责人	1. 与各初中分管心理健康教育工作的人员做好沟通、协调工作 2. 指导、协调各初中有关心理健康教育方面的活动 3. 针对初中生的特点，策划、开展、协调全镇初中家长学校心理健康教育活动 4. 开展适应中学生身心发展的心理健康教育活动（如青春期教育、生命教育等） 5. 与其他心理健康教育负责人沟通、合作
	高中部心理健康教育负责人	1. 与各高中分管心理健康教育工作的人员做好沟通、协调工作 2. 指导、协调各高中有关心理健康教育方面的活动 3. 针对高中生特点，策划、开展、协调全镇高中家长学校心理健康教育活动 4. 与其他心理健康教育负责人沟通、合作 5. 保持与社会团体、社会资源的联系
	社区负责人	1. 全面了解社区居民的基本情况，对困难户应给予实际、及时的帮助 2. 及时对社区居民进行心理疏导，及时处理社区居民中的偶发事件，开展个别谈心 3. 办理社区关怀活动、协助维护社区环境 4. 开展多元化的社区文化、艺术、体育活动，丰富社区居民的文化生活，营建良好的社区环境 5. 开展社区心理健康宣传活动（办社区板报或发放心理健康知识的宣传资料、手册等） 6. 开设社区学校 7. 与镇心理健康负责人、医院保持沟通、联系
	医院	1. 协助镇心理健康负责人、社区负责人进行相关心理健康工作 2. 配合社区卫生服务站搞好卫生保健工作

　　作为镇青少年心理危机干预的领导机构箸横镇文卫办，我们可通过下表来了解其在青少年心理危机干预三级预防机制中所承担的职责与任务，见表11：

表 11　箸横镇文卫办在青少年心理危机干预三级预防中的职责与任务

各级单位、成员	预防机制层级	权　责
镇文卫办	初级预防	1. 指导各下属学校、社区心理健康教育工作，提供政府支持 2. 营造良好、和谐、有益身心健康的文化环境 3. 开展全镇范围大型的心理健康知识普及活动（如图书、海报、宣传手册展示） 4. 在日常文教工作中渗透心理健康教育的理念 5. 指导、开展镇家长学校活动，加强家校联系 6. 规划办理全镇性心理危机
	二级预防	1. 配合各心理健康教育负责人进行团体辅导 2. 配合各相关单位进行危机事件及个案处理 3. 接受并处理学生申诉事件 4. 建立镇危机事件处理小组 5. 参与个案会议与处理
	三级预防	1. 镇青少年紧急事件的危机处理 2. 在青少年危机或意外事件发生后组织有关人员或专家进行个别或团体辅导

通过我们的实践操作，效果得到初步显现。首先，形成了以镇政府文卫办具体分管的管理体制，强调引导、监督为其主要职责，并规划全镇性的青少年心理危机干预；其次，以青少年心理危机干预三级预防机制为基础，根据青少年成长发育的特点，形成具备不同侧重点的心理危机干预方案，并从总体上形成了一套相互衔接的系统。以初级预防为例，小学部开展成长性心理危机干预，重点关注小学生成长过程中可能出现的问题；初中部开展青春期心理危机干预，重点关注学生因生理发育引起的种种心理变化；第三，强化危机干预机制的可操作性和人员处理危机的应变能力，如开展相关培训和演练。

通过以镇政府为主导的青少年心理危机干预工作的开展，全镇相关机构与人员都具备了很强的心理危机预防意识，警觉地发现了三起有自杀倾向的青少年心理危机，并通过二级预防的有效干预解除了许多青少年的心理危机；同时，针对某些突发事件与心理严重异常学生，启动心理危机三级干预系统，镇领导、学校相关负责人、社区负责人、医院相关人员等全都参与进来,目前该镇已高效、顺利解决危机事件两起,为该镇青少年的健康成长提供了重要保证。

四、以政府为主导的青少年心理危机干预系统的特点

（一）参与危机干预人员的范围广

以箬横镇为例,参加青少年心理危机干预初级预防的人员有镇文卫办、各级学校心理健康教育负责人、社区负责人和医院相关人员,不仅有学校教师,还有政府、社区、医院相关人员的参与,这形成了一个广泛的心理危机干预链,有助于心理危机事件的有效预防与心理危机干预的顺利、高效开展。

（二）每个相关人员都承担相应工作职责与任务

比如箬横镇社区负责人的职责是:全面了解社区居民基本情况,对困难户应给予实际、及时的帮助;及时对社区居民进行心理疏导,及时处理社区居民中的偶发事件、开展个别谈心;办理社区关怀活动、协助维护社区环境;开展多元化的社区文化、艺术、体育活动,丰富社区居民的文化生活,营建良好的社区环境;开展社区心理健康宣传活动(办社区板报或发放心理健康知识的宣传资料、手册等);开设社区学校;与镇心理健康负责人、医院保持沟通、联系等,通过这一系列的措施,社区在加强青少年心理保健的教育和宣传,依法保护未成年人的合法权益,预防和减少家庭对青少年的心理侵害等方面发挥了重要作用;另外一个重要机构——医院也在箬横镇青少年危机干预中承担重要职责,比如在初级预防中其需要协助镇心理健康负责人、社区负责人进行相关心理健康工作;配合社区卫生服务站搞好卫生保健工作而在三级预防中其承担的主要责任是针对疑有严重心理疾病的学生进行问题评估,必要时进行药物治疗或转介专门医院。

（三）政府发挥主导、指导、协调作用

政府在青少年心理危机干预系统中承担指导与规划等工作,并且组织、协调、配合学校、社区、医院等单位开展相应的工作,这为青少年心理危机干预提供了可靠的保证,能在危机事件发生前就逐步建立起心理危机应对网络,以便在危机事件发生时和发生后,能够调动、协调、整合社会力量进行及时、有效的心理危机干预。

目前很多学校在进行青少年心理危机干预时,由于客观因素的种种限制无法调动全社会的力量来进行青少年心理危机干预,而温岭箬横镇却率先给予政府支持,这不能不说是一种创新。

我们期待着通过对以政府为主导的青少年心理危机干预探索能让我们在青少年心理危机干预领域开拓新的干预模式、策略与方法，为青少年心理与人格的健康发展提供更为积极、有效的实践对策。

结　语

　　诗人屈复有诗曰:百金买骏马,千金买美人,万金买高爵,何处买青春? 如果说春是自然界一年中的新生季节,那么人生的新生季节就是一生只有一度的青春。青春是人生的黄金时段,是最具创造力的阶段,是为未来运筹帷幄的阶段,同时,也是一个危机重重的阶段。

　　由于生理和心理上都发生了巨大的变化,这给还未长大的青少年带来前所未有的紧张与无助。他们希望能获得成人的某些权利。然而,由于他们的心理发展水平有限,在认知发展、情绪调控、社会经验等方面还不成熟,身心发展不平衡的矛盾、沉重的升学压力、自我追寻中的困惑等一系列问题会使他们有许多期望不能实现,从而产生挫折感。如果这些身心发展的不平衡性没有得到很好的处理,他们就有可能会面临种种心理危机。

　　不过,青少年心理危机不只是危险和困境,也是重塑人格、认识顿悟的转机,是改正和重来的机遇。如果青少年经历的心理危机得到及时有效的干预,那么他们不仅可以平安渡过危机,而且还会获得解决危机的经验,这使得他们更能经受住危机的考验,从而发展得更加健康。

　　然而我国青少年心理危机干预的发展还不尽如人意。尽管目前我国心理危机干预的探讨已引起了一些业内人士的重视,但其关注的重点大多是大学生心理危机或灾难性危机干预。结合青少年这一特殊时期来探讨心理危机干预,无论理论研究还是实证研究均十分缺乏。本书在前人研究的基础上,结合我们承担的全国教育科学"十五"规划重点课题《青春期心理危机及干预研究》成果,比较全面综合地探讨了青少年心理危机干预的方法和策略,同时还系统地阐述了我们对建立学校心理危机干预系统、社会和政府危机干预系统的建议,希望心理危机干预做到及时、适时,富有针对性和高效性。

回顾本书的全部内容,我们对青少年心理危机干预从理论到实践都阐述了自己的观点,但由于种种原因,青少年心理危机干预的研究领域中仍有许多问题有待我们进一步地探索,我们的研究也仅仅是"管窥"而已。青少年心理危机干预的研究是一项任重而道远的任务,需要付出更多的努力。我们坚信通过前进路上的孜孜探求,在我们的耳边不断奏响的会是下面这支由特西亚·尼尔逊和詹尼尔·约翰逊作词的充满希望的《我的歌》[①]:

> 我已经走过
>
> 许多人从未走过的路
>
> 我已经看见
>
> 你无法想象的事情
>
> 我已经听见天使的哭声
>
> 但从来不知道它们是我自己的哭声
>
> 我的步履沉重
>
> 不知道为什么我不被喜欢
>
> 每天都在害怕
>
> 努力不使恶人接近
>
> 但是我始终听见那支歌
>
> 愉快的旋律在我的脑中奏响
>
> 那是一支希望之歌
>
> 歌词说的是勇气
>
> 歌的美妙讲到了生活
>
> 每天当我醒来时
>
> 我的心里溢满了这支歌
>
> 我的歌
>
> 希望之歌

---

① 〔美〕Dena Rosenbloom, Mary Beth Williams, Barbara E. Watkinshs 著,田成华、司天梅、孔祥泉译:《精神创伤之后的生活》,中国轻工业出版社,2001,第348页。

参考文献

外文部分:

［1］ Aguilera D. C. , Messick J. M. , Crisis intervention: *Theory and methodology* (4th ed.). St. Louis: C. V. Mosby, 1982.

［2］ Caplan G. , *Principles of preventive psychiatry*. New York: Basic Books, 1964.

［3］ Gilliland B. E. , James R. K. , & Bowman J. T. , *Theories and strategies in counseling and psychotherapy* (3rd ed.). Englewood Cliffs, N. J. : Prentice-Hall, 1994.

［4］ Kliman A. S. , Solnit A. J. , *Crisis: Psychological first aid for recovery and growth.* Holt, Rinehart and Winston, 1978.

［5］ Marino T. W. , Crisis counseling: Helping normal people cope with abnormal situations. *Counseling Today*, 1995,38(3),25－40.

［6］ Kocmur M. , Zavasnik A. , Problems with borderline patients in a crisis intervention unit: a case history. *Crisis*, 1993,14(2),71－75.

［7］ Myer R. A. , Crisis Assessment: A Three-Dimensional Model for Triage. *Journal of Mental Health Counseling*, 1992,14(2),137－148.

［8］ Green M. R. , Interventions with traumatized adolescents. *Adolescent Psychiatry*, 2003, 27,283－306.

［9］ Nabors L. A. , Prodente C. A. , Evaluation of outcomes for adolescents receiving school-based Mental Health services. *Childrens Services*, 2002,5(2),105－112.

［10］ Accordino M. P. , Keat li D. B. , Jr Guerney B. , Using Relationship Enhancement Therapy with an Adolescent with Serious Mental Illness and Substance Dependence. *Journal of Mental Health Counseling*, 2003,25(2),152－164.

［11］ Bratter T. E. , Surviving suicide: Treatment challenges for gifted, angry, drug dependent adolescents. *International Journal of Reality Therapy*, 2003,22(2),32－37.

［12］ Pretorius J. , Ferreira G. V. , Edwards D. N. , Crisis phenomena among African adolescents. *Adolescence*, 1999,34(133),139－147.

[13] Seginer R. , Vermulst A. , Gerris J. Bringing up adolescent children: A longitudinal study of parents child-rearing stress. *International Journal of Behavioral Development*, 2002, 26(5),410 - 422.

[14] Videon T. M. , The effects of parent-adolescent relationships and parental separation on adolescent well-being. *Journal of Marriage and the Family*, 2002,64(2),489 - 503.

[15] Kilic E. I. , Ozguven H. D. , & Sayil I. , The Psychological Effects of Parental Mental Health on Children Experiencing Disaster: The Experience of Bolu Earthquake in Turkey. *Family Process*, 2003,42(4),485 - 496.

[16] Hsu M. T. , Kahn D. L. , Huang C. M. , No more the same: The lives of adolescents in Taiwan who have lost fathers. *Family & Community Health*, 2002,25(1),43 - 56.

[17] Hartwig H. J. , Myers, J. E. , A different approach: Applying a wellness paradigm to adolescent female delinquents and offenders. *Journal of Mental Health Counseling*, 2003,25(1),57 - 75.

[18] Bierman B. R. , Bierman, J. S. , Preoedipal fixation: Its contribution to pregnancy in early adolescence. *Infant Mental Health Journal*, 2006,6(1),45 - 55.

[19] Portes P. R. , Sandhu D. S. , Longwell-Grice R. , Understanding adolescent suicide: a psychosocial interpretation of developmental and contextual factors. *Adolescence*, 2002,37 (148),805 - 815.

[20] Farrell A. D. , Kung E. M. , White K. S. et al. , The structure of self-reported aggression drug use, and delinquent behaviors during early adolescence. *Journal of Clinical Child & Adolescent Psychology*, 2000,29(2),282 - 292.

[21] Rotheram-Borus M. J. , Walker J. U. , Ferns W. , Suicidal behavior among middle-class adolescents who seek crisis services. *Journal of clinical psychology*, 1998,52(2),137 - 143.

[22] Knox K. L. , Conwell Y. , Caine E. D. , If suicide is a public health problem, what are we doing to prevent it? *American Journal of Public Health*, 2004,94(1),37 - 45.

[23] Segal B. M. , Stewart J. C. , Substance use and abuse in adolescence: An overview. *Child psychiatry and human development*, 1996,26(4),193 - 210.

[24] Allen M. , Burt K. , Bryan E. et al. , School counselors' preparation for and participation in crisis intervention. *Professional School Counseling*, 2002,6(2),96 - 103.

[25] Kernberg P. F. , Psychological interventions for the suicidal adolescent. *American journal of psychotherapy*, 1994,48(1),52 - 63.

[26] Roberts A. R. , Contemporary perspectives on crisis intervention and prevention. *Prentice Hall*, 1991.

[27] Hazell P. , Lewin T. , An evaluation of postvention following adolescent suicide. *Suicide and Life Threatening Behavior*, 1993,23(2),101 - 109.

[28] Garland A. F. , Zigler E. , Adolescent suicide prevention: Current research and social policy implications. *American psychologist*, 1993,48(2),169 - 182.

[29] Dsm-Iv APAT. DSM-IV: diagnostic and statistical manual of mental disorders. 1994.

[30] Heppner M. J. , Good G. E. , Hillenbrand-Gunn T. L. et al. , Examining sex differences in

altering attitudes about rape: A test of the Elaboration Likelihood Model. *Journal of Counseling and Development*, 1995,73,640 - 647.

[31] Roberts A. R., Crisis Intervention Units and Centers in the United States. In Roberts A. R. （Ed.）, *Contemporary perspectives on crisis intervention and prevention*（pp. 18 - 31）, Pretice Hall, 1991.

中文部分:

[1] 张春兴:《现代心理学》,上海人民出版社,2003。

[2] 陈向明:《在行动中学作质的研究》,教育科学出版社,2003。

[3] 戴忠恒:《心理与教育测量》,华东师范大学出版社,1987。

[4] 黄元龄:《心理及教育测量的理论与方法》,台湾大中国图书公司,1987。

[5] 蒋赟:《青春期心理危机类型、表现、特征及干预现状剖析》,浙江大学硕士学位论文,2004。

[6] 姚本先:《简论青少年心理健康教育》,载《中国教育学刊》,1994(4)。

[7] 王成果:《青少年心理危机和危机干预》,载《中国青年研究》,2003(1)。

[8] 樊富珉:《"非典"危机反应和危机心理干预》,载《清华大学学报(哲社版)》,2003(4)。

[9] Gilliland B. E., James R. K. 著,肖水源等译:《危机干预策略》,中国轻工业出版社,2000。

[10] 季建林、徐俊冕:《危机干预的理论与实践》,载《临床精神医学杂志》,1994(2)。

[11] 荆殿英、郝春东:《大学生的自杀心理与预防》,载《中国青年研究》,1997(6)。

[12] 回龙观医院:《卫生部/WHO 预防自杀会议报告》,载《中国心理卫生杂志》,2000(5)。

[13] 马剑侠:《大学生自杀问题和干预策略》,载《中国学校卫生》,2002(12)。

[14] 周红五:《学校心理危机干预系统的构建》,载《中小学心理健康教育》,2005(4)。

[15] 《灾后心理救助:不道德的旁观》,http://www. donews. com/donews/article/3/30562. html。

[16] 人民网:《抚平心中的悲伤(特别关注)》,http:www. people. com. cn。

[17] 蔡哲:《大学生心理危机及干预策略》,载《陕西师范大学继续教育学报》,2002(3)。

[18] 马湘培:《高校应提升心理危机干预的能力——经历 SARS 反思高校心理咨询》,载《广西政法管理干部学院学报》,2003(6)。

[19] Gerard E. 著,郑维廉译:《高明的心理助人者》,上海教育出版社,1999。

[20] Cormier S., Comier B. 著,张建新等译:《心理咨询师问诊策略》,中国轻工业出版社,2000。

[21] Rosenbloom D., Williams M. B. 等著,田成华、司天梅、孔祥泉译:《精神创伤之后的生活》,中国轻工业出版社,2001。

[22] 李力红主编:《青少年心理学》,东北师范大学出版社,2000。